병든 의료

Can Medicine Be Cured?
by Seamus O'Mahony

현장 의사에게 듣는        현대 의학의 자화상

셰이머스 오마호니 | 권호장 옮김

# 병든 의료

Can Medicine Be Cured?

사월의책

# 병든 의료

1판 1쇄 발행 2022년 6월 10일
1판 2쇄 발행 2022년 6월 25일

지은이 세이머스 오마호니
옮긴이 권호장
펴낸이 안희곤
펴낸곳 사월의책

편집 박동수
디자인 김현진

등록번호 2009년 8월 20일 제2012-000118호
주소 경기도 고양시 일산서구 중앙로 1388 동관 B113호
전화 031)912-9491 ｜ 팩스 031)913-9491
이메일 aprilbooks@aprilbooks.net
홈페이지 www.aprilbooks.net
블로그 blog.naver.com/aprilbooks

ISBN 979-11-92092-03-4  03300

* 책값은 뒤표지에 있습니다.

다감했던 큰이모님
줄리아 오코너(1924~2018)를 기억하며

# 차 례

이 책을 발견한 것은 우연이었다. 『영국의학저널』에서 논문을 검색하다가 "이반 일리치 이후 의학에 대한 가장 충격적 비판"이라는 제목의 서평을 본 것이다. 이반 일리치는 1970년대와 80년대 지성계의 슈퍼스타로 많은 사람을 지적으로 매료시켰다. 하지만 의학이 오히려 건강에 위협이 되고 있다는 그의 주장은 너무도 파격적이어서 의료계에서는 철저히 무시되었다.

이 책의 저자인 셰이머스 오마호니도 이반 일리치의 지적 세례를 듬뿍 받은 사람이다. 1980년대 초에 아일랜드에서 의사 자격을 얻고 당시 현대 의학 발전을 주도하던 영국 의료계에서 경력의 사다리를 차곡차곡 밟아가고 있었던 저자는, 경력의 정점에 막 이르렀을 때 의학에 대한 신념을 잃고 본인의 표현을 빌리자면 '배신의 길'에 들어서게 된다. 의학 연구, 관리주의, 프로토콜, 정량지표, 심지어 진보에 대한 믿음에 이르기까지 환자 진료를 제외한 의학의 모든 분야에 대한 믿음을 잃어버리고 의료가 건강에 위협이 되고 있다는 이반 일리치의 주장이 사실이라고 확신하게 된다.

소화기내과 전문의로 의료계의 명실상부한 주류에 있는 의사가 이반 일리치의 시각으로 현대 의학의 문제를 날카롭게 분석하다 보니 마치 내부고발자의 폭로처럼 보이기도 하지만, 이 책에는 진료 행위의 본질과 삶과 죽음의 의미에 대한 저자의 진지한 성찰이 녹아있다.

이 책은 요즘 우리가 너무 오래 산다는 이야기로 첫 머리를 시작한다. 20세기 들어 서구사회에서 평균수명이 거의 두 배로 늘어나는 과정에서 의학도 눈부시게 발전하여 항생제, 백신, 내시경, 이식수술 등 현대 의학의 기틀이 만들어졌다. 저자는 이때를 '의학의 황금시대'로 본다. 이후 의학은 새로운 종교가 되었고, 우리의 삶과 죽음은 더욱 의료화되었으며, 사람들에게 혜택보다는 해를 더 많이 끼치는 지경에 이르렀다고 한다. 의학 연구는 눈부시게 발전하고 있는 것처럼 보이지만 진료 현장과는 유리되어 환자에게 도움이 되는 경우는 미미하고 주로 연구자의 필요와 상업적 이익에 봉사하고 있다. 특히 의료-산업 복합체가 등장하여 의학 연구와 의료의 방향을 왜곡하고 의사와 환자 모두를 소외시키고 있다.

저자는 현대 의학이 병을 만들어내고 있다고 비판한다. 대표적인 예가 '비(非)셀리악 글루텐 과민증' 같은 병인데, 생물학적 근거도 없이 전문가들의 합의만으로 병을 만들어내서 수많은 환자가 생기고 제약회사와 글루텐프리 식품산업만 번창하는 결과를 초래했다. 전문가들의 합의로 질병을 정의하는 것은 고콜레스테롤혈증, 고혈압 등 다양한 분야에 걸쳐 있는데, 새로운 합의가 이뤄질 때마다 환자의 풀이 넓어지고 제약회사가 이득을 보게 된다.

저자는 현대 의학이 암을 대하는 방식에 대해서도 커다란 문제의식을 가지고 있다. 암을 정복한다는 명분으로 천문학적 연구비가 분자생물학과 유전학에 투입되었지만, 암치료법에 기여한 것은 미미하고 암 사망률은 오히려 증가하고 있다. 암은 기본적으로 노화에 따른 질병이기에 노인 인구가 늘어나면 같이 늘어날 수밖에 없는데, 그럼에도 지나치게 많은 자원이 투입되어 결과적으로 호스피스 같은 다른 필수의료를 축소하는 역효과를 내고 있다는 것이다.

이 책에는 근거기반의학, 디지털 헬스, 의료인문학 등 오늘날의 의학이 지향해야 할 방향이라고 생각하는 분야에 대해서도 비판의 메스를 들이대고 있다. '무작위 대조시험'이라는 높은 수준의 근거에 기반해서 치료와 약물의 효능을 결정한다는 아이디어는 의학의 청량제로 대대적인 환영을 받았으나, 근거 생산의 주도권이 비용을 부담할 수 있는 대형 제약회사로 점차 넘어가면서 본래의 취지를 상실하고 있다. 디지털 헬스는 환자들의 힘을 강화해서 의료비를 낮추고 새로운 의료 패러다임을 만들 수 있는 동력으로 찬양받기도 하지만 이미 거대 비즈니스의 대상이 되었고, 개인의 생물학적 정보 누출로 감시사회와 데이터 독재를 만들어낼 것이라는 우려가 있다. 의학 교육에서 의료인문학을 강화하여 연민과 소통을 가르쳐야 한다고 주장하지만 이런 덕목은 의료 현장과 유리되어 교육할 수 있는 성질의 것이 아니고, 정작 개선해야 하는 것은 의료 현장의 문화라는 점을 강조하고 있다.

이 책의 원제목은 『의학은 치료될 수 있는가?』(*Can Medicine Be Cured?*)인데 이 질문에 대한 저자의 대답은 비관적이다. 기존 의료 시스템에서 공고한 기득권을 누리고 있는 사람이 너무 많아서 사회적 합의를 통한 의료개혁은 사실상 불가능하다고 보고 있다. 경제 붕괴, 치료 불가능한 감염병의 팬데믹, 기후재난이 모두 결합된 정도의 위기가 닥쳐야만 비로소 필수의료에 집중하는 근본적 개혁의 동력이 생길 것으로 보고 있다.

이 책이 발간된 후 실제로 코로나19 팬데믹이 전 세계를 강타하고 있다. 이번 팬데믹이 저자가 기대하는 의료개혁의 동력이 될 수 있을지는 잘 모르겠다. 하지만 우리나라에서는 팬데믹을 거치면서 의료 자원이 한정되어 있다는 것을 모든 국민이 인식하게 되었고 감염병을 관리할 수 있는 공공 의료체계의 확충이 필요하다는 국민적 공감대도 형성되었다고 생각한다. 팬데믹에서 얻은 교훈과 더불어 이 책이 우리의 의료제도를 성찰하고 개선하는 데 도움이 되기를 희망해 본다.


이 책의 번역판 출간을 앞두고 두 사람에게 특별한 감사를 표하고 싶다. 이런 종류의 책이 상업성이 높지 않아 출판이 쉽지 않다는 것을 깨달았을 즈음에 '사월의책' 안희곤 대표를 소개받았다. 그는 한 치의 망설임도 없이 출간을 결정했는데 사월의책 출판사가 이반 일리치의 책을 전문으로 출판하고 있다는 것도 그때 알았다. 안희곤 대표는 이 책의 편집 작업도 직접 맡아서 거친 자갈길 같은 번역 초고를 매끈한 포장도로로 바꿔 놓았다. 전문적인 내용이 많아 쉽지 않은 이 책이 술술 읽힌다면 그것은 전적으로 편집자의 공이다. 물론 혹시라도 잘못 난 길이 있다면 그것은 오롯이 옮긴이의 책임이다.

번역 초고를 처음 읽은 사람은 아내 윤수정이다. 산부인과 전문의로서는 낯설기 그지없는 질병청 역학조사관으로 악전고투하는 와중에도 초고를 꼼꼼히 읽고 조언을 아끼지 않았다. 그녀의 임상 경험이 번역의 정확도를 높이는 데 많이 기여했다. 아내의 다양한 인생 도전을 옆에서 지켜보면서 내 삶의 폭도 덩달아 넓어졌는데 이참에 같이 고마움을 전한다.

요즘은 건강을 위해 환자가 되기를 강요받는 시대이다. 건강은 활기찬 인생을 위한 수단이지 결코 목적이 될 수 없다. 건강에 대한 집착에서 벗어나 하나밖에 없는 인생을 만끽하는 데 이 책이 부디 도움이 되었으면 좋겠다.

옮긴이 권호장

2022년 4월

# 1

# '요즘엔 사람들이
# 너무 오래 산다'

# 1

우리는 건강을 당연하게 생각하는 경향이 있지만, 사실 이런 건강 수준은 대부분의 인류 역사에서 경험하지 못한 사치이다. 나의 어머니는 1932년 아일랜드 웨스트코크 지방의 작은 시골마을에서 9남매의 막내로 태어났다. 어머니는 열 살 때 몹시 아팠는데 당시에는 의사 왕진이 매우 드문 일이었지만 부모는 너무 걱정되어 주치의를 불렀다. 의사는 15킬로미터 남짓을 운전해서 왔는데 도착할 때 기분이 별로 좋지 않았다. 아이를 진찰한 후 부모에게 폐렴이 걸렸다고 얘기하면서 설파피리딘을 처방하였다. 설파피리딘은 2년 전 처음 개발된 항생제로 제조사의 이름을 따서 흔히 'M&B'(May & Baker)라 불렀다. 이 약은 2차 세계대전 때 많이 사용되었으나 페니실린이 널리 보급되면서 사라졌다. 의사는 부모에게 절대 물을 주지 말라고 했는데 무슨 생각으로 그런 지시를 했는지는 알 수 없다.

부모가 의사의 충고를 거스르지 못해서 어머니는 폐렴과 심한 갈증이라는 이중의 고통을 견뎌야 했다. 어머니를 구한 것은 언니 마거릿이었다. 간호 당번을 맡은 밤에 우물에서 물을 떠서 먹인 것이다. 마거릿의 금지된 간호, 혹은 'M&B'의 약효, 아니면 둘 다 작용해서 어머니는 살아났다.

그러나 오빠인 빌리는 운이 나빴다. 열일곱 살에 기숙학교에서 병에 걸렸는데 체중이 빠지고 등에 통증이 있었다. 결국 귀가 조치되었고 척추결핵으로 진단받았다. 빌리는 종교단체가 운영하는 기숙학교에서 수백 명의 다른 소년들과 밀접하게 생활했는데, 그중 여러 명이 틀림없이 결핵에 걸렸을 것이다. 음식은 감옥처럼 배급제로 제공되었고, 전쟁 때는 특히 사정이 안 좋았기 때문에 아이들은 만성적인 영양결핍 상태에서 감염에 더 취약했을 것이다. 당시에는 결핵에 효과적인 약이 없었다. 부모는 아들의 병이 많이 진행되어 치료가 불가능하고 해줄 수 있는 게 아무것도 없다는 의사의 말을 듣고 병원에 보내지 않기로 결정했다. 어머니가 집에서 아들을 간호했고 동네 아줌마들이 집안일과 애들 돌보는 일을 도와주었다. 결국 빌리 삼촌은 1946년 열여덟 살의 나이로 세상을 떠났다. 그 몇 년 전에 로레토 수녀회에 들어간 누나 줄리아는 수녀원의 허락을 받지 못해 동생의 장례식에 참석하지 못했다. 줄리아 이모는 내가 이 책을 쓰고 있을 때 94세를 일기로 세상을 떠났다.

결핵은 19세기와 20세기 초반에 걸쳐 아일랜드에서는 재난이었다. 극작가로 유명한 오스카 와일드의 아버지 윌리엄은 인구통계관으로 일하고 있었는데, 아일랜드에서 1831~41년 사이에 전체 사망자의 11.4퍼센트(전체 1,187,374명의 사망자 중 135,590명)가 결핵으로 사망했다고 추산했다. 결핵은 가난이나 영양실조와 관련이 있어서 환자에게 사회적 낙인이 찍혔고 '쇠퇴'나 '연약함'을 비유하는 말로 사용되기도 했다. 낙인효과가 너무 커서 결핵 환자의 가족들은 환자를 숨기기도 했다. 빌리 삼촌이 사망하고 2년 후에 노엘 브라운이라는 젊은 의사가 아일랜드 연립정부의 보건부 장관으로 임명되었다. 브라운은 결핵에 대한 집단 검진과 함께 BCG 예방접종을 실시했다. 브라운의 프로그램이 어느 정도 성공을 거둬서 결핵 사망률은 1947년 인구 10만 명당 123명에서 1951년에는 73명으로 줄어들었다. 브라운은 결핵요양병원도 몇 개 지었다. 결핵요양원은 유럽에서 19세기 중반 이후 활발히 운영되었는데, 토마스 만의 『마(魔)의 산』이라는 소설의 무대도 스위스의 결핵요양원이다. 요양원에서는 휴식과 함께 맑은 공기와 햇볕, 그리고 대구 간유 같은 영양보충제를 제공했다. 이런 치료로 일부는 회복되었으나 대부분은 사망하였다. 폐결핵 환자에게 다양한 외과적 시술도 시행했는데, 그 가운데는 기흉을 만들어 폐를 짜부라뜨려서 폐를 '쉬게' 하거나 횡경막 신경을 마비시켜 폐를 역시 '쉬게' 하고, 아니면 감염된 폐 일부를 절제하는 시술도 있었다. 이러한 치료들은 효과가 의심스러웠지만 지금도 수술 치료를 받고 살아남은 노인들을 종종 볼 수 있다.

빌리 삼촌이 사망한 즈음 미국에서는 스트렙토마이신이 결핵 치료제로 사용되기 시작했는데, 영국 제약회사들이 이 약을 생산하기까지는 몇 년이 더 걸렸다. 소설가 조지 오웰은 1948년 영국에서는 거의 최초로 이 약을 써서 결핵 치료를 받았다. 그는 『옵서버』지 편집인인 데이비드 애스터, 보건부 장관 어나이린 베번 등과의 친분을 통해 미국으로부터 스트렙토마이신을 공급받을 수 있었다. 『동물농장』의 저작권료가 약값으로 지급되었다. 그러나 불행히도 조지 오웰은 스트렙토마이신에 반응하지 않았고 심한 부작용을 겪었다. 그는 남은 약을 자신이 치료받던 글래스고 인근의 헤어마이어스 병원에 기증했다. 두 명의 의사 부인이 이 약을 복용하고 완치되었다.

영국 의학연구위원회(Medical Research Council, MRC)에서는 1946년 스트렙토마이신의 효과 확인을 위한 임상시험에 참여할 환자를 모집했는데, 이것이 최초의 '무작위 대조시험'(randomized controlled trial)이다. 이 임상시험에서는 편향을 방지하기 위해 같은 수의 환자들을 무작위로 두 개 군(群)으로 나눈 다음 스트렙토마이신과 플라세보 위약(또는 대조용 약)을 각각 투여하였다. 임상시험 결과는 1948년에 나왔는데 스트렙토마이신이 분명히 효과가 있는 것으로 나타났다. 스트렙토마이신이 채택되고 추가로 또 다른 약들이 개발되면서 결핵으로 인한 사망은 꾸준히 감소했다. 어떤 사람들은 약물이 개발되기 훨씬 전부터 결핵이 감소하기 시작했다고 주장하기도 한다. 하지만 결핵이 없어진 것은 아니다. 여전히 가난한 나라에서는 수백만 명이 이 병으로 희생된다. 아일랜드에도 결핵이 남아있는데 주로 가난한 사람, 소외된 사람, 노인, 이민자가 걸린다. 요즘 결핵 환자들은 일반적으로 집에서 치료를 받고 요양원은 다른 용도로 사용되고 있다. 세인트스티븐 병원이 운영하는 코크 요양원은 지금은 새로운 재난인 정신병을 치료하는 병원으로 사용된다. 나의 외할아버지도 폐결핵에 걸려서 1960년대 말에 수개월 간 세인트스티븐 병원에 입원하였다. 아이들에게는 면회가 허락되지 않았기 때문에 외할아버지는 멀리 일층 발코니에서 유령처럼 홀로 우리에게 손을 흔들었다. 외할아버지는 1887년 미국 매사추세츠 주 로웰에서 출생했는데, 아버지(외증조부)는 장티푸스로 30대 초반에 죽었고 과부가 된 어머니는 아일랜드로 돌아와 친척들의 도움을 받았다. 수백만 명씩 죽게 했던 장티푸스는 예방접종과 위생이 좋아지면서 거의 사라졌다.

1956년 코크 지역에서는 바이러스 질환인 소아마비가 유행했다. 수백 명의 어린이가 소아마비에 걸려 근육마비와 근손실을 겪었다. 호흡근이 마비된 경우에는 밀폐된 철제 용기에 몸을 넣고 음압(陰壓)으로 숨을 쉬게 하는 '철의 폐'(iron lung)에 의지해야 했다. 뛰어난 중동 특파원이었던 패트릭 코크번을 비롯한 많은 사람이 장기간의 입원치료와 여러 차례 정형외과 수술을 받아야 했다. 수천 명이 도시를 벗어나서 스스로 격리하였다. 당시 소아마비에 걸렸다 살아남은 사람들은 지금 60대 또는 70대 초반이 되었는데 다리를 절기 때문에 쉽게 알아볼 수 있다. 1990년대 중반 아일랜드에는 소아마비를 앓았던 사람이 7천 5백 명에서 1만 명 정도 살고 있었다. 코크번은 『망가진 아이』(The Broken Boy)라는 그의 회고록에서 소아마비에 대해 다음과 같이 적었다. "소아마비는 치명률이 콜레라, 장티푸스,

말라리아, 황열 등과는 비교가 안 될 정도로 낮았으나, 나병이나 천연두와 같이 몸의 형태를 변화시키고 삶의 장애를 초래하기 때문에 매우 공포스러웠다. 지난 반세기 동안 비슷한 정도의 공포감을 안겼던 질환은 에이즈가 유일하다." 미국의 미생물학자 조너스 소크가 1950년대 초반에 백신을 개발해서 1955년 첫 번째 임상시험 결과를 발표하였고 의심할 바 없이 효과가 입증되었다. 소크 백신은 주사로 투여되는데 1961년 앨버트 세이빈이 개발한 먹는 약 백신으로 대체되었다. 나는 학생 때 이 백신을 설탕덩어리와 함께 먹었다. 소아마비는 최소한 부유한 서구국가에서는 사라졌다.

어린이와 청소년의 죽음은 대부분의 인류 역사에서 매우 흔한 비극이었다. 오래된 묘지를 거닐면 죽은 아이 천지였다. 그런데 20세기 초반에 혁명적 변화가 일어났다. 그렇게 많은 어린이와 청소년의 목숨을 앗아간 감염병이 치료되고 백신으로 예방할 수 있게 된 것이다. 1885년에서 1985년 사이 미국과 유럽의 영아사망률은 1천 명당 140명(출생아 7명 중 1명 사망)에서 5명(200명 중 1명 사망)으로 떨어졌다. 기대수명은 50세에서 거의 80세로 늘어났다. 1930년 영국에서 임신·출산으로 인해 사망하는 비율인 모성사망률은 250명 중 1명이었는데 현재는 1만 2,500명 중 1명으로, 다시 말해서 10만 명 중 8명으로 낮아졌다. 출산 중 사망은 너무 드문 일이 되어서 그런 일이 일어나면 전국적인 뉴스가 될 정도다. 결핵 환자 대부분은 지속적인 항생제 투여로 치료된다. 천연두로 사망한 사람은 흑사병과 1, 2차 세계대전에서 희생된 사람을 합친 것보다 많았는데, 세계

보건기구(WHO)는 1980년에 천연두가 박멸됐다고 선언했다. 대부분의 역사에서 매우 제한적인 능력을 보여줬던 의학이 갑자기 기적같은 효과를 보여주었다. 1930년대 중반에서 1980년대 중반까지 약 50년간은 모든 것이 가능한 것처럼 보이는 '의학의 황금시대'였다. 미국 의사이자 수필가인 루이스 토머스는 다음과 같이 썼다. "내가 의사가 된 1930년대에 주로 목숨을 위협하는 것은 결핵, 파상풍, 매독, 류마티스열, 폐렴, 뇌수막염, 소아마비 그리고 모든 종류의 패혈증이었다. 당시 이런 질환들은 오늘날의 암, 심장병, 뇌졸중처럼 우리를 위협했다. 1930년대와 40년대의 주요 질환들은 사실상 사라졌다."

나는 의학의 황금시대가 끝나갈 무렵인 1977년부터 1983년까지 의학을 공부했다. 이때 의학의 헤게모니에 대한 비판이 나오기 시작했는데, 가장 위대한 비판자는 이반 일리치(1926~2002)였다. 일리치는 오스트리아 출신 사제이자 철학자이자 사회비평가이다. 1975년 출간된 그의 책『의료의 한계』(*Limits to Medicine*, 원제 '의학의 복수*Medical Nemesis*')는 "의료 제도가 건강에 주요한 위협이 되고 있다"는 유명한 경고로 시작하고 있는데, 당시 내게는 매우 설득력 있는 주장이었다. 1970년대 지성계의 슈퍼스타였던 그는 지금 거의 잊혀졌다. 그의 핵심 주제는 제도화(institutionalization)가 서구문명을 타락시켰다는 것이다. 현대의 제도는 일리치가 지적한 대로 '역생산성'(counterproductivity)이라는 역설적 특징을 띠고 있는데, 이 말은 제도를 통해 원래 달성하고자 했던 목표를 제도 자체가 좌절시킨다는 뜻이다. 공교육이 사람들을 무지로 이끌고, 현대 운송체계가 오히려 교통마비와 환경 문제를 초래하며, 보건의료가 사람을 아프게 한다는 것이다. 그는 1970~75년 사이에 출간한 일련의 책들, 『학교 없는 사회』, 『공생공락의 도구』, 그리고 가장 유명하게는 『의료의 한계』에서 이 문제들을 정교하게 다루었다. 10개 국어를 하는 걸출한 학자가 대학에 나타나면 수많은 군중이 모여들었다. 1978년 더블린대학교 강연에는 무려 8천 명의 청중이 모였다. 나중에 『영국의학저널』(*British Medical Journal*, BMJ) 편집인이 된 리처드 스미스라는 의대생도 1974년 에든버러에서 그에게 완전히 매료되었는데, 당시 경험을 이렇게 회고하였다. "이반 일리치의 강연을 들었을 때 종교적 체험 같은 전율을 느꼈다. 카리스마 넘치고 열정적인 일리치가 에든버러의 화석 같은 교수들에 둘러싸여 있었다."

일리치는 학문으로서 의학은 인구집단의 전반적 건강에 거의 영향을 미치지 못했다고 주장했다. 이 주장은 역학자(疫學者)인 토머스 매키언이 주장한 바와도 통하는 것으로, 그는 위생, 영양, 주택이 건강에 더 중요하게 영향을 미친다고 믿었다. 매키언은 의사들이 건강에 거의 영향을 미치지 못했다고 생각했고, 일리치는 한 걸음 더나아가 의사들이 위험을 초래한다고 주장했다. 일리치는 제도화된 현대 의학이 자체의 의식(儀式)과 교리를 갖춘 새로운 종교가 되었고 의사들은 새로운 사제가 되었다고 비판했다. 그는 의사들의 독점과 지배를 다음과 같이 비판했다. "현대 의학이 건강을 해치고 있다. 의학이 건강을 위해 조직된 것이 아니라 그 자체를 위한 제도로 조직되었고, 치료한 사람보다 더 많은 사람을 아프게 만든다."

실로 사람을 흥분시키는 말이었다. 일리치는 추종자들이 많았는데 그중 존 브래드쇼라는 영국 의사는 작가가 되기 위해 의학을 포기했다. 브래드쇼가 1978년에 쓴 『시험대에 선 의사들』(*Doctors on Trial*)은 일리치에게 헌정한 책으로 『의료의 한계』의 주장을 재차 강조한 내용이었고, 서문도 일리치가 썼다. 브래드쇼는 일리치를 가리킬 때 '예언자'라는 말을 종종 썼고, 자신을 다소 난해한 일리치 이론의 해설자로 생각했다. 마치 세례요한과 예수의 관계처럼 말이다. 브래드쇼는 1981년 우리 대학에서 있었던 토론회에 연사로 와서, 의학이 건강에 위협이 되고 있다는 일리치의 주장을 소개했다. 토론은 매우 소란스러웠는데, 몇몇 의사들은 일리치와 브래드쇼를 이상한 사람이라고 폄하하고 심지어 '아픈 사람'이라고 깔아뭉개기까지 하면서 그들의 주장에 대해 반대의견을 표명했다. 나는 교내 술집에서 브래드쇼를 발견하고는 우리들의 영웅인 이반 일리치에 대해 신나게 떠들었다. 나중에 집으로 돌아오면서, 논쟁에 취해서인지 맥주에 취해서인지는 알 수 없지만, 내가 도대체 무엇을 하고 있는지―건강에 위협이 되는 직업을 위해 수련을 하고 있는 건 아닌지―의구심이 들었다.

의학은 한 사람의 인생을 그 어떤 전문직보다 더 완전히 지배한다. 졸업 후에 나는 과도한 직무에 소모되었다. 몇 년 동안 내 삶은 주말 당직과 졸업 후 시험으로 점철되었다. 나는 항상 눈앞만 바라보았다. 다음 업무, 다음 자격시험…. 여러 해 동안 이런 삶의 방식과 생각을 받아들이며 살았다. 물론 이런 삶이 무익하기만 한 것은 아니었다. 의료 분야의 커리어 체계와 이 직종에서 성공하기 위해 거쳐야 할 것들이 너무나 견고하고 명확하게 설계되어 있어서, 경력을 쌓으려는 사람들은 주어진 환경에서 무엇을 해야 하는지를 본능적으로 알고 있었다. 나는 여러 해 동안 다양한 수련과정을 거쳐 영국 국가보건서비스* 수련병원의 전문의에 이르는 사다리를 천천히 올라갔다. 젊은 전문의로서 나는 바리새인 같은 존재, 즉 제도와 전문가 문화의 대리인 같은 존재가 되어갔다. 40세 때 종신 근무를 보장받았고 남은 인생 동안 잘 짜인 경로를 지속할 수도 있었다.

그런데 40대에 발생한 일련의 사건들이 모든 것을 변화시켰다. 시시콜콜한 내용을 여기서 다 밝히기에는 너무 지루하고 개인적인 일들이다. 50세가 되어 일련의 사건들을 돌이켜보고는 나 스스로가 약속된 미래를 훼방 놓은 게 아닌가 하는 결론을 내렸다. 나의 이런 훼방 놓기는 잠재의식이 벌인 고의적 행위였겠지만, 진짜 문제는 신념을 잃은 것이었다. 일종의 자기 배신이라고 할까. 루니툰 만화영화의 주인공 '코요테'는 허공을 잘 달리다가도 믿음을 잃는 즉시 협곡의 바닥으로 떨어진다. 상황을 모르는 동안에는 공중에 잘 떠

---

* National Health Service(NHS). 한국의 국민건강보험에 해당하는 영국의 보건의료제도로서 1948년 설립되어 전 국민에게 무상 의료서비스를 제공한다. 1차 진료에서는 일반의(General Physician, GP)가 개인 주치의를 맡아 진료하며, 2차와 3차는 국가보건서비스 병원이 급성 환자와 전문 진료를 맡고 있다. 국가보건서비스 외에 개인 의료도 유상으로 일부 허용하고 있다.—옮긴이 주(이하 각주는 모두 옮긴이 주임).

있었는데 말이다. 그렇다고 해서 나의 배신이 임상 현장이나 예전부터 해오던 환자 진료에까지 미친 것은 아니다. 하지만 그 밖의 다른 모든 것들 즉 의학연구, 관리통제주의, 의료지침, 정량지표에 대한 믿음은 물론이고, 심지어 진보에 대한 믿음마저 잃게 되었다. 나는 의료가 과잉 산업화되었고 건강에 위협이 되고 있다는 이반 일리치의 주장—1970년대 중반의 많은 의사들에게는 바보 같아 보였던 주장—이 사실이라고 확신하게 되었다.

나는 의학의 황금시대가 끝나갈 무렵에 의사 자격을 얻었고, 이후 35년간 3개 국가의 많은 병원에서 일해 왔다. 나는 일반인들이 의료에 대해 회의를 품는 것을 목격했고, 의료-산업 복합체가 출현하여 전 세계를 지배하면서 내 직업이 타락해가는 것도 보았다. '의산 복합체'는 거대 제약회사라는 전통적인 악당만을 말하는 것이 아니고 그 밖의 많은 전문적이고 상업적인 집단들, 곧 생의학 연구, 건강식품 산업, 의료기 제조업, 왕립학회 같은 전문가집단, 의과대학, 보험회사, 자선단체, 꾸준히 늘어나는 감독 및 평가기관, 그리고 로비스트와 경영전문가 같은 2차적인 기생적 전문직을 모두 포함한다. 의료 전문직은 변화에 저항하거나 보수적이기는커녕 지나치게 빠른 속도로 새로운 것에 열광한다. 만일 당신이 내년에 무엇이 세계를 움직일지 알고 싶다면 지금 의료계가 흥분하고 있는 것을 보면 된다. 연구자건 임상의건 관계없이 의사들은 마케팅의 언어와 기풍과 심리를 받아들여 왔다. 우리는 지금 모두 세일즈 중이다.

의료는 인간 삶의 거의 모든 영역으로 지배력을 확장하고 있다.

그렇게 기대 수준을 너무 높인 결과, 실망을 피할 수 없게 되었다. 전문가로서의 나의 삶은 황금시대의 마지막이자 충족될 수 없는 비현실적 기대와 실망의 시대의 도입부에 시작되었다. 환자, 의사, 그리고 크게는 우리 사회 전체가 의산 복합체의 희생자이자 봉이자 노예가 되었다. 우리는 치료하고 때로는 과잉 치료하지만 치유하지는 않는다. 나의 35년 경력은 즐거움, 당혹, 부끄러움으로 뒤섞여 있다.

나는 어머니에게 당신이 앓았던 폐렴과 빌리 삼촌의 죽음에 대해 물어본 적이 있다. 빌리 삼촌의 죽음이 너무 비극적이어서 외조부와 외조모는 영영 아픔을 극복할 수 없었다고 한다. 이 책을 쓰는 동안에도 아일랜드에서는 자궁암 검진에서 암 초기 진행을 놓친 사례들이 발생하여 의료적-정치적 위기를 겪고 있는 중이다. 이런 종류의 검진이 거짓음성[僞陰性]으로 나와서 암을 놓치는 경우가 종종 있다는 것이 잘 알려져 있음에도, 언론과 기회주의적 정치인들은 이 사례들을 이용해 대중의 분노를 일으키려 한다. 어머니는 생각에 잠겨서 이렇게 말했다.

"사람들이 지금 의료서비스가 얼마나 나쁜지 말하고 있지만, 그 사람들은 1940년대로 돌아가 봐야 나쁜 치료가 정말로 어떤 건지 알 수 있을 거야. 지금 우리 문제는 다 사람들이 너무 오래 살아서 생긴 것이거든."

# 2

# 의학 연구의 실상

# 2

1980년대 이후 의학 연구는 글로벌 비즈니스가 되었고 경제의 견인차로서 의산 복합체에 지적인 동력을 제공해왔다. 일반인들의 눈에는 의학 연구가 진리에 대한 열망, 질병을 치유하고 생명을 구하려는 열정으로 가득한 이타주의자들의 박애주의적 노력으로 비친다. 많은 자선단체가 이런 숭고한 활동을 지원하기 위해 모금을 하고 있고, 자선사업 자체가 실속 있는 비즈니스 영역이 되었다. 의학 연구는 좋은 일이고 더 많은 돈을 쓸수록 좋다고 하는 사회적 합의가 폭넓게 이루어져 있다. 하지만 이들 자선단체에 돈을 기부하는 많은 사람들은 대부분의 의학 연구가 시간과 돈의 낭비라는 사실을 알면 깜짝 놀랄 것이다. 그것이 시간과 돈의 낭비인 이유는 두가지다. 첫째는 대부분의 의학 연구가 잘못된 방식으로 수행되고 있고, 둘째는 연구가 주로 연구자의 필요와, 연구자와 연계된 상업적 이익에 봉사하고 있기 때문이다.

나는 연구 펠로우로 3년간 일하면서 이상한 연구문화에 대해 알게 되었다. 연구 펠로우는 보통 몇 년간의 임상경험을 가지고 박사학위(MD 또는 Ph.D)를 얻기 위해 일정 기간 연구에만 전념하는 수련의다. 내가 연구 펠로우를 한 이유는 대부분의 의사와 마찬가지로 경력을 위해서다. 1980년대에는 병원 전문의 자리를 둘러싼 경쟁이 치열했다. 누가 은퇴하거나 죽어야만 자리가 났는데, 공고가날 때마다 자격을 갖춘 지원자가 스무 명도 넘게 몰리곤 했다. 전공의 자리도 비슷한 상황이라 이력서에 쓴 연구경력이 중시되었다. 지원자들은 임상기술보다 연구경력으로 평가받았기 때문에, 야망있는 의사들에게는 학술지 논문 발표와 박사학위가 매우 중요했다.

나는 지역 수련병원에서 3년 수련과정을 마친 후 소화기내과 전공의 과정에 들어갔다. 이 선택은 형편대로 하다 보니 그렇게 된 것이다. 특별히 이 분야에서 경력을 쌓고자 하는 열렬한 바람이 있었던 것도 아니고 우연히 제안을 받은 과가 이 분야였던 것이다. 1980년대 아일랜드에는 전문의 수련과정이 갖춰진 곳이 거의 없었기 때문에 소화기내과를 제대로 전공하려면 아일랜드를 떠나야 했다. 나는 이 문제를 지역의 전문의와 상의했는데, 그는 단지 자신이 수련한 곳이라는 이유만으로 스코틀랜드 에든버러를 추천했다. 그곳 소화기내과 교수에게 편지를 써 줬고, 교수는 내게 제약회사에서 지원을 받는 연구 펠로우 자리를 제안했다. 당시 제약 산업은 소화기내과 연구 펠로우 자리에 많은 돈을 지원하고 있었다. 지원을 통해 의학계와 좋은 관계를 유지할 수 있었고 세금 혜택도 받았다. 교수는 말하기를, 제약회사를 위해 작은 규모의 임상시험을 해야 하지만 그 일에 많은 시간을 쓸 필요는 없다고 했다. 내 연구의 주요 주제는 위장관의 면역체계였다.

연구 펠로우를 시작했을 때 연구의 명확한 방향을 제시해주기를 기대하며 교수를 만났으나 교수의 조언은 모호했다. 몇 주 동안 도서관에서 관련 문헌을 읽고 기본적 실험 기법을 익혀두라고 했다. 나는 병원 도서관에서 대장 면역체계라는 지루한 분야를 다룬 논문들을 탐독했다. 부끄럼을 많이 타는 두 명의 이탈리아 출신 연구원들과 실험실을 함께 썼는데, 그들은 소장에서 채취한 조직을 잘게 자르고 다양한 방법으로 염색하여 세포 종류별로 카운트하는 방법을 알려주었다. 카운트 방법은 염색한 조직을 현미경으로 보면서 특정 세포가 보일 때마다 계수기로 숫자를 세는 것이었다. 많은 시간을 내부상피임파구(intra-epithelial lymphocyte)라 부르는 세포 개수를 세면서 보냈다. 한 친절한 기사가 항체 수준을 측정하는 방법을 알려주었으나, 다른 실험실 스태프들은 나를 연구 펠로우로 경력이나 쌓으려고 하는 아마추어라는 것을 알고 불쾌해 했다. 교수는 많은 연구 펠로우가 세계 각처에서 온 것을 자랑스러워했고, 실험실 휴게실 지도에는 펠로우의 출신지 나라에 작은 국기가 표시되어 있었다.

내게 급여를 만들어준 연구과제는 셀리악병<sup>*</sup>에 대한 신약 임상시험이었다. 셀리악병은 음식에서 글루텐을 제거하면 효과적으로 치료될 수 있다는 사실이 1940년대 후반부터 알려져 있었다. 음식만 조절하면 나을 수 있는 병에 치료제를 개발한다는 발상 자체가 놀라웠지만, 어떤 환자들은 식이요법을 엄격히 행하기 어려워하므로 치료제가 필요하다는 이상한 생각이 지금도 진지하게 받아들여지고 있다. 임상시험은 이탈리아인 펠로우가 시작했고 내가 넘겨받아 더 많은 환자를 모집했다. 환자들에게는 임상시험 시작 전에 소장 조직검사를 받게 했고, 보통식을 하면서 약을 석 달 동안 먹게 했다. 그런 후 호전이 있는지 보기 위해 다시 조직검사를 했다. (셀리악병은 식이조절을 하면 소장 조직검사에서 호전이 있는 것을 관찰할 수 있다.)

이 임상시험은 윤리적인 문제가 있었는데, 이미 병의 원인이 알려져 있고 완치 방법도 알고 있는 상태에서 이 약이 왜 치료제로 사용되어야 하는지에 대한 생물학적 근거가 없었기 때문이다. 예상대로 임상시험에서 약물의 이득이 확인되지 않았다. 임상시험이 끝난 직후에 환자 한 명이 셀리악병과 관련된 희귀한 소장암으로 사망하였다. 이 약이 암을 직접 유발했을 것으로 생각하지는 않지만, 임상시험 동안 효과가 없는 약을 복용하면서 글루텐을 계속 먹도록 한 것이 환자에게 도움이 되지 않은 게 명백했다. 나는 당연히 이 임상시험 결과를 논문으로 발표하고 싶었다. 제약회사의 지원을 받은 연구라서 그 결과를 학술지에 발표할 때는 사전에 제약회사에 보여주도록 계약이 되어 있었다. 제약회사에서는 이 약이 효과가 없다

---

\* celiac disease. 밀가루 등 곡물에 포함된 글루텐을 잘 소화시키지 못해 장내 염증이 유발되는 자가면역질환.

는 연구 결과의 발표를 당연히 반대했다. 사실 제약회사는 걱정할 필요도 없었던 것이, 학술지에서는 외부 리뷰어에게 검토를 의뢰하는 절차도 거치지 않고 바로 게재를 거절했기 때문이다. 나로서는 '유의미하지 않은 연구에 대한 출판 편향'(negative publication bias), 즉 유의한 결과가 나오지 않은 시험을 기술한 논문은 잘 게재되지 않는 현상을 처음 경험한 사례였다.

교수에게 다시 연구 프로젝트의 방향을 어떻게 잡아야 할지 문의하자, 교수는 '이미지 분석'이라 부르는 컴퓨터화된 방법을 이용하여 장 조직에서 특정 세포의 숫자를 자동으로 카운트하는 기술을 개발해 보라고 제안했다. 우리는 연구 가설에 대해서는 한 번도 논의하지 않았다. 주 관심사는 데이터를 생산할 수 있는 새로운 기법을 개발하는 것이었다. 교수는 나와 '짐'이라는 이름의 기사 한 명을 대학의 다른 부서에 주선하여 이 일을 맡도록 했다. 짐과 나는 별 성과 없이 이 이미지 분석기 작업을 했다. 우리가 얻은 유일한 영상은 지지직거리는 텔레비전 영상 같은 이미지였다. 몇 주를 황당하게 보낸 후 이 방법으로는 유용한 정보를 얻을 수 없다는 결론을 내렸다. 나는 이미지 분석기 작업이 성과가 없다는 것을 교수에게 보고했다.

이제 유일한 선택은 다른 프로젝트를 시작하는 것이었다. 교수는 1970년대에 쥐를 대상으로 한 실험 연구로 명성을 얻었는데 연구 대상을 사람으로 바꾸기로 결정했다. 그는 '전체 장 세척'이라 부르는, 동물실험에서 사용하던 기법을 사람에게 적용하는 데 관심이 많았다. 나는 이 방법을 개발하는 일을 맡았는데, 자원자에게 수당을 지불하고 대장내시경을 준비할 때 사용하는 관장액인 골라이틀리(GoLytely) 생리식염수를 4리터 마시게 하였다. 자원자가 맥주 색깔의 용액을 배설하면 이 세척액을 모아 거르고 필터링한 다음, 세척액 속의 항체 보존을 위해 화학물질을 첨가하였다. 병원 화장실을 돌아다니면서 설사로 가득 찬 철제 용변기를 확인하고 필터링을 시작할 단계인지를 주의 깊게 관찰하였다. 사람은 모든 일에 더 적응할 수 있다. 실험에 자원한 사람들은 주로 동물실험실 기사들이었는데 이들은 항상 돈이 부족했다. 한 냉소적인 동료는 실험쥐를 "충분한 숫자가 죽으면 박사학위가 만들어지는 동물"로 정의하기도 했다. 동물실험실에는 불쌍한 실험쥐 외에 원숭이와 염소도 있다는 소문이 있었다. 나는 이 불쌍한 동물을 죽이는 일만큼은 피하려 했는데, 하루는 이탈리아인 펠로우가 능숙하게 쥐의 꼬리를 잡고 흔들어 머리를 실험실 모서리에 부딪혀서 죽이는 장면을 보았다.

'망치를 가진 사람 눈에는 모든 것이 못으로 보인다'는 속담은 많은 의학 연구, 특히 내가 한 연구에도 적용된다. 나는 곧 '전체 장 세척'에 참여할 진짜 환자들을 모으기 시작했다. 환자 대부분은 어차피 대장내시경 검사를 위해 사전 조치가 필요한 사람들이었지만 그렇지 않은 환자들도 일부 있었다. 이 방법을 이용해서 모든 항원에 대한 항체를 측정하여 그 결과 모두를 논문으로 발표하였다. 이 기법(이것을 '기법'이라고 부를 수 있다면)을 크론병*은 물론 강직성 척추염이라 불리는 관절염에 이르기까지 생각할 수 있는 모든 병에 적용하였다. 다른 펠로우는 타액—내가 한 일에 비해 덜 역겨운—을 모아 가능한 모든 비교를 하였다. 질문 또는 가설로부터 연구를 시작하는 대신 기법으로부터 시작해서 최대한 많은 데이터를 얻으려 한 것이다.

나는 이렇게 여러 종류의 환자들에게서 전체 장 세척액, 장에서 분비되는 소화액, 타액, 혈액을 모으며 2년을 보냈다. 그리고 다음 2년 동안에는 박사학위 논문을 포함한 여러 편의 논문을 썼다. 약간의 성취에 우쭐해서 어리석게도 연구 쪽으로 경력을 쌓겠다고 생각했고, 연구실 내에서 좀 더 높은 자리에 임용되었다. 이것이 실수였다. 나는 곧 연구 활동에 환멸을 느꼈다. 18개월가량을 보낸 후 연구를 그만두고 요크셔의 선임 전공의 자리로 옮겼다. 나의 연구경력은 흐지부지되었으나 덕분에 쉽지 않은 깨달음을 얻을 수 있었다. 내게는 진정한 과학자의 호기심이 없다는 깨달음이었다. 통상적인 경로를 따라 의학 연구자가 될 수는 있었겠지만 지루함을 견디는 능력이 부족했고, 충분히 냉소적이지 못했다. 유명 의학저널 『랜싯』(*Lancet*)에 논문을 실은 것과 박사학위에 자부심을 느꼈으나 그것으로 충분했고, 다시 임상으로 돌아오면서 안심이 되었다. 연구 펠로우 3년은 순수하게 실용적 관점으로만 보면 잘 보낸 기간이었다. 내가 얻기로 마음먹은 것을 모두 성취했다. 하지만 그것은 계산적이

---

* Crohn's disease. 만성 염증성 장 질환으로 입에서 항문에 이르기까지 소화기관 전체에 걸쳐 발생하는 질병. 원인은 아직 정확하게 모르며 완치가 어려워 주로 증상 완화를 목표로 보존적 치료를 한다.

고 즐겁지 않은 일이었고, 지속적 의미를 가질 만한 결과는 거의 만들어내지 못했다.

나는 비록 과학 지식에는 어떤 의미 있는 기여도 하지 못했지만, 의학 연구가 수행되는 방식에 대해서는 많은 것을 배웠다. 과학적 호기심에서 영감을 얻는 과학자는 거의 없었고, 내가 만난 선임 연구자들은 주로 승진, 연구비, 논문, 수상 같은 것에서 동기를 부여받았다. 의학 연구 실험실은 일종의 공장으로 '데이터'라는 원료물질을 생산해냈다. 이런 데이터로부터 학회 발표, 학술지 논문, 박사학위, 연구비 신청, 심지어는 항공 마일리지까지 여러 가지가 탄생했다. 근처 병동에서 일어나는 일은, 데이터를 뽑아내는 체액('임상시료')의 공급처라는 점을 빼고는 별로 중요하지 않은 것처럼 여겨졌다. 학계 브라만들—교수, 학과장, 학장—은 학술적 성격이 거의 없는 부서에 대한 임면권까지 가지고 있었다. 그들은 위원회를 차지하고서 서로에게 연구비를 나눠주었다. 그들의 임상적 역할은 명목상으로만 존재했다. 당시에 국가보건서비스 수련병원은 주로 경험 많은 수련의에 의해 굴러갈 수 있었고, 특히 외과 분야 선임 전공의는 거의 40세가 돼서야 전문의로 임명되었다. 선임 전공의들은 전문의, 특히 연구자 전문의보다 임상적으로 더 능력이 있었고 민첩했다. 내가 아는 한 연구자 전문의는 일주일에 한 번 회진을 돌았는데, 그의 처방은 비정상이거나 위험하고 항상 잘못된 것이어서 병동 간호사와 선임 전공의는 연구자 전문의가 마치 포톰킨 마을*을 둘러보듯 가짜 회진을 돌게 안내하고 나서는 다시 진짜 회진을 돌았다. 다른 연구자 전문의는 외과의였는데 수술장에서 너무 위험하게 수술을 했다. 그는 교육 담당 교수로 승진했는데, 수술장에서 멀찌감치 떨어뜨려 놓기 위해서였다. 이처럼 브라만 귀족들은 선임 전공의에게 일을 떠맡기고서 연구라는 게임에 자유롭게 몰두할 수 있었다. 그들은 자신과 비슷한 성향의 사람들을 주로 충원하였으므로, 이 체제는 저절로 유지되었다.

나는 연구 펠로우들과 어울렸는데, 우리는 주로 점심시간에 의사식당에서 만났고(1980년대 후반까지는 의사식당이 있었다) 금요일에는 선술집에서 만났다. 우리는 학회에 발표할 내용의 진행 상황과 게재 승인된 논문을 서로 견주곤 했다. 그들 모두가 지금은 어느 정도 명성이 있는 교수가 되었고, 두 명은 의대 학장이 되었다. 나는 그들과 과학에 관한 대화를 나눈 기억이 없고, 오로지 경력에 대한 이야기만 나눴다. 유전학은 1980년대 후반부터 의학 연구에 포함되었는데 연구 펠로우들은 이 학문에 대한 연구를 많이 했다. 일찌감치 유전학 연구를 시작한 사람들은 많은 연구비를 받았다. 내가 함께 일했던 존경할 만한 저명 교수들은 임상 경험이 거의 없는 유전학 연구자들로 대체되었다. 이 사건은 의학 분야의 문화적 변화를 상징하는 것이었다. 그때까지 의과대학 교수는 '동료들 가운데 일인자'로서 주로 남성이었고, 임상가로서 동료들의 존경을 받았으며, 의대생 교육에서 주도적 역할을 맡았고, 여유가 되면 연구도 수행하는

---

* 러시아 황제의 방문을 맞은 군사령관 포툠킨이 마을의 방어 상태를 가짜로 꾸며 황제를 속였다는 데서 유래한 표현.

사람이었다. 1980년대 후반과 90년대 초반쯤에는 이 모델이 폐기되었다. 선임 의학자들의 역할이 실험실을 위해 연구비 따오는 것이 되었다. 그들은 주로 분자생물학자로 유전학 또는 사이토카인 면역* 같은 기초세포학 전문가였으며, 교육은 젊은 동료들에게 위임하고 임상진료는 거의 하지 않았다. 이런 새로운 부류의 교수들 중 내가 아는 한 명은 자랑스럽게 모든 임상 업무를 포기했고 기사 작위를 받으면서 경력이 정점에 올랐다. 근거기반의학(evidence-based medicine)의 창시자인 데이비드 새킷은 2004년 『영국의학저널』에 "기초의학자들이 연구비 지원 기관을 장악해 환자들에게 봉사하기보다는 자신들의 개인적 호기심을 채우는 데 더 가치를 두는 연구 정책을 만들었다"고 비판했다. 모든 선임 의학자 자리가 이런 새로운 유형의 의사들에게 돌아갔고, 진료를 맡은 임상의와 연구자의 간극도 더 크게 벌어졌다.

나는 연구자로 일하던 때를 후회하지 않는다. 외부인의 시각을 가지고 내부에 접근할 수 있었기 때문이다. 때로는 하는 일과 정서적으로 너무 유리되어 마치 의학 연구 행태에 대해 현장 조사를 하는 인류학자가 된 것처럼 느끼곤 했지만 말이다. 해리 콜린스라는 과학사회학자는 전문가에 대한 전문가라고 할 수 있는데, 중력과 물리학자를 대상으로 인류학적 연구를 수행했다. 그는 물리학자들에 대해 다음과 같이 호감을 표했다. "그들은 아주 이상적인 학자였

---

* cytokine immunology. 사이토카인은 면역세포에서 분비되는 작은 단백 물질들로, 세포 표면의 수용체에 결합하여 면역 반응에 중요한 역할을 담당한다.

다. 그들은 약간 미친 것 같았고 거의 불가능한 프로젝트를 하고 있었는데, 경제적 보상 없이 순전히 학문적 이유만으로 그 일을 수행했다." 콜린스가 관찰한 물리학자들은 고고한 과학의 이상—정직성, 진실성, 보편주의, 타인의 검토에 자신의 생각을 기꺼이 내맡기는 태도, 사심 없는 마음 등—을 체화하고 있었다. 나는 의학 연구를 지켜보면서 그런 이상주의를 본 적이 없다.

연구 펠로우가 끝나갈 무렵 나는 영화 〈트루먼 쇼〉에 들어간 것처럼 낯설고 포스트모던한 경험을 했다. 도서전시회에서 『점심 이후 최고의 약진』(The Greatest Breakthrough since Lunchtime)이라는 제목의 소설을 우연히 보게 되었다. 의사인 저자는 '콜린 더글러스'라는 필명으로 책을 썼는데, 1977년 처음 출간된 책이었다. 이 얇은 책의 때 묻은 표지 안쪽은 토플리스 상태로 의사의 가운을 열어젖히는 안경 낀 여성의 사진으로, 1970년대의 음탕한 분위기를 여지없이 보여주고 있었다. 책 표지에는 "게으름, 난잡함, 음주, 권태, 간통, 그리고 의학 연구에 대한 소설"이라는 광고문구가 쓰여 있었다.

책의 주인공인 데이비드 캠벨은 에든버러의 수련병원에서 일하는 젊은 의사로 아마도 작가 자신이 모델인 것으로 보인다. 소설 내용은 에든버러에서 일하거나 수련 받는 의사들만이 관심을 가질 법한 것이었지만, 나는 호기심에 이 책을 샀다. 책을 읽으면서 더글러스가 묘사한 장면이 익숙하다는 느낌을 받았다. 주인공은 병원 수련을 마친 후 연구 펠로우를 하게 되는데 제약회사 지원을 받고 로자먼드 피바라는 의학자 의사의 지도를 받는다. 내가 교수에게서

들은 것과 똑같은 얘기를 캠벨도 피비로부터 듣는다. "피비는 대장 점막을 실험하는 기초적 방법을 설명하면서 실험이 진행될 실험실에 대해 말했다. '하루 이틀 정도만 가볍게 실험을 익히면 되고' 캠벨이 그렇게 '첫 주를 보내고 나면 이 분야에 정통해질 것'이라는 얘기였다." 책에 나오는 많은 선임 의사들은 나 같은 아웃사이더도 누구인지 알 만한 사람들이었다. 캠벨은 대변 비타민과 관련된 일을 하게 되는데 나의 장 세척액 속 항체 확인과 크게 다르지 않았다. 더글러스는 이 일의 지루함을 잘 표현했다. 캠벨은 설명을 들은 대로 '이 분야에 정통해지기 위해' 의학도서관에 간다. "이 시간대의 작은 성당들이 그러하듯이 도서관에는 사람이 별로 없었고 지역사회에서 가장 신실하거나 가장 게으른 사람들만 있었다. … 이상한 강박증이 있는 것처럼 쥐의 프로스타글란딘에 관한 논문을 끊임없이 쓰던 여자도 있었다."

캠벨은 대부분의 시간을 다음 성적 정복대상에 대해 계획하면서 보낸다. 작가는 캠벨이 간호사와 만나거나("그들은 서로를 좋아했고 성관계도 대단했다.") 실험실 기사와 만나는 장면("로나는 말했다. '맙소사, 나는 이런 게 필요했어.'")도 묘사한다. 캠벨은 빠르게 연구자의 환상에서 벗어난다. 그의 보스인 피비는 '돈을 노리는 성난 사이코패스'였고, 그녀 휘하의 선임 전공의 뎀스터는 '호사가이자 사기꾼'이었다. 캠벨은 동료(유부녀)이자 애정 상대인 진과 함께 그들의 보스인 피비의 본색에 대해 곰곰이 생각한다.

"우리 모두는 그녀가 교수가 되도록 돕고 있는 셈이지. 사람들과 환자들 모두 말이야." 캠벨은 못된 삼촌처럼 웃었다. "이게 바로 의학 연구라는 것의 의미이지."

진이 얼굴을 찌푸리며 말했다. "그러면 당신은 거기서 뭘 하고 있는 거지? 10년쯤 보내고 나서는 교수가 되기를 원하는 거야?"

"그런 건 아니야. 내가 충분히 비열하지 않아서인지, 아니면 그것에 충분한 관심이 없어서인지는 모르지만."

소설은 다운증후군(책에서는 '몽골병'으로 표현)에 걸린 젊은 여성이 죽으면서 끝난다. 그녀는 동의도 없이 피비와 템스터에 의해 위궤양 치료제의 임상시험 대상자로 선정되었고, 이 약물로 인한 골수부전으로 사망하였다. 이 장면을 읽으면서 내게 월급을 만들어주었던 어리석고 쓸모없는 약물의 임상시험 대상이 된 후 죽은 셀리악병 환자가 떠올랐다. 책의 마지막 장면에서 캠벨은 연구 펠로우를 그만두고 임상으로 돌아간다.

어떻게 10년 전에 출간된 저속한 대중소설이 나의 연구 펠로우 생활을 그처럼 정확하게 그려낼 수 있는지 놀라울 뿐이었다. 수련의의 고백과 의학 연구에 대한 일리치 식의 비판이 이상하게 조합된 이 소설은 내가 힘들게 얻은 교훈 일부를 명료하게 보여주고 있었다. 의학 연구는 냉소적인 출세주의자들이 하는 사다리오르기 게임이었다. 데이터가 아이디어보다 더 중요했고 교수직이 환자보다 더 중요했다.

# 3

# 50년간의 황금시대

# 3

나는 그렇게 연구 펠로우로 3년을 보내던 중 해마다 열리는 영국 소화기학회(British Society of Gastroenterology, BSG)에서 연구 내용을 발표한 적이 있다. 당시 영국은 소화기학 분야를 주도했고 소화기학회의 위상이 절정에 이르던 때여서 전 세계적으로 수천 명이 학회에 참석했다. 논문이 채택되면 포스터 발표 또는 구두 발표를 하게 된다. 포스터 발표는 구두 발표에 비해 덜 영예롭게 생각하는데, 포스터를 붙여놓고 한두 시간 정도 그 옆에 서있으면서 포스터 앞을 우연히 지나다가 그 내용에 관심을 보이는 사람이 질문을 하면 답을 하는 방식이다. 때로는 아무도 관심을 보이지 않는 경우도 있어서 학문적 토론을 벌일 기회가 적다. 구두 발표는 전혀 다르다. 구두 발표 세션은 검투사 대결장 같아서 학회의 거물들이 서로 경쟁이라도 하듯 겁먹은 발표자를 무례하게 대한다. (이런 거물들은 마저

릿 대처 내각의 귀족 각료였던 캐링턴 경이나 더글러스 허드 같이 생겼다.)
잘난 척하면서 발표자를 겁먹게 하는 이런 위협적 행동들에 대해
서는 누구도 이의를 제기하지 않았다. 발표자가 거만한 야수들에게
공격당하는 것이 당연하게 여겨졌고, 이런 상황은 발표자의 보스와
원한이 있는 경우에 특히 심했다. 이 모든 것들이 의학 연구의 한 부
분으로 받아들여졌고 젊은 연구자들을 단련시키는 기회로 여겨졌
다. 기조 강연은 기초과학자들이 하였고 주요 청중은 임상 의사들
이었는데, 그들은 발표 주제에 별 관심도 없고 학회에 며칠 참석하
고 난 뒤에는 환자 치료에 도움 될 만한 것을 배우지도 못한 채 일상
적인 진료 업무로 복귀하였다.

　1987년 에든버러로 옮긴 직후에 런던에서 영국소화기학회 창립
50주년 학회가 열렸다. 내가 제출한 논문이 포스터 발표로 채택되
어 런던대학교의 커다란 홀에 걸린 포스터 앞에 서있기 위해 런던
으로 갔다. 포스터의 내용은 셀리악병 연구였는데 재미없는 결과들
이었고 거의 주목받지 못했다. 유일한 예외는 나도 알 만한 이 분야
의 지도자급 선임 연구자가 하찮다는 듯 쏘아보고 지나간 것이다.
이 학회는 1937년에 아서 허스트 경에 의해 창립되었고 처음에는
'소화기 클럽'으로 불렸다. 학회의 또 다른 원로인 존 알렉산더-윌
리엄스와 휴 배런은 다음과 같이 썼다.

　　오늘날 우리가 알고 있는 학회는 의사와 신사들의 클럽으로 시작했
　　다. 학회원들은 비슷한 성향의 사람들을 회원으로 충원하며 배타적

기준을 유지했다. 근본이 없는 사람들에게는 멤버십을 주지 않았다. 그들은 소화기학뿐 아니라 미식도 즐겨 학회 초기에는 좋은 음식과 와인에 대한 탐닉도 있었다. 신사로서 그들은 고상함을 지켰고 일반 대중과 접촉을 피했으며, 발표 초록과 논문을 출판하지도 않았다.

소설가이자 여행 작가인 에벌린 워가 만일 소화기내과 의사였다면 당시 만찬장에서 어떤 정장을 입을지에 대해 많은 토론을 하던 이 클럽에 가입하려 했을지 모른다. 하지만 가입 자격이 없었다. 1950년대와 60년대를 지나면서 이 클럽은 학회가 되어 외국에서 수련한 사람과 의사 아닌 연구자들을 포함해서 원하는 사람은 모두 가입을 시켰다. "영국소화기내과학회가 신사 클럽에서 과학자 모임인 학회가 되었다"라고 배런과 알렉산더-윌리엄스는 한탄했다. 회원 수는 40명에서 1천5백 명으로 늘었다. 제출되는 논문이 너무 많아서 학술대회도 일 년에 한 번에서 두 번으로 횟수를 늘렸다. 제약회사와 의료용품회사들은 학회 때 자신들의 제품을 홍보하는 전시회를 열면서 학회 비용의 일부를 부담한다.

1987년 50주년 학회에는 수천 명이 참가했고 거대한 홀에서는 무역박람회가 열렸다. 비록 학회 거물들은 깨닫지 못했으나 이 학회가 열린 때는 영국 의학의 황금시대가 마감하던 때였다. 아서 허스트 경과 그의 친구들이 런던의 랭엄 호텔에서 만찬을 위해 모인 뒤로 50년 동안 의학은 크게 변했고 영국은 이 혁명의 중심에 있었다. 영국 소화기내과학의 아버지로 불리는 프랜시스 에이버리 존스 경은 1937년 첫 번째 학회에 참석했고 1987년 50주년 학회 때는 주 빈으로 참석했다. 이 50년 동안 프랜시스 경은 페니실린 도입, 효과 적인 결핵약 개발, 신장투석과 장기이식, 내시경, CT와 MRI, 인공 수정, 천연두 박멸, DNA 이중나선구조 발견 등을 지켜보았다. 50주 년 학회에 참석한 모든 참가자에게는 지난 50년간 가장 영향을 많 이 미친 소화기내과 논문들이 실린 기념책자(미국 제약회사인 '스미스 클라인프렌치'가 출간을 지원한)를 나눠주었다. 이 기념책자의 서문은 자연스럽게 프랜시스 경이 썼다.

이 책자는 지난 50년간 영국의 의학 연구가 어떻게 호기심 가득 한 개인들의 연구에서 제도화되고 산업화된 활동으로 변화했는지 보여주고 있다. 1940년대와 50년대의 많은 논문은 단독 저자인데, 요즘에는 단독 저자가 쓴 독창적 논문은 거의 볼 수 없고 대부분의 논문 저자 수가 10명 이상이다. 심각한 표정의 이런 단독 저자들은 대부분 전업으로 환자를 보는 임상의였지 실험실 연구자가 아니었 고, 진정한 의미의 아마추어 연구자였다. 이 책자의 많은 논문은 옛 날의 단순했던 시대에 대한 향수를 불러일으킨다. 프랜시스 에이버 리 존스 경이 단독 저자로 1943년 『영국의학저널』에 실었던 논문에 는 출혈성 위궤양에 대한 당시의 치료법이 나온다. 프랜시스 경 시 대의 주요 치료방법은 음식이었다. "2시간 간격으로 고기나 야채를 갈아 만든 퓌레를 환자에게 제공한다." 그 내용과 절차도 자세히 기 술되어 있는데, 예를 들면 밀크티 한 컵, 얇게 자른 빵과 버터, 블랙 베리 젤리, 스펀지케이크 같은 것들이다. 그의 환자들은 아버지 같은 의사의 손길 아래서 아주 편안했을 것이다.

이 책자에는 프랜시스 경의 오랜 친구이자 센트럴미들섹스 병원의 동료인 리처드 애셔가 쓴 '뮌하우젠 증후군'에 대한 논문도 있다. 애셔는 일반의인데 우아하고 상반된 시각의 에세이로 명성을 얻었다. 의사이자 방송인인 마이클 오도널은 의학 잡지에서 뜻하지 않게 보게 되는 이런 찰진 산문을 '장식적인 민간 고딕양식'이라고 표현했다. 순수의 시대였던 1950년대 초반에는 심지어 『랜싯』에서도 애셔 스타일의 산문을 싣곤 했다. 뮌하우젠 증후군은 가공의 질병이다. 타인의 관심을 받기 위한 꾀병인데, 애셔는 '허풍선이 남작'으로 알려진 가공의 독일 귀족 이름에서 병명을 따왔다. "유명한 뮌하우젠처럼 이 병에 걸린 사람들은 여행을 많이 다니는데 그들의 이야기는 극적이고 진실성이 없다." 『랜싯』 독자들이 독일 작가 R. E. 라스페의 『허풍선이 남작의 모험』을 알고 있을 것이라고 애셔가 가정한 것이 내게는 이상하게도 감동적이다.

영국 과학은 혁신의 최첨단을 걷는다는 명성은 있었지만 실제 적용과 상업적 개발이라는 지루한 과정에 돌입하는 데는 실패했다. 이것은 내시경의 역사를 보면 알 수 있다. 해럴드 홉킨스는 런던 임페리얼 칼리지의 물리학자인데 신축성 있는 유리섬유를 통해 광학 이미지를 전송하는 방법을 발견했다. 그는 1951년 세인트조지 병원의 의사 휴 게인즈버러를 우연히 저녁 파티에서 만나 아이디어를 얻었다. 게인즈버러는 홉킨스가 줌렌즈를 개발한 광학 분야의 전문가인 것을 알고 있었고, 신축성 있는 내시경을 개발해보라고 권유

했다. 당시에는 내시경이 뻣뻣한 기구였고 시야도 매우 좁았다. 뻣뻣했기 때문에 환자의 목구멍으로 들어갈 때 매우 위험했고(인두와 식도에 구멍이 날 수 있었다) 엄청나게 불편했다. 홉킨스는 1954년 명망 있는 학술지인 『네이처』에 논문을 썼는데, 그 내용은 영국소화기학회 50주년 기념책자에도 실려 있다. 그는 "유리섬유다발 또는 다른 투명물질로 이루어진" 기구를 설명하면서, "그러므로 이것을 광섬유경(fiberscope)이라는 용어로 부르는 것이 적절해 보인다"고 기술했다. 홉킨스는 산업계에서 파트너를 찾지 못했다. 그러나 프랜시스 경에게서 수련을 받은 남아프리카공화국 출신의 소화기내과의사 바실 허쇼위츠가 홉킨스의 아이디어에 착안, 1960년 미시건대학교의 다른 두 물리학자와 함께 아메리칸 사이토스코프(ACMI)라는 거대 미국 회사의 자금 지원을 받아 처음으로 상업적인 광섬유내시경(fiberoptic endoscope)을 개발했다. 허쇼위츠는 내시경을 환자에게 시험하기 전에 먼저 자신의 목구멍에 넣어 보았다. 영국소화기학회에서는 매년 시상하는 내시경 분야의 혁신상을 홉킨스의 이름으로 수여한다.

비록 내시경의 상업적 개발은 미국과 일본에 뒤졌지만 영국은 새로운 기술의 혁신적 적용을 계속 시도했다. 1972년 세인트토머스 병원의 선임 전공의 피터 코튼은, 담즙을 간에서 장으로 옮기는 역할을 하는 담도에 내시경 관을 염료와 함께 삽입해 엑스레이로 담도를 촬영하는 방법을 개발하고, 그 결과를 『랜싯』에 발표하였다. 담석이나 암으로 인해 담도가 폐쇄되는 일이 흔한데, 이때 통증과 황달이 발생한다. 이 시술을 역행성췌담관조영술(ERCP)이라고 부르는데 지금은 일상적 시술이 되었고 나도 수천 번 해본 시술이다. 담도폐쇄의 원인을 밝힐 수 있을 뿐 아니라 담석을 제거하고 암으로 막힌 경우에는 스텐트를 삽입하여 폐쇄를 완화할 수도 있다. ERCP가 개발되기 전까지 담도폐쇄 환자는 큰 수술을 받아야만 했다. 하지만 코튼이 이 방법을 제안한 첫 번째 사람은 아니다. 그는 1971년 일본에 가서 소화기내과 의사인 오고시 가즈에이(小越和 㵘)와 3주를 같이 보내며 이 시술을 개발해서 돌아왔다. 그는 단독으로 ERCP를 영국에 보급했고, 이 기술을 영국 전역과 북아메리카에 전파할 수 있는 의사들을 교육했다. 영국에서 이 시술을 하는 사람은 모두 도제수업을 통해 전수받았기 때문에 스승을 추적해가면 결국 코튼에 이르게 된다. 이러한 성취에도 불구하고 코튼은 세인트토머스 병원의 전문의로 임명되지 못했다. 잘난 척하는 것에 대한 영국 의사들의 불신이 분명히 작용한 예라고 할 수 있다. 그는 나중에 미들섹스 병원에서 자리를 얻었고, 자연히 프랜시스 에이버리 존스 경의 영향을 받게 되었다. 그는 나중에 『빛의 끝에서 열리는 터널』(*The Tunnel at the End of the Light*)이라는 회고록에 다음과 같은 에피소드를 적었다. "에이버리는 내가 미들섹스에 임용되었을 때 매우 친절하게 대해줬다. 전형적인 런던의 회원제 클럽인 아테네움으로 데려가 점심을 사줬다. 포도주와 꿩고기를 먹으면서 개인 진료에 관한 이야기들을 들려주었다."

위궤양은 50주년 기념책자의 4분의 1 이상을 차지하는 주제였다.

20세기 초반에는 영국 남성의 10퍼센트 정도가 만성위궤양을 앓고 있었다. 이 병은 스트레스가 원인이라고 흔히들 말했는데, 리처드 애셔는 위궤양의 원인을 스트레스로 보는 것에 대해 다음과 같이 조롱했다. "똑같은 논리로 손목시계가 궤양의 원인이라고 할 수 있다. 손목시계 착용이 빅토리아 여왕 시대에 비해 엄청나게 늘었는데 위궤양도 똑같이 늘었기 때문이다." 위궤양을 앓는 많은 환자들이 대수술을 받곤 했는데, 19세기 빈의 위대한 외과의사 테오도르 빌로트(1829~94)는 위궤양에 대한 다양한 수술법을 개발하였고, 이런 수술들이 1950년대까지 외과의사의 주요 업무를 차지했다. 어떤 수술은 너무 철두철미하게 행해진 나머지 오히려 치료가 질병보다 환자를 더 안 좋게 만들어서 '소화기 불구자'(gastric cripples)라는 집단이 생길 정도였다. 이들은 수술 이후 항시적 쇠약과 흡수장애로 고생했다.

1970년대 초반부터 제약 산업은 점차 의학 연구에 많은 영향을 미치기 시작했다. 스미스클라인프렌치 산하 연구소의 제임스 블랙은 1972년 『네이처』에 위장에 있는 히스타민 $H_2$수용체에 대해 발표했고, 이 내용도 기념책자에 실렸다. 이 수용체는 위에서 위산 분비를 조절한다. 블랙은 이 수용체를 차단해 위산 분비를 줄이는 약물을 개발했다. 시메티딘(스미스클라인프렌치에서는 '타가메트')이라는 상품명으로 출시된 이 약물은 효과적인 위궤양 치료제로는 처음 개발된 약제였고, 이른바 '블록버스터'라고 하는 약물의 시초가 되었다. 이 성공은 훗날 개발되어 더 많은 수익을 가져다준 블록버스터 약물들—그리하여 엄청난 수익으로 오늘날 '빅 파마'(Big Pharma)로 불리는 거대 제약회사를 탄생시킨 약물들—의 모델케이스가 되었다. 시메티딘이 궤양을 아물게 하는 것은 맞지만 치료가 종료되면 예외 없이 재발하기 때문에 대부분은 이 약을 무한정 복용해야 한다. 시메티딘은 궤양 치료에 분명한 진전을 가져왔으나 그것을 완치시키는 것은 아니다. 역설적으로 이러한 한계가 상업적 성공의 핵심요소였고 첫 번째 블록버스터 약물이 된 이유였다. 환자들이 몇 주 정도 먹는 게 아니라 몇 년씩 먹어야 하기 때문에 판매량이 엄청났던 것이다. 스미스클라인프렌치는 큰 이익을 거뒀고 제임스 블랙 경은 1988년 노벨생리의학상을 수상하였다.

프랜시스 에이버리 존스 경은 소화기학 전문 분야의 50년간의 위대한 진전을 축하하면서 다른 영역의 실패에 대해 한탄했다.

비록 지난 50년간 괄목할 만한 진전이 있었다고는 하나 아직 해결되지 못한 문제들이 있습니다. 질병의 임상연구, 진단, 치료 부분은 거대한 진보를 이루었으나 위궤양, 궤양성 대장염, 크론병 같은 주요 질환의 원인은 아직도 밝혀내지 못했습니다.

프랜시스 경이 기념책자의 서문을 쓸 때는 이미 77세의 나이였기에 최신 의학 논문을 다 보지 못한 것을 탓하기는 어렵다. 만일 최신 논문을 보았다면 1987년 50주년 행사 5년 전부터 호주 퍼스의 병리학자인 로빈 워런과 소화기내과 수련의 배리 마셜이, 위궤양이 헬리코박터 파일로리라는 세균에 의해 발생한다는 것을 강력히 시사하는 논문 몇 편을 발표해왔다는 사실을 언급했을 것이다. 50주년 행사가 열린 지 두 달이 채 안 되었을 때 콤 오모레인이 헬리코박터를 박멸하면 십이지장궤양이 완치될 뿐 아니라 시메티딘과 달리 완치된 상태가 유지된다는 연구 결과를 『랜싯』에 발표했다. 마셜과 워런도 1년 후 『랜싯』에 같은 결과를 발표했다. 일주일간 항생제를 조합해서 복용하기만 하면, 위장절제술을 받아야 할 병이 완치된다는 내용이었다. 이로 인해 전 세계 위장관 학계 사람들이 집단적인 인지부조화를 겪게 된 것은 너무나 당연했다. 많은 전문가들이 처음에는 이 사실을 무시했지만 1990년 초에는 확신하게 되었다. 위궤양의 외과적 치료에 관련된 모든 임상 및 학술 연구의 기반이 그냥 사라져버렸다. 그리고 외과의사들은 다른 일을 찾아야 했다.

요크카운티 병원의 외과의였던 아서 헤들리 비식이 1980년대 후반까지 살았더라면 그 역시 심한 인지부조화를 겪었을 것이다. 그는 1948년 『랜싯』에 1936년부터 1947년까지 그가 수술했던 500례의 수술방법을 정리한 「근치적 위절제술 측정」이라는 논문을 발표했는데, 이 수술들에서 만성위궤양 환자의 위를 1/2에서 2/3까지 절제했다고 한다. 영국 여러 지역과 외국에서 그가 수술하는 모습을 보기 위해 요크를 방문했다. 그는 1951년에 51세의 나이로 외과 외래에서 쓰러져 뇌출혈로 사망했다. 그가 수술한 500례 모두가 항생제 치료를 통해 완치될 수 있었다는 것을 모른 채 사망한 것이다.

헬리코박터 이야기는 용감한 호주 이방인들이 획일적인 의료계를 접수했다는 단순한 서사로 끝나지 않는다. 헬리코박터는 이전 세대가 과거에 위산 분비에 집착했던 것과 똑같이 새로운 의료산업의 중심이 되었다. 헬리코박터 자체를 위한 학회와 학술지가 생겼다. 마셜과 워런은 2005년 노벨생리의학상을 수상했고 이 경로를 따라 많은 사람이 위원회 좌장이 되거나 큰 연구비를 타냈다. 위산 분비 때문에 위궤양이 생긴다는 교리를 믿었던 일련의 학자들이 이제는 헬리코박터로 갈아타게 되었다. 그러나 헬리코박터 균이 발견되었을 때는 이미 위궤양 자체가 급속하게 줄고 있었고, 당시의 위궤양 대부분이 아스피린을 포함한 소염진통제 때문이지 헬리코박터 균 때문이 아니라는 사실을 인정하는 사람은 거의 없었다. 헬리코박터에 감염된 사람들이라 해도 대부분은 위궤양이 발생하지 않는다. 위궤양이 없는 사람에서 헬리코박터를 박멸하는 게 도움이 되는지는 아직도 명확하지 않다. 인도 같은 나라에서는 많은 사람이 헬리코박터에 감염되지만 위궤양은 매우 드물다. 하지만 아무도 이런 사실에는 신경 쓰지 않는다. 연구자들은 학회 합의를 통해 공표된 새로운 교리인 헬리코박터라는 시류에 편승하고 있을 뿐이다.

오늘 아침 의학 관련 온라인 데이터베이스인 '펍메드'(PubMed)를 검색해보니 헬리코박터에 관한 논문이 4만 580건 검색되었다. 나도 그중 한 편의 공저자이다. 다른 도시에 있는 연구소의 한 유망한 연구자가 셀리악병 환자들에게서 나타나는 헬리코박터의 유병률에 대한 논문을 쓰자고 제안해왔던 것이다. 여기에 다른 이유가 있었던 것은 아니다. 그는 혈액검사를 통해 헬리코박터를 진단하는 기술이 있었고 나는 거대한 셀리악병 환자 혈액시료 은행을 가지고 있었기 때문에 논문을 쓰자고 한 것이다. 연구를 통해 확인할 흥미로운 가설이 있었던 것도 아니고, 나도 새로운 것을 발견하리라 기대하지 않았다. 하지만 논문으로 발표되었다. 이 연구는 망치 가진 사람에게는 모든 것이 못으로 보인다는 과학적 기회주의의 좋은 예가 될 것이다. 헬리코박터와 셀리악병을 연결시킬 만한 그럴듯한 생물학적 이유도 없었고 임상적으로나 과학적으로 별로 관심을 가질 만한 주제가 아니었지만, 논문은 발표되었다.

영국소화기학회 50주년 기념책자에 있는 많은 논문은 지금은 폐기된 아이디어들을 담고 있다. 그러나 의학 연구는 이미 수용된 의견에 크게 의존하는 순응주의적 활동이다. 위산 분비에 대한 집단적 집착은 직관에 반하는 정답인 헬리코박터가 등장하면서 갈피를 못 잡고 있다. 마셜과 워런이 헬리코박터를 발견하기 한참 전부터 위장에 세균이 살고 있다는 논문이 간헐적으로 발표되었으나 강산성의 위액이 분비되는 위장에 세균이 사는 것이 가능하지 않다는 이유로 무시되었다. 극작가이자 소설가인 앨런 베넷은 관절염이 양말의 길이를 잘라내는 간단한 방법으로 완치될 수 있다는 확신에 집착했던 그의 삼촌 노리스에 대해 쓴 적이 있다. 아마 의료계에서는 위궤양을 항생제로 치료한다는 아이디어에 대해 노리스 삼촌의 관절염 치료법만큼이나 생물학적 개연성이 없다고 했을 것이다. 이런 위대한 발견들은 계획되고 아낌없는 연구비 지원을 받는 연구의 결과라기보다는 헬리코박터의 예에서 보듯 열성적인 연구자들의 우연한 발견인 경우가 많다. 질병이란 늘거나 줄어들기 마련인데, 효과적인 치료법이 (위궤양이나 결핵의 경우처럼) 질병이 줄어들 때가 돼서야 발견되곤 하는 것이다. 오늘의 흥미로운 혁신은 내일이 되면 학계를 질식시키는 컨센서스가 되고, 한때의 열광적 혁신이 내일은 왕 중의 왕 오지만디아스*처럼 잊혀진다. 1987년 이후 거대과학이 주류를 차지하면서 50주년 기념책자에 실려 있는 논문들은 진기하고 순수한 것처럼 보이게 되었다.

그렇다면 의학에서 지난 50년간 커다란 진전이 가능했던 이유는 뭘까? 2차 세계대전이 기술 혁신을 유도했고, 전후시기에 학문으로서의 의학과 생의학 연구가 특히 미국에서 극적으로 팽창했기 때문일 것이다. 버니바 부시의 1945년 보고서 『과학, 끝없는 개척지』(Science: the Endless Frontier)는 의학 연구의 행동강령을 제시했다. MIT 학장이었던 부시는 루스벨트 대통령이 1940년에 만든 국방연구위원회(NDRC)의 좌장을 맡게 되었다. 루스벨트 대통령은 과학이 전쟁에 필수적이라는 사실을 인지하였고 이때 얻은 교훈을 평화시기의 과학 발전에 적용하기를 원했다. 부시 보고서는 '기초' 연구의 중요성과 정부 지원을 강조하였다. 이 보고서는 미국 대학의 과학 연구를 급격하게 확대시켜서 1940년대부터 60년대까지 정부의 연구비 지원이 10배 증가하였다. 그때까지 교육이 주요 임무였던 대학들이 과학 연구의 중심지가 되었다. '기초' 과학에 대한 집중이

* Ozymandias. 이집트왕 람세스 2세의 그리스식 이름으로, 생전의 위업으로 무수한 석상이 세워졌으나 사후에 이름이 급격히 잊힌 인물.

보편적으로 환영받았던 것은 아니다. 위대한 역학자이자 임상의인 앨번 파인스타인은 1987년 다음과 같이 썼다. "연구의 방향성이 바뀌었다. 임상전(preclinical) 과학 연구가 임상과 유리되어 '기초 의과학' 연구로 전환하였고, 그 목표도 임상과는 별다른 관련이 없는 경우가 많아졌다."

영국에서는 국가보건서비스 출범에 따라 학문으로서의 의학이 폭넓게 성장하였고, 해머스미스 병원 왕립의학대학원(Royal Postgraduate Medical School, RPMS) 같은 연구중심 기관이 설립되었다. 1944년 의학교육에 대한 굿이너프 위원회 보고서\*는 모든 의학교가 의과대학이 되어야 한다고 권고했다. 그 결과 의대 내 연구직이 대폭 늘어났고 임상교수직도 50개 이상 새로 생겼다. 전쟁 후에 RPMS는 영국 의학 연구의 의제를 설정했다. 병원 전문의는 개인 진료를 할 수 없고 전업으로 임상 연구를 하게 되었다. 당시에는 임상 연구가 관료제에 의해 구속받지는 않았다. 여기에는 부정적 측면도 있었는데, 많은 환자가 연구에 남용되면서도 자신이 기니피그로 이용되고 있다는 것을 인지하지 못했다. 그들은 사전 고지나 동의 절차도 없이 순전히 연구라는 목적 하에 침습적이고 위험한 처치를 받았다.

존 맥마이클 경은 전후 20년 동안 해머스미스 의학대학원 책임자로 있으면서 '심장카테터'라고도 하는 심도자술과 간 생검을 선도

---

\* 『의사의 훈련』(*The Training of Doctors*)이라는 제목으로 출판되었다.

적으로 시행했는데, 지금은 두 가지 모두 일상적인 처치가 되었다. 1950년대 초에 해머스미스의 전공의였던 알렉스 페이턴은 다음과 같은 우려를 담은 개인일지를 작성했다. "해머스미스의 연구자들은 누구나 다 환자를 실험에 이용하는데, 이것이 반드시 환자에게 도움이 되는 것은 아니다. 병상이 그야말로 의학실험실의 부속실에 불과한 것이 되고 말았다." 의사 모리스 팝워스는 1967년 『인간 기니피그』(*Human Guinea Pigs*)라는 책에서 이러한 비윤리적 처치에 대한 글을 써서 대중의 관심을 받았는데, 이러한 수고도 의료계에서는 외면당했다. 맥마이클이 심부전이 있는 노장년층 환자를 대상으로 심도자술 실험을 한 것에 대해 팝워스는 이렇게 썼다. "때로 의사들은 도움, 동정, 친절한 치료가 가장 필요한 사람은 덜 아픈 사람들이 아니라 가장 아픈 사람들이라는 사실을 잊고 있는 듯 보인다. 환자들 가운데 죽어가거나 나이든 사람이 실험 대상으로 우선 선택되는 것을 보면 말이다."

나중에 작위를 받게 되는 실라 셜록 교수는 해머스미스에서 맥마이클의 제자였고 이후 로열프리 병원의 교수가 되었다. 하지만 그녀 역시 병상에서 하는 일은 크게 다르지 않았다. 『영국의학저널』에 실린 셜록의 부고 기사는 다음과 같이 시작된다. "정중함이나 환자의 감정은 안중에도 없었다." 팝워스는 1955년에 셜록의 비열한 실험을 언급하면서, 영국의 수련병원이 "임상의의 탈을 쓴 잔인한 생리학자에 의해 주도되고 있다"고 고발하는 서한을 『랜싯』에 보냈다. 『랜싯』은 게재를 거부하였다.

실라 셜록의 문하생이었다가 나중에 라이벌이 되는 로저 윌리엄스는 킹스칼리지 병원에 간(肝) 연구부서를 만들었는데 당시 영국에서는 가장 큰 부서였다. 윌리엄스는 케임브리지 애든브룩스 병원의 외과의사 로이 칸과 함께 일하면서 영국에서 간 이식 수술기법을 확립했다. 그들은 1969년 『영국의학저널』에 자신들의 초기 경험으로 환자 13명의 이식수술을 시행한 결과를 게재했다. 13명 중 2명만이 4개월까지 살아남았고, 4명은 수술 후 36시간 안에 죽었다. 다른 이들 같았으면 이쯤에서 포기했을 텐데 그들은 계속 진행하였다. 그들은 새로운 인체면역 억제제를 이용해 이식된 장기의 거부 반응을 예방할 수 있다는 것을 알게 되었다. 그들은 수술 전후 치료법을 개선하였고, 이식수술을 통해 어떤 질병들을 성공적으로 치료할 수 있는지를 확립함으로써 대상환자 선별에서도 한층 진전을 보게 되었다. 간 이식 수술은 지금은 성공률 높은 일상적 치료법으로 여러 영국 병원에서 시행되고 있고, 거의 대부분의 환자가 살아남는다. 그러나 만일 『영국의학저널』이 오늘날 이런 정도의 사망률을 보이는 결과를 발표했다면 여기 관여한 의사는 병원 운영진으로부터 수술을 그만두라는 명령을 받았을 것이고, 영국 의학협회*에 호출되었을 가능성이 높다.

영국 의료계는 국가보건서비스 설립에 반대했다. 보건부 장관 어

---

* General Medical Council. 흔히 GMC로 약칭한다. 1858년 설립되어 영국 의사들의 면허 및 등록을 담당하는 자율적 규제 기관으로 운영되고 있다. 필요한 경우 의사면허를 정지시키거나 박탈할 권한이 있다. 이와 달리 순수 민간협회로는 영국의사회(British Medical Association, BMA)가 있다.

나이린 베번은 병원 전문의들의 협력을 얻기 위해 관대한 제안을 해야 했다. 베번은 전문의들에게 개인 진료를 계속할 수 있도록 허용했고 공로상이라는 경제적 유인책도 제공했다. 1948년부터 1970년대 말까지 전문의들은 전문가적 자유와 학문적 자유를 동시에 만끽했는데, 오늘날 온갖 규제에 시달리는 의사들은 꿈도 꾸기 어려운 것이었다. 피터 코튼은 1970년대에 동료들이 누리던 귀족적인 생활에 대해 다음과 같이 말했다. "나의 전문의 동료들 중 많은 사람이 자신의 개인진료소에서 대부분의 시간을 보냈고, 기사가 모는 자가용을 타고 미들섹스에 일주일에 두 번씩 가서 회진을 돌고 병동 간호사들과 차를 마셨다." 모두는 아니더라도 많은 의사들이 병원 밀집지역인 런던 할리 가에서 간호사들과 차 약속을 하였다. 반면, 취미광들은 자유롭게 자신이 좋아하는 것을 추구했다. 코튼은 그의 선배 동료인 피터 볼에 대해 감탄스런 어조로 다음과 같이 썼다.

그는 매주 이틀씩 병원에서 일했고, 하루는 큐 가든에서 난초의 분류법을 재검토했으며, 하루는 개인진료소에서, 하루는 런던동물원에서 뱀과 다양한 기생충에 대해 연구했다. 연구의 일환으로 아프리카를 정기적으로 방문하여 어떤 기생충은 삼켜서 가져왔다.

영국 의학의 명성은 2차 세계대전 후 30년 동안 크게 높아졌다. 연구를 통해 극적인 효과를 거둘 수 있는 치료법을 개발했다. 특히 대형 수련병원의 전문의들은 거의 완전한 전문가적, 학문적 자유를 누렸다. 그들은 행정가에게나 일반 대중에게 응답할 필요가 없었다. 그들의 기벽과 과학적 열정은 그냥 용인되는 정도가 아니라 적극적으로 장려되었다. 피터 코튼이 언급했듯이 많은 사람이 이런 자유를 남용하여 돈을 벌었지만, 그렇지 않은 사람들, 예를 들어 코튼이나 그의 동료 피터 볼은 높은 야망을 추구했다. 아직 수련의(선임 전공의)일 때 코튼은 ERCP(역행성췌담관조영술)를 개발했다. 1980년대 중반에 가까워지면서 코튼은 큰 명성을 얻었고 세계 각지에서 ERCP를 배우기 위해 그의 연구부서로 왔다. 하지만 그는 국가 보건서비스에 환멸을 느꼈다. 연간 정해진 예산으로 운영되는 병원은 이 젊은 소화기내과 스타 의사의 명성과 그에게 모여든 수많은 해외 수련의들에게 별로 주목하지 않았고, 심지어 코튼에게 "내년에는 시술을 25퍼센트 줄여 달라"는 지침을 전하기까지 하였다. 병원은 마지막 일격으로 외국에서 수련하러 오는 것을 (비록 무급일지라도) 더 이상 허용하지 않겠다고 했다. "치료하고 돌봐야 할 환자가 너무 몰려들기 때문"이라는 게 이유였다. 1986년 코튼은 미국 노스캐롤라이나 듀크대학교의 내시경 책임자가 되어 남은 인생을 미국에서 보내게 된다.

의학계의 권력이 천천히 수련병원의 임상의 귀족—프랜시스 에이버리 존스 경 같은 의사들—에서 실험실에 기반을 둔 전문적인 연구자로, 그리고 거대과학의 브라만들로 이동하였다. 역사학자 로이 포터는 1997년에 다음과 같이 썼다.

오늘날 비록 한두 명의 이식 전문 외과의가 명성을 얻고는 있지만, 진정한 권력은 노벨상 수상 연구자, 대형 의과대학의 총장, 그리고 수십억 달러의 병원그룹, 보건기구, 제약회사 이사회 등이 가지고 있다.

이제 대형 수련병원들은 전문경영인에 의해 운영되고 있고, 전문의는 1980년대 중반 이후 숫자는 크게 늘었지만 집단적으로나 개인적으로나 더 이상 영향력을 갖지 못하게 되었다. 의사들은 여전히 기사 작위를 받지만 주로 최상위 의학자나 위원회 사람들이 받는다. 나는 마지막으로 2014년 맨체스터에서 열린 영국소화기학회에 참석하였다. 임상 귀족은 사라졌다. 그 자리를 사기가 저하된 소련의 스타하노프* 같은 노력영웅 집단이 채우고 있었고, 그 중 누구도 아테네움에서 구운 꿩고기 요리와 적포도주로 점심을 먹지 못했다. 황금시대는 끝났다.

---

* Aleksei Stakhanov. 옛 소련의 탄광노동자로 기록적인 채굴량을 기록함으로써 이후 스탈린에 의해 '스타하노프 운동'이라는 노동생산성 향상 운동의 효시가 된 인물.

# 4

# 나쁜 거대과학

# 4

 

의학 연구의 전문화, 산업화, 국제화는 1987년 영국소화기학회 50주년 기념학회 때 이미 진행 중이었고 2000년경 거의 완료되었다. 1950년대부터 90년대까지 영국 국가보건서비스 수련병원의 전문의들은 공식적인 연구 직책 없이도 많은 의미 있는 연구를 수행하였다. 하지만 2000년대 들어오면서 모든 것이 변했다. 리버풀에 있는 올더헤이 병원의 스캔들(사망한 아이의 장기를 병원이 부모도 모르게 연구 목적으로 보관한 사건) 이후, 연구에 대한 관료적 통제가 심해졌다. 문서 처리와 같은 번거로운 일을 전담할 비서가 있는 전업 연구자만이 연구를 수행할 수 있게 되었다. 대처 총리 시대의 의료 개혁은 병원 전문의의 권한을 무력화시켰고, 전문의들은 이제 경영진이 손가락으로 가리키거나 호출하는 대로 임상 현장에 투입되기에 이르렀다. 달성해야 할 목표도 너무 많아져서 연구를 위한 시간을 내기조차 어렵게 되었다. 한편 연구 최상위 브라만층은 병원 일에서 완전히 손을 떼었다. 교육도 의학교육 전문가의 손에 넘어갔고, 연구자들은 연구비 신청과 위원회 일에만 전념하게 되었다. 학문으로서의 의학과 산업 간의 경계가 흐려져 사실상 구별이 어렵게되었다.

거대과학(Big Science)이라는 용어는 물리학자 앨빈 와인버그가처음 쓴 말이다. 실험실을 기반으로, 풍족한 연구비를 쓰면서, 보통은 대학 연구소와 같은 대형 기관에서, 반(半)봉건적인 학술 관료의감독을 받으면서 수행하는 연구를 의미한다. 연구 산업은 대규모의공공자금을 끌어오고 정치인들과 산업계에 스스로를 경제 성장의동력으로 세일즈한다. 분자생물학자들은 자신들이 하는 일이 실제환자들과 관계있다는 주장을 선전하기 위해서 '실험실에서 병상으로'(from bench to bedside)라는 진부하고 과시적인 구호를 사용한다.이런 형태의 연구들이 1980년대 이후 폭넓게 성장했지만 실제 환자에게 이익이 되는지는 이전 황금시대에 견주어보면 그저 그렇거나대단할 것도 없다. 거대과학의 브라만들은 이미 임상 일선에서 물러나 있는 터라서 그 구호도 공허하기 짝이 없다. 이런 기초과학 모델은 겉보기에만 그럴듯할 뿐이다. 이 모델은 신체가 정교한 기계라고 하는 데카르트식 관념에 기반하고 있다. 질병 완치를 위해서는 먼저 기계 작동 방식을 알아야 한다는 것이다.

2003년에 존 이오아니디스가 수행한 연구는 이런 기계론적 연구가 갖는 한계를 잘 보여주고 있다. 그리스 출신 미국인으로 스탠퍼드 의대 교수인 이오아니디스는 메타 연구, 즉 연구에 대한 연구라는 새로운 분야의 개척자이자 선도자다. 그는 소아과의사인 아내 데스피나와 함께 1979~83년 기간 동안 『사이언스』 『네이처』 『셀』 (Cell) 같은 최고의 과학 학술지에 실린 논문들 중에서 임상 적용이 가능하다고 주장하는 101편의 기초과학 연구를 조사했다. 20년이 지난 후 이 가운데서 임상시험에 들어간 연구는 27편뿐이었고, 그 중 5개 연구가 최종적으로 약물 시판을 승인받았는데, 그것들 가운데 하나만이 임상적으로 이익이 있는 것으로 파악되었다.

요즘 사망에까지 이르는 질환들 대부분은 노화로 인한 것이거나 그와 관련된 것들이다. 나이가 드니 단순히 낡는 것이다. 현대의 주된 사망 원인은 치매, 심장질환, 뇌졸중, 암 등이지 천연두나 스페인 독감이 아니다. 의학은 여전히 치명적인 병에 걸린 젊은이를 극적으로 구해낼 수 있지만 이런 개가는 상대적으로 드물게 일어난다. 거대과학 이론의 또 다른 결함은 의료의 주요 과제들이 기계 고장으로 설명할 수 있는 질환과는 크게 관련이 없다는 것이다. 개업의들의 주요 업무는 사람들이 질병에 대처할 수 있도록 도와주는 것보다 소위 '엿 같은 인생 증후군'* 같은 삶의 문제에 대처하도록 도와주는 것이다. 내 외래 환자의 50퍼센트 이상은 심신성 조건 때문에 생기는 과민성대장증후군 같은 증상들로 내원을 하는데, 이런 증상은 분자생물학으로 완치될 수 있는 성질의 것이 아니다. 인간

---

* Shit Life Syndrome (SLS). 빈곤, 장애, 취약한 생활환경 등으로 인한 질병과 정서적 문제를 이르는 말.

은 유사 이래 항상 스트레스와 고통을 겪어 왔는데, 유독 20세기에 들어와서 사람들은(적어도 부유한 나라에 살고 있는 사람들은) 이런 피할 수 없는 인생의 부침을 갑자기 의학적 문제로 보기 시작했다.

의학에 여전히 획기적 발전이 필요한가? 연구는 여전히 가치 있는 일인가? 물론 의학은 '조기' 사망을 막기 위해 최선을 다해야 한다. 나는 임의적으로 조기 사망 기준을 80세 이하로 정해두고 있다. 하지만 더 중요한 것은 의학이 통증, 고통, 장애를 더 잘 다뤄야 한다는 것이다. 나는 고통을 경감해주는 더 좋은 방법이 분자생물학 의학에서 나올 것이라고는 생각하지 않는다. 연구 활동의 중심에는 철학적, 도덕적, 실존적 역설이 놓여있다. 사망은 질병, 노화, 신체기능 고장의 불가피한 결과다. 의학 연구는 죽음에 '맞서는' 것을 목표로 하지만, 우리는 존재의 심연에 있어 죽음이 불가피하고 경우에 따라서는 '좋은 것'이라고 받아들이기까지 한다. 그렇다면 왜 우리는 이길 수도 없고 필요하지도 않은 이 싸움을 계속해야만 하는가? 조기 사망은 급격하게 줄어서 요즘에는 드문 일이 되었다. 우리들 대부분은 80대, 90대까지 살 거라고 기대한다. 그 이상으로 수명을 연장하는 것은 잘못된 방향이고 위험하기도 하다. 20세기 들어 목도하게 된 인간 수명의 극적인 연장은 인류 역사에서 처음 겪는 일인 데다 너무 단기간에 일어나서, 하나의 생물종으로서 우리는 이 문제에 어떻게 대처할지 미처 배우지 못한 상태다.

그렇다면 의학 연구는 무엇을 해야 하는가? 거대과학 모델—'원인'을 먼저 발견하고 나서 '치료'를 한다는—이 적용되어야 할 질환들은 따로 있다. 예를 들어 장의 만성적 염증 질환인 크론병은 젊은 환자에서 발생하여 장기적으로 장애를 유발하고, 위험할 수도 있는 면역억제제의 항시적인 복용이 필요한 경우가 많아서, 거대과학이 크론병을 완치시킬 수 있다면 분명히 이익이 된다. 하지만 불행히도 의학 연구는 노화나 사망 같은 사람들을 괴롭히는 문제들 대부분에는 도움을 주지 못한다. 노화와 사망은 인간의 숙명임에도 우리는 의학이 어떻게든 이 문제를 해결해주기를 기대한다. 하지만 역학자들이나 공중보건의들이라면 의학이 이제는 선진국 국민의 건강에 크게 기여하지 않는다고 주장할 것이다. 요즘은 빈곤, 교육 기회의 부족, 사회적 박탈 등이 건강 부실의 주요 원인이다. 비록 20세기 중반에 예방접종이나 항생제가 인간 수명을 연장하는 데 의미있는 기여를 했다고는 하나, 오늘날 의학이 인구집단의 건강에 직접 영향을 끼치는 부분은 10퍼센트 정도에 불과하다. 더 나아가 일부에서는 현재까지 입증된 연구 결과를 합리적이고 공평하게 적용하기만 해도 보건의료가 변화될 수 있을 것이라는 설득력 있는 주장을 편다.

거대과학은 아직까지 기대하는 만큼의 성과를 내지 못하고 있다. 하지만 의학 연구비의 대부분을 차지하는 바람에 더 생산적일수 있는 다른 형태의 연구들은 연구비 부족 사태를 겪고 있다. 왜 거대과학 모델이 실패인가? 내 연구 경험으로 미루어보면 거대과학은 연구비를 받아 독창적인 아이디어를 생산하는 것이 아니라 데이터를 생산하기 때문이다. 생물물리학자인 존 플랫은 1964년 『사이언스』에 다음과 같은 글을 썼다. "우리 과학자들은 경건하게 측정을 하고 '과학의 신전에 쓰일 벽돌'이 될 작은 연구들을 수행한다고 하지만, 벽돌 대부분은 공장에 방치될 것이다." 거대과학 모델의 또 다른 한계는, 예측 없이는 발견도 결코 없을 것이고 연구는 사전에 계획된 행위라고 전제하는 것이다. 하지만 페니실린이나 헬리코박터가 그렇듯이 위대한 과학적 발견의 상당수는 기대하지 않은 것이고 우연히 발견된 것이다.

의사이자 논객인 브루스 찰턴은 현대 의학연구 문화가 너무 순응주의적이어서 정말로 창의적인 연구자는 성공하기 어렵고, 과학이 지성과 창의성 대신 인내심과 사회성을 선택했다고 말한다.

현대 과학은 가장 똑똑하고 창의적인 사람을 잡아두거나 열정을 고취하기에는 너무나 단조롭고 지루하다. 특히 자신이 선택한 독립적 연구를 하기 위해서는 졸업 후 10년, 15년 내지 심지어 20년까지 수련을 받아야 하기에, 생기 넘치고 자존감 강한 누구라도 이 일에 들어오기를 주저하게 만들고, 지금 당장 창조적인 일을 하고 싶어 하는 사람을 철저히 배제한다. 10년 또는 20년의 수련을 끝낸다 해도, 과학적으로 중요해서가 아니라 연구비가 나올 가능성이 높다는 이유로 연구 주제를 택하기가 십상이고, 그러지 않으면 다른 사람의 연구팀에서 기계의 톱니바퀴 역할을 할 게 뻔하다. 어느 쪽이든 과학자들은 자기 것이 아닌 다른 사람의 문제를 풀기 위해 일할 공산이 크다. 정말로 똑똑한 사람이라면 왜 이런 일을 하려고 하겠는가?

찰턴은 현대 의학 연구가 많은 세부 전문가들의 협력과 조정이 필요한 집단적인 활동이기 때문에 팀플레이가 핵심적인 속성이라는 것을 관찰했다. 그는 가장 훌륭한 과학자들이 팀원으로 낭비되고 있다고 주장했다. 최고의 과학자들은 독립적일 때만 제 역할을 해낼 수 있는데, 그 이유는 과학을 소명감으로 수행하기 때문이다. 찰스 다윈의 예를 들면, 그는 대학에 소속되지 않고 연구비도 없이 주로 집에서 혼자 일했다. 그는 독립적으로 생활할 만큼의 자산이 있었고, 자신의 호기심을 자극하는 주제에 대해서만 연구했다.

거대과학에는 '거대'하고 '나쁜' 비밀이 있다. 제대로 작동하지 않는다는 것이다. 거대과학을 좌우하는 것은 왜곡된 인센티브, 경력주의, 상업주의의 조합이다. 거대과학에 주어지는 인센티브는 전혀 새로운 것이 아니다. 미국의 사회과학자 도널드 캠벨은 1979년 자신의 이름을 붙인 법칙을 제시했다. "만일 연구자들이 논문 게재 건수에 따라 인센티브를 받으면, 그들은 엄밀한 연구 대신 최대한 많은 논문을 산출할 수 있는 쪽으로 연구 방법을 변경한다." 의료통계학자인 더글러스 알트만은 1994년 『영국의학저널』에 「질 낮은 의학 연구 스캔들」이라는 논평을 발표했다. 이 논평은 2015년에 독자들로부터 가장 영예로운 게재 논문으로 뽑혔다. 하지만 알트만은 의학계에 있는 모든 사람이 알고 있는 사실을 명확하고 간결하게 강조했을 뿐이다.

간단하게 말하면, 질 낮은 연구는 연구자가 경력을 위해 준비도 되지 않은 연구를 수행하도록 압박을 받고 아무도 이를 막지 않을 때 나온다. 그 연구 분야에 종사할 의향이 있는지와는 무관하게 의사들은 그저 논문이나 몇 편 발표할 목적으로 연구를 수행하고 있는 것으로 보인다. … 상당수 의학 연구의 질이 낮다는 것은 널리 알려져 있지만, 이상하게도 의학계 지도자들은 이 문제에 대해 별로 우려하지도 않고 해결책을 찾으려는 뚜렷한 노력도 하지 않는 듯하다. … 이것은 단순히 통계수치만의 문제가 아니다. 과학 연구의 기저에 있는 기본 원칙을 제대로 인식하는 데 전반적으로 실패하고 있는 것이고, 논문을 쓰지 않으면 퇴출당하게 되어 있는 풍토의 문제다. … 우리는 더 나은 연구를 위해 연구를 덜할 필요가 있고, 올바른 이유로 연구를 수행할 필요가 있다.

지난 몇 년간 거대과학에서는 '재현성 위기'(the Replication Crisis)라는 문제에 대한 우려가 점차 커지고 있다. 대부분의 연구가 연구 결과의 진실성을 확인하는 후속 연구로 이어지지 않고, 반복 연구를 하더라도 결과가 재현되지 않는 문제이다. '유의미한' 결과를 낸 연구 대부분이 이후의 철저한 검증을 견뎌내는지 확인하기 위해 재현되는 경우가 극히 드물다. 예를 들어 심리학 연구에서는 전체 연구의 1퍼센트 미만이 재현되는 실정이다. 세계적으로 가장 권위 있는 과학기관이라고 할 만한 영국 왕립학회는 누구나 무료로 접근할 수 있는 온라인 잡지 『왕립오픈사이언스』(Royal Society Open Science)를 발행하고 있다. 이 잡지는 2016년 캘리포니아대학교의 폴 스말디노와 독일 막스플랑크연구소의 리처드 매켈리스가 쓴 「나쁜 과학의 자연선택」(natural selection of bad science)이라는 논문을 게재했다. 저자들은 다윈의 자연선택 모델을 이용하여, 거대과학이 나쁜 연구결과를 생산하도록 만드는 여러 가지 왜곡된 인센티브에 의해 움직인다고 주장했다. 학계에서 승진은 논문 발표에 좌우되는데 전체 논문 편수와 얼마나 많이 인용되는지가 중요하다. 이런 정량지표는 질보다는 양을 중시하게 만든다. 새로운 과학논문의 생산은 기하급수적으로 증가하고 있다. 매 9년마다 연구논문 수가 2배씩 증가하는데, 그 대부분은 왜곡된 인센티브 때문에 증가한 것이다. 『랜싯』의 편집인 리처드 호턴은 이렇게 썼다. "또 다른 문제는 제대로 된 연구에 대한 인센티브가 없다는 점이다."

생의학 분야의 신진 연구자들이 자기 연구에 대한 뛰어난 세일즈맨이 되는 경우를 흔히 볼 수 있다. 진정한 과학자—해리 콜린스가 언급한 입자파동 물리학자 같은 과학자—는 과묵하고, 자신을 내세우지 않고, 언론에 나서지 않고, 의심과 불확실성에 가득 찬 모습이지, 의학계에 우글거리는 도취된 호객꾼 같은 모습이 아니다. 스말디노와 매켈리스는 진력이 나도록 이 점을 조사했다.

1974년~2014년까지 '펍메드' 초록을 조사해보면 혁신(innovative), 신기원(ground-breaking), 참신(novel) 같은 용어들이 2천5백 퍼센트 이상 증가한 것을 알 수 있다. 과거 40년 동안 과학자들이 25배나 더 혁신적이 되었을 가능성은 적기 때문에 이런 단어 사용의 증가는 참신함에 대한 압력, 더 일반적으로 말하자면 무리 중에서 돋보이려는 욕망을 반영한다고 볼 수 있다.

두 사람은 "이력서에 쓴 경력이 길수록 인센티브를 더 주는 과학 커뮤니티 생태계가 이런 결과를 초래했다"고 주장한다. 학술지들은 통계적으로 유의한(positive) 결과를 낸 연구를 선호하는 편견이 있다. 이러한 편향은 연구자들로 하여금 거짓양성[僞陽性, false-positive]을 자주 결과로 내는 연구 기법과 통계 방법을 선택하도록 만든다. 거짓양성 결과를 담은 논문 대부분은 의도적인 속임수에 의한 것이라기보다 'p-해킹'의 결과이다. 통계 프로그램을 이용하여 유의한 p값이 나올 때까지 원 자료를 돌리는 연구 관행을 p-해킹이라고 한다. (여기서 p는 'probability' 곧 확률 또는 개연성을 가리키는 말로, p값이 0.05이면 결과가 우연히 그렇게 나올 확률이 20번 중의 한 번, 0.01이면 100번 중의 한 번이라는 것을 의미한다. p값 0.05는 통계적 유의성의 하한선으로 간주된다.) p-해킹은 데이터 고문(data torture) 또는 데이터 준설(data dredge)이라고도 한다. 이 문제를 어떻게 풀어야 할까? 스말디노와 매켈리스는 비관적이다.

연구 기관이 바뀌기는 어렵다. 변화를 이루려면 대대적인 개편이 필요한데, 변화를 먼저 수용하는 기관들은 큰 대가를 치러야 하기 때문이다. 그러나 그런 변화는 과학의 진실성을 담보하는 데 꼭 필요하다. … 더 근본적인 방안은 선택을 강제하는 압력, 곧 성공에 대한 인센티브를 변경해서 적합성의 기준을 완전히 바꾸는 것이다. 이것은 매우 어려운 일이 될 것이다.

거대과학은 자신의 거대 문제를 깨닫고 있고, 그것을 해결하기 위해 노력하는 중—또는 노력하는 것처럼 보이는 것이 중요하다는 것을 깨닫는 중—이다. 2015년 4월 런던의 웰컴트러스트 재단은 영국 의학회, 웰컴트러스트, 의학연구위원회, 영국 생명공학 및 생명과학연구협의회 등 주요 학술단체들의 후원을 받는 회의를 소집했다. 이 회의의 이름은 '생의학 연구의 재현성과 신뢰성에 관한 심포지엄'으로 명칭은 부드러웠으나 의학 연구가 제 갈 길을 잃고 있는 현실에 대응하기 위한 최초의 진지한 시도였다. 회의는 반쯤은 비밀로 진행되었고 참석자들은 채텀하우스 규칙—회의에서 나온 정보와 의견을 자유롭게 공표할 수 있지만 발언자의 이름과 소속을 밝혀서는 안 된다는 규칙—을 준수할 것을 요청받았는데, 정부기관에서 일하는 연구자들이 자기들 이름을 언급하지 않기를 강력히 원했기 때문이다. 리처드 호턴은 이 심포지엄이 끝난 직후 『랜싯』에 다음과 같이 썼다. "비밀에 대한 편집증적 우려는 무엇 때문인가? 그것은 이 심포지엄이 생의학 연구의 재현성과 신뢰성에 대한 것이고 오늘날 과학계의 극도로 예민한 부분—인류의 가장 위대한 발명품인 과학이 근본적으로 잘못된 길로 가고 있다는 생각—을 건드리는 것이기 때문이다."

이 회의의 요약보고서는 연구 결과가 재현이 안 되는 문제가 단일 원인에 의한 것이 아니라고 결론짓고 있다. 그들이 발견한 요인들은 다음과 같다.

(1) p-해킹. (2) HARKing(Hypothesising After the Results are Known)—사전에 가설을 수립하고 연구하는 것이 아니라, 결과를 얻은 후에 데이터를 조사하여 그럴듯한 설명을 만들어내는 것. (3) 유의한 결과를 얻지 못하면 연구 결과를 발표하지 않는 것. (4) 통계적 검정력의 부족—연구대상 수가 너무 적어서 효과가 참인지를 확인하는 것이 불가능한 경우. (5) 기술적 오류. (6) 실험방법을 충분히 설명하지 않아서 다른 연구자들이 연구를 재현할 수 없는 경우. (7) 엉성한 실험 설계.

이밖에 회의 참석자들은 문화적 요인도 지적했는데 "극심한 경쟁적 연구 환경, 영향력이 큰 학술지 게재나 연구 주제의 색다름에 높은 가치를 부여하는 풍토"가 그것이다. 이 모든 문제를 어떻게 해결할 수 있을까? 웰컴트러스트 회의에 참석한 명망 있는 과학자들은 뻔하고 진부한 제안 몇 가지를 내놓는 데 그쳤다. 예를 들면 "과학자들에게 연구 방법론에 대한 추가적 교육 제공", "연구비를 제공하는 단체들의 적절한 감독", "개방성과 투명성 제고" 같은 것들이다.

다양한 형태의 왜곡된 인센티브가 존재하는 한, 의학 연구에 있어 노골적인 사기 행위는 다반사로 일어날 수밖에 없다. 비록 2퍼센트의 연구자만이 데이터를 조작한 적이 있다고 인정했지만, 실제 숫자는 이보다 훨씬 많을 것이다. '철회감시'(Retraction Watch)라는 웹사이트에서 저자들이 사기나 조작 등의 이유로 논문을 철회한 것을 추적해보니 후지이 요시타카라는 일본의 마취과의사는 무려 183편의 논문을 철회하여 현재 1등을 차지하고 있다. 일반인들은 과학적 사기에 특히 충격을 받는다. 나중에 부통령이 된 앨 고어 의원 주도로 1981년 미 의회가 과학적 사기를 조사했을 때, 과학사학자인 대니얼 케블스는 "고어를 비롯한 많은 사람에게 생의학 연구의 사기는 사제들이 소년들을 추행한 일과 흡사하게 느껴졌다"라고 말했다. 하지만 의사들 대부분은 과학적 사기를 이미 접한 적이 있어서 충격이 덜했다. 내가 일했던 병원에도 의도적으로 데이터를 날조한다는 게 공공연한 비밀이던 연구자가 있었는데, 그의 연구는 몇몇 좋은 학술지에 게재되었다. 그의 친구이자 동료로서 논문을 공저한 이에게 그의 연구 방법에 대해 물었더니, 어깨를 으쓱하는 것으로 답을 대신했다. 의도적인 사기─'과학적 포르노'라고 하는─는 정말 쇼킹한 일이다. 하지만 경력주의, 기득권, 자기기만, 왜곡된 인센티브의 조합이 빚어내는 문제에 비하면 작은 문제일 뿐이다. 연구자들은 대체로 매우 신중하고 교묘해서, 의도적으로 사기를 치지 않더라도 잘 간파할 수 없는 다른 방법으로 같은 결과를 얻을 수 있다.

의학저널들도 이런 문제에 발이 단단히 빠져있다. 내가 의사면허증을 받던 당시만 해도 부지런하고 성실한 의사들은 의료계 일반의 발전 상황이나 자기 전문분야의 발전 상황을 늘 따라갈 수 있었다. 의학 전 분야를 다루는 명망 있는 학술지(『랜싯』,『영국의학저널』,『뉴잉글랜드의학저널』등)와 전문 분야의 학술지 두 개 정도를 구독하는 게 보통이었다. 이런 학술지들은 모세의 십계명 서판과 같은 권위를 지니고 있었다. 그러다가 기하급수적으로 의학 연구논문이 늘어나면서 학술지가 그 출구 역할을 하게 되었다.

학술지의 명성은 '영향력지수'(impact factor)라는 정량지표에 의해 결정된다. 영향력지수는 해당 학술지에 실린 논문들이 한 해에 인용된 횟수를 계산해서 구한다. 예를 들어 『뉴잉글랜드의학저널』의 영향력지수는 72.4이고 『랜싯』은 44인 반면 『아일랜드의학저널』은 0.31이다. 의학계의 성취도는 인용 횟수와 $h$ 지수($h$-index, 발표 논문수와 각 논문의 인용 횟수로 계산하는) 같은 정량지표로 평가된다. 불가피하게 학계에서는 이 지표를 염두에 두게 된다. 그러나 영국 경제학자의 이름을 딴 '굿하트의 법칙'(Goodhart's law)에 따르면, 어떤 변수를 정책의 목표로 채택하는 순간 원래 그 지표로 측정하고자 했던 현상이나 특성에 대한 파악 능력이 급속도로 사라지게 된다고 한다. 새로운 지표를 채택하면 "그 지표에 맞춘 점수를 최대로 높이려는 행동이 나타나고, 왜곡된 인센티브와 의도하지 않은 결과들이 초래된다"는 것이다. 캘리포니아 주립대학교(UCLA) 법학 및 과학 기술학 교수인 마리오 비아졸리는 개인이나 기관이 영향력지수, 인용지수, 순위와 같은 지표를 어떻게 높이는지 분석하면서 이 법칙을 인용하였다. 점수를 높이는 방법도 점점 더 고도화되고 있는데, 연구자들이 사용하는 새로운 책략 중 하나는 학술지에 논문을 투고하면서 가능 리뷰어를 같이 추천할 때 가짜 이메일 주소를 제공하는 것이다. (학술지에서는 투고 원고들을 같은 분야의 전문가 리뷰어에게 보내 검토를 의뢰하는데 이것을 '동료평가peer review'라고 한다.) 저자는 가짜 이메일을 이용하여 훌륭한 논문이라는 검토 의견을 학술지에 회신함으로써 출판 가능성을 높인다. 어떤 대학—특히 개발도상국의 대학—에서는 인용지수를 높이려는 목적으로 연구자들에게 같은 기관에 있는 다른 연구자의 논문을 인용할 의무를 비공식적으로 지우기도 한다. 비아졸리는 이렇게 결론짓는다. "대학의 감독 문화—정량지표, 영향력지수, 인용통계, 순위에 대한 선호—는 새로운 유형의 나쁜 행태에 인센티브를 줄 뿐 아니라 그것을 가능하게 만든다."

2차 세계대전 이후 생의학 연구가 극적으로 팽창하면서 이런 새로운 연구들을 싣는 학술지 숫자도 급증하였다. 과학논문 출판 분야는 전 세계적으로 250억 달러의 수입을 올리고 있다. 이 숫자는 음반산업과 영화산업의 중간쯤에 해당하는 규모이다. 과학학술지의 이익률은 거대 기술기업 못지않은데 2010년 엘스비어(Elsevier)사의 이익은 9억5천8백만 달러이고 전체 매출은 27억 달러로 이익률이 36퍼센트에 달한다. 이런 비즈니스 모델은 정말 주목할 만하다. 생산품(과학논문)이 학술지에 공짜로 제공되는데다 이 생산품의 소비자는 정부가 지원하는 연구기관이나 대학이니 말이다. 스티븐 부라니는 2017년 『가디언』에 기고한 「엄청난 수익을 내는 과학 출판 비즈니스는 과학에 해로운가?」라는 제목의 훌륭한 칼럼에서 다음과 같이 썼다.

그것은 마치 『뉴요커』나 『이코노미스트』가 저널리스트에게 무료로 글을 쓰게 하고 서로 그 글을 편집하도록 요구한 후에 정부에게 비용을 부담하도록 하는 것과 비슷하다. 외부의 관찰자가 이러한 구조를 보면 황당해 할 것이다. 2004년 의회 과학기술위원회의 산업 보고서는 "전통 시장에서라면 공급자는 그들이 제공한 상품에 대해서만 지불을 받는다"며 건조한 어투로 이 문제를 지적했다. 또한 2005년 도이치방크의 보고서는 이 구조를 '괴이한 삼중 지불' 제도라고 부르면서 "국가가 대부분의 연구를 지원하고, 연구의 질을 체크하는 사람들의 급여를 지불하고, 출판된 생산품 대부분을 구입한다"라고 했다.

이런 무적의 비즈니스 모델을 만드는 데 가장 크게 기여한 사람이 로버트 맥스웰이다. 본명이 얀 호흐(Ján Hoch)로 과거 체코슬로바키아에 속한 지역에서 태어난 그는 전쟁을 거치며 영국 공무원이 되었고, 이어서 백만장자 '로버트 맥스웰'로 변신하였다. 전쟁 직후 영국 정부는 비록 영국의 과학이 성장하고는 있지만 과학 학술지는 낙후되어 있다고 판단했다. 그래서 영국 출판사 버터워스(Butterworths)를 상업적으로 경험이 많은 독일 출판사 슈프링거(Springer)와 합치도록 했다. 당시 맥스웰은 슈프링거를 대리하여 과학논문을 영국으로 들여오고 있었다. 버터워스의 책임자는 맥스웰과 과거 스파이였던 오스트리아의 금속공학자 파울 로스바우트를 고용했다. 1951년 맥스웰은 버터워스와 슈프링거의 주식을 매입하여 페르가몬(Pergamon)이라는 새로운 출판사를 설립했다. 로스바우트는 전후 과학 연구의 붐을 타고 생산되는 모든 연구를 수용하기 위해 새로운 학술지들이 필요하다고 생각했다. 그는 각 분야의 지도급 인사들에게 분야마다 새 학술지가 필요하다는 것을 설득한 후 그들을 이 학술지들의 편집인으로 앉히면 된다는 기발한 생각을 해냈다. 맥스웰은 과학자들을 옥스퍼드셔에 있는 그의 별장 헤딩턴힐 홀에서 접대했고 그들은 쉽게 유혹에 넘어갔다. 1959년에 페르가몬은 40개의 학술지를 발행했고, 1965년에는 그 숫자가 무려 150개로 늘어났다.

맥스웰은 이 사업이 거의 무한대로 확장될 수 있다는 것을 알고 있었고, 왓슨과 크릭이 DNA 이중나선구조를 발견한 이래 미래는 생의학에 있다는 것을 알아차렸다. 맥스웰은 이 비즈니스를 '파이낸싱 영구기관'이라고 불렀다. 요즘의 학술지는 과학의 방향까지 설정하고 있기 때문에, 연구자들은 학술지(특히 『셀』, 『네이처』, 『사이언스』 같이 새롭고 화려하고 영향력지수가 높은 기초과학 학술지) 편집자들에게 어필할 수 있는 연구 결과를 생산해야 한다. 1991년 맥스웰이 의문사—자신의 요트에서 추락—한 후에 페르가몬과 산하 400개 학술지는 엘스비어에 매각되었다. 1990년대 후반에는 인터넷으로 인해 이런 출판사들이 도태될 것이라는 예측이 널리 퍼졌으나, 엘스비어는 수백 개의 학술지를 묶어 전자저널로 파는 방식으로 인터넷 환경에 적응했다. 2015년 『파이낸셜타임스』는 엘스비어를 '인터넷이 없앨 수 없는 비즈니스'로 평가하였다. 로버트 맥스웰이 1988년 정확하게 예측한 것처럼 미래에는 몇 개의 거대 출판사만 남게 될 것이고, 이 출판사들은 전자시대에 인쇄를 하거나 배달할 필요도 없이 재료비조차 안 드는 '순이익'을 거두게 될 것이다.

맥스웰이 살아있었다면 이런 '약탈적 학술지'의 뻔뻔함을 숭상했을 것이다. 약탈적 학술지들은 어디에건 논문을 발표해야 하는 연구자들의 긴급한 필요성을 충족시켜주기 위해 10여 년 전에 출현했다. 이 학술지들은 저자들이 돈만 낸다면 그 어떤 논문이라도 게재해줄 것이다. 대략 8천 종의 학술지들이 일 년에 42만 편의 학술논문을 출판하고 있다. 나는 이들 학술지에 논문을 제출하거나 편집진으로 참여해달라는 요청 메일을 수시로 받는다. 이 새로운 산업의 번창은 학술지가 과학자보다 더 많은 지배력을 가지고 있는 의학 연구의 현황을 볼 때 당연한 결과다. 그러나 아무도 이런 약탈적 학술지에 실린 논문을 보지 않는다. '명망 있는' 학술지에 실린 대부분의 논문도 잘 읽지 않는다. 발표된 논문의 절반 정도는 한 번도 인용되지 않는다. 1991년부터 2004년까지 『영국의학저널』의 편집인을 맡았던 리처드 스미스는 의학학술지의 발행인이 겨자 가공업자와 비슷하다는 농담을 하기도 했다. 둘 다 거의 사용되지 않는 생산물로 돈을 벌기 때문이다.

'명망 있는' 학술지에 투고된 논문들은 외부 전문가들로부터 '동료평가'(peer review)를 받는다. 그런데 요즘 이 절차에 심각한 결함이 있다는 합의가 폭넓게 형성되고 있다. 대부분의 논문은 영향력이 크든 작든 결국 어떤 학술지엔가 실리게 된다. 만일 논문 게재가 거부되면 저자들은 다른 학술지에 투고하고 이 과정은 어딘가에 실릴 때까지 반복된다. 영향력이 높은 『미국 의학협회저널』(*Journal of the American Medical Association*)의 부편집인 드러먼드 레니는 다음과 같이 썼다.

> 너무 단편적인 논문도, 가설이 너무 시시한 논문도, 지나치게 편향되거나 자기중심적으로 다른 연구를 인용한 논문도, 너무 잘못된 연구 설계도, 너무 엉망인 연구 방법도, 연구 결과를 너무 부정확하거나 모호하거나 상반되게 제시한 논문도, 지나치게 자기 데이터에 맞춘 자료 분석도, 너무 순환적인 주장도, 너무 시시하거나 정당화될 수 없는 결론도, 지나치게 공격적인 문장이 있는 논문도 마치 존재하지 않는 듯 여겨진다. 모든 논문은 결국은 출판된다.

많은 연구자가 학술지에 공개적으로 저항하고 있다. 그들은 모든 연구가 온라인에서 공개리에 발표되어야 하고, 모든 데이터는 검증 가능하도록 제공되어야 하며, 모든 임상시험은 등록되고, 연구 계획 역시 비슷하게 공개되어야 한다고 주장한다. 더 중요한 사항으로 그들은 임상시험 연구계획서가 사전에 면밀하게 검토되어야 하고, 그 계획이 유용한지, 진짜 의미 있는 문제에 답을 줄 수 있는지 결정할 수 있는 기본 요건들을 충족시켜야 한다고 주장한다. 웰컴오픈 리서치(Wellcome Open Research)나 F1000리서치(F1000Research) 같은 혁신적인 출판 플랫폼에서는 과학자들 자신이 학술지 없이 출판할 수 있다는 것을 보여주기도 했다. 심지어 엘스비어마저도 학술지 시대는 종말을 맞고 있다고 판단하고 자신을 '빅데이터 회사'로,

그리고 "연구기관과 전문가들이 과학을 진전시키고 보건의료를 향상시키며 수행능력을 높이는 것을 도와주는 국제 정보분석 비즈니스"로 설명하고 있다. 엘스비어는 과학자들에게 출판 서비스를 판매하는 유일한 회사로 자리 잡고 페이스북이나 구글의 맞상대가 되려고 한다. 그러나 리처드 스미스는 엘스비어가 전 세계의 과학자들—그들의 수요, 요구, 갈망, 약점, 구매패턴—에 대해서 누구보다 많이 알게 될 것이라고 경고한다. 이익은 이러한 데이터와 지식으로부터 산출될 것이다. 페이스북 사용자가 고객인 동시에 생산품이듯이, 과학자들도 엘스비어의 고객이자 생산품이 될 것이다.

하지만 이에 대한 저항이 이미 진행되고 있다. 스웨덴과 독일의 대학들은 엘스비어 구독을 취소했고, 엘스비어가 고소한 사이허브(Sci-Hub) 같은 웹사이트에서는 6천7백만 편의 논문에 대한 무료 서비스를 제공하고 있다. 유럽연합 집행위원회에서는 2020년까지 모든 과학논문에 대한 무료접근을 촉구했고 EU 차원에서 무료접근 기반의 과학논문 출판플랫폼을 개발하는 계획의 입찰을 받고 있다. 과학지식에 대한 공공접근을 위해 일하고 있는 연구자인 존 테넌트는 이것을 "공공자금을 개인의 손에 넘겨주는 새로운 경로를 찾는 일"이라고 비판했지만 말이다. 많은 사람이 이 복잡한 문제를 해결하는 유일한 방법은 과학공동체가 자신들의 연구 결과를 어떻게 전달할지에 대한 통제권을 갖는 방법밖에 없다고 믿고 있다.

존 이오아니디스는 인센티브의 왜곡과, 스말디노와 매켈리스가 기술한 자연선택 과정이 어떻게 '관리자-과학자'라는 새로운 종을 창조하는지를 관찰했다. 관리자-과학자의 성공은 사고의 독창성이나 새로운 발견에 의해 측정되는 것이 아니라 연구비 수주액, 박사과정 학생 수와 고용하고 있는 박사후 연수생의 숫자에 의해 측정된다.

물론 연구비 수주를 가장 성공적으로 하는 사람 중에는 우수한 과학자들도 많다. 그러나 이 가운데 상당수(여러 곳에서는 대다수)는 모든 것을 차지하고 계산하는, 가장 공격적인 관리자들을 포함하고 있다. 그들은 대개 매우 영리한 사람들이고 정당방위를 위한 행동을 하고 있다. 불확실성의 시대에 자신의 연구 영역을 보호하려고 노력한다. 그러나 자연선택의 과정을 거쳐 우리가 괴물을 만들어내지는 않았나 하는 생각을 하게 된다. 우리는 연구자가 연구비 받는 방법을 배우고, 자신의 연구를 부풀리기 위해 최상의 홍보를 하고, 허풍만 떨고 자기비판은 거의 하지 않도록 독려하고 있는 것이다. 이것이 21세기 우리 과학 영웅들의 모습이다.

거대과학과 거대 제약회사는 어느 때보다도 밀착되어 있다. 놀랍게도 대부분의 의학 연구자들은 이것을 이해충돌 또는 과학적 진실성에 대한 위협으로 보지 않는다. 상당수의 연구자들은 이러한 '파트너십'에 대해 의문을 제기하는 것에 짜증을 낸다. 영국에 있는 제약회사는 캠브리지의 애든브룩스 병원처럼 명망 있는 의학연구소 근처에 자리 잡고 있다. 미국의 클리블랜드 클리닉과 같은 거대 메디컬센터에서는 스태프들이 산업계에 협력하는 것을 강력히 권장한다. 글락소스미스클라인에서는 2016년에 생의학계의 최상층 학자가 회사의 '면역촉매 안식년프로그램'—과학자를 회사 실험실에 초빙하기 위해 고안한 프로그램—에 참여한 일을 자랑스럽게 발표했다. 2000년에는 당시 『뉴잉글랜드의학저널』(세계에서 가장 명성 있는 의학 학술지로 인정받는)의 편집인이었던 마르시아 앤젤이 「학문으로서의 의학은 판매용이 되었는가?」라는 논평을 쓰기도 했는데, 이 논평을 통해 의학 연구자들과 산업계—특히 거대 제약회사—의 불건강한 관계가 강화되고 있는 것을 경고했다. 그 직후에 토머스 루안 박사는 「학문으로서의 의학은 판매용이 되었는가? 아니, 현재 주인은 현 상태에 매우 행복해한다」라는 글을 썼다.

지난 10년 동안 우리는 정부나 대학으로부터 독립된, 새로운 형태의 연구기관이 출현하고 있는 것을 목격해 왔다. 대성당처럼 엄청난 규모의 산업체 캠퍼스는 제약회사나 엘리 브로드나 마크 저커버그 같은 억만장자 자선사업가에 의해 설립되었다. 저커버그와 소아과의사인 그의 아내 프리실라 챈은 "모든 질병을 치료하고 예방하고 관리한다"는 겸손한 목표를 가지고 의학 연구에 30억 달러를 (어떤 평론가들은 30억 달러는 이런 야망을 실현하기에는 부족한 액수라고 지적했지만) 쓸 계획이다. 이런 연구소들이 엄청난 수익이 나는 생의학 기술을 지배하기 시작했다. 이런 캠퍼스의 전형적인 성과물로는 노바티스 사에서 소아의 림프모구백혈병을 치료하기 위해 개발한 유전자변형 키메라항원수용체(chimeric antigen receptor) T세포 치료제를 들 수 있는데, 이 치료를 받으려면 환자 1인당 47만5천 달러의 비용이 든다. 과학저술가인 짐 코주벡은 이런 새로운 생의학 기술이야말로 빈부격차를 확대하는 사악한 힘이라고 경고했다.

생의학 기술은 지금 훨씬 더 고도화하고 있고 전 세계가 알고 있는 어떤 것보다 강력한 문화적 힘이 될 것이다. (그리고 이것은 갈수록 더 불공평해질 것이다.) 투자자 제일주의 문화에서 우생학, 시험관 시술, 우리 자신의 유전자와 세포를 수익성 높은 생물의학(biological medicine)의 대상으로 변형시키는 일 등이 이미 일반화되었고 불평등이 가속화되고 있다. 가난하고 박탈당한 사람들에게 의료와 건강에 대한 접근성을 촉진하는 사회의 평등한 힘 대신 생의학 기술의 '인공적인 세상'은 엘리트 과학자들과 그들의 변호사의 부를 증가시키고 의학을 훨씬 더 비싸고 구입하기 어렵게 만들 것이다.

박애자본주의—저커버그, 브로드, 빌 게이츠 같은 사람들의 의학연구 지원—는 국제 보건의료에 새롭고 강력한 힘으로 작용하고 있다. 빌앤드멀린다 게이츠 재단은 훌륭한 일을 많이 했지만, 어떤 사람들은 이런 재단이 책임성이 결여되어 있고 그들의 부를 창출해준 마이크로소프트나 페이스북 같은 산업에 대한 비판 여론을 피하려는 방패막이로 이용되고 있다고 주장한다. 박애자본주의 자체는 새로운 것이 아니다. 록펠러, 포드, 카네기 등은 그들의 비즈니스 방법이나 노동자 처우에 대한 비판이 일어날 때마다 자신들이 하는 자선활동을 내세웠다. 과격한 자유주의자이자 트럼프를 지지하는 피터 틸(페이팔 창업자) 같은 새로운 금권 정치가들은 현재 돈으로 살수 없는 유일한 것, 즉 영생을 살 수 있다는 희망을 가지고 거대과학을 지원한다.

많은 사람들은 이런 박애자본주의가 보건의료나 의학 연구 모두에 사악한 영향력을 발휘할 것으로 보고 있다. 에이즈 활동가인 그레그 곤살베스 예일대 교수는 게이츠 재단에 대한 우려를 이렇게 표명했다. "아침에 게이츠가 침대의 어느 방향에서 일어나느냐에 따라 국제보건의 영역이 바뀔 수 있다. … 이것은 민주주의가 아니다. 이것은 입헌군주제도 아니다. 이것은 빌 게이츠와 멀린다가 무엇을 원하느냐에 달려있다." 이 재단은 제약회사들과 파트너십을 맺는 데 관심이 많고 이 분야의 전직 경영자들을 많이 고용하고 있다. 2009년 『랜싯』에 발표된 한 연구에서는 재단의 지원금이 상업적 기관으로 가고 NGO로 가는 지원금의 대부분은 고소득국가의 NGO로 간다는 것을 보여주었다. 런던 퀸메리대학교의 국제공중보건 교수인 데이비드 매코이는 이렇게 말한다. "억만장자에게 자선활동을 더 많이 하라고 호소하는 것은 국제보건 문제의 해결책이 아니다. 우리에게 필요한 것은 억만장자를 그렇게 많이 만들어내지 않는 시스템이다. 그런 시스템이 만들어질 때까지 이런 종류의 자선활동은 우리의 주의를 분산시키거나, 정치경제를 변화시킬 필요성에 대해 잠재적으로 해로운 영향을 끼친다."

2003년에 완결된 인간게놈 프로젝트는 거대과학의 가장 위대한 성취로 여겨졌다. DNA 이중나선구조의 공동발견자인 제임스 왓슨은 그것에 대해 "우리 자신을 분자 수준에서 이해할 수 있게 해주는 궁극적 수단"이라고 말했다. "과거에는 인간의 운명이 별자리에 있다고 생각했는데, 이제는 큰 틀에서 우리의 운명이 유전자에 있다는 것을 알게 되었다"는 것이다. 사실 두 개의 경쟁적인 게놈 프로젝트가 있었는데, 하나는 프랜시스 콜린스를 책임자로 하여 미국이 주도한 국제 공공컨소시엄의 프로젝트이고, 다른 하나는 크레이그 벤터라는 독불장군 사업가가 운영하던 셀레라(Celera)라는 바이오테크놀로지 회사가 진행한 프로젝트이다. 1999년 콜린스는 『뉴잉글랜드의학저널』에 "이 아이디어는 루이스와 클라크,* 에드먼드 힐러리 경,** 심지어 닐 암스트롱의 위대한 탐험처럼 대중의 상상력을 사로잡는다"고 썼다.

대략적인 게놈 지도는 2000년 6월 26일 빌 클린턴이 백악관에서 발표했는데, 영국의 토니 블레어 총리가 위성 연결로 함께 참여하였다. 클린턴과 블레어는 모든 게놈 정보가 무상으로 제공되어야한다고 선언했다. 콜린스와 벤터는 두 경쟁 프로젝트를 상호협력하에 진행하겠다고 발표했다. 사람들이 듣기 원하는 것을 말하는 재능이 있었던 클린턴은 다음과 같이 선언했다. "이것은 의심의 여지 없이 인류 역사상 가장 중요한, 그리고 가장 놀라운 지도입니다.

---

\* Lewis & Clark. 1804년에서 1806년에 걸쳐서 미국 동부를 출발, 중서부 미개척지를 통과해 태평양까지 도달한 최초의 대륙횡단 탐험대 리더들.
\*\* Edmund Hillary. 1953년 에베레스트 정상을 처음 등정한 뉴질랜드 산악인.

오늘 우리는 신이 생명을 창조했던 언어를 배우고 있습니다. 나아가 인간게놈 프로젝트가 대부분의 인간 질병의 진단, 예방, 치료에 혁명적인 변화를 가져올 것을 자신 있게 예측할 수 있습니다." 항상 과학기술과 씨름했던 블레어도 경건하게 동의했다. "오늘의 발전은 너무 엄청나서 충분히 이해하기가 어려울 정도입니다." 프랜시스 콜린스는 약간 압도된 채 말했다. "오늘은 전 세계가 행복한 날입니다. 과거에 신만이 알고 있던 우리 자신에 대한 설명서를 처음 보고 있다는 것을 깨닫는 것은 저를 겸허하게 만듭니다. 이 일을 하는 것이 얼마나 막중한 책임감이 따르는 일인가요? 역사학자들은 이것을 전환점이라고 여길 것입니다." 콜린스는 2001년 2월 『미국 의학 협회저널』에 게재한 논문에서 "2020년까지는 당뇨, 고혈압, 정신병과 많은 질환에 대해 새로운 유전자 기반 '맞춤 약물'이 시장에 출시될 것이고, … 모든 암은 정확한 분자 지문을 갖게 될 것이며, 발암 유전자의 목록화와 그 치료는 이 분자 지문을 개별적 타깃으로 하여 이루어질 것이다"라고 예측했다.

비록 신문과 방송에서는 이런 과장된 주장을 무비판적으로 보도했지만, 학계에서는 몇 명의 반대자가 있었다. 존스홉킨스대학교의 닐 홀츠만과 런던 킹스칼리지의 테레사 마르토는 백악관 행사 직후 『뉴잉글랜드의학저널』에 다음과 같은 글을 기고했다.

사회 구조, 생활 습관, 환경의 차이가 유전적 차이보다 질병의 훨씬 더 많은 부분을 차지한다. 유전자라는 외투가 벌거숭이 임금님의 옷처럼 아무것도 아니라고 주장할 수는 없지만, 사람들이 주장하는 것처럼 비단이나 흰담비로 만들어진 것은 아니다. 앞으로 의학 또는 과학 정책을 담당하는 사람들은 이런 과장된 것 너머를 볼 수 있어야 한다.

2010년 과장이 증발되고 난 후 몇 년이 지나서 스위스의 과학대학인 취리히 연방공과대학교의 모니카 기슬러는 논문에서 인간게놈 프로젝트를 '사회적 거품'의 한 예라고 기술했다. "연구 결과에 대한 과장이 사회적 거품에 연료를 제공했지만 실제 손에 잡히는 성과물은 뒤따라오지 않았다. 과학계의 합의된 견해는 인간게놈 프로젝트의 결실을 거두려면 수십 년이 더 걸린다는 것이다."

콜린스의 예측은 실현되지 않았다. 인간게놈 프로젝트의 실제 적용은 미미하였고 이것을 역사상 최대의 위대한 과학적 성취로 여겼던 사람들은 크게 실망했다. 정신과의사인 조엘 패리스는 대답이 길모퉁이 바로 저편에 있다고 들었는데, 여전히 있던 자리에 머물러 있다고 했다. 가장 저명한 미국 분자의학계의 거장 몇 명도 진실을 말하기 시작했다. 명성 높은 암 생물학자인 로버트 와인버그는 인간게놈 프로젝트의 임상적 활용이 대단치 않고 투입된 자원과 비교하면 아주 미미하다고 인정했다. 미국 국립보건원의 책임자였던 미국 암 연구의 원로 해럴드 바머스는 『뉴잉글랜드의학저널』에 "몇 가지의 주요한 변화만이 … 통상적인 진료 활동에 도입되었는데, 그 대부분은 인간게놈 프로젝트가 완성되기 전에 발견된 결과들이다"라고 썼다. 유전체학(Genomics)은 과학을 하는 방법이지 의료를 위한 것은 아니었다. 2009년 프랜시스 콜린스는 다른 유전학자 26 명과 함께 『네이처』에 리뷰논문 한 편을 썼다. 이 논문에서 그들은 모든 노력과 예산에도 불구하고 유전학자들이 흔한 인간 질병에 대한 파편적인 지식 이상을 발견하지는 못했다고 인정했다. 콜린스는 "인간게놈 프로젝트가 아직까지는 대다수 사람들의 보건의료에 직접적 영향을 끼치지는 못하고 있다고 보는 것이 공정하다"고 수긍했다. 크레이그 벤터 역시 "이 발견이 의학이나 건강에 유의미한 영향을 미치기 위해서는 여전히 갈 길이 멀다"고 고백했다.

그러나 인간게놈 프로젝트는 기대했던 대전환을 가져오는 데는 실패했지만 새로운 '빅데이터' 시대를 이끄는 주요 동력이 되었다. 키즈캔(Kidscan) 소아암연구 자선센터의 책임자인 데이비드 파이는 다음과 같이 경고했다.

연구자가 이용할 수 있는 데이터의 양이 빠르게 문제가 되고 있다. 앞으로 몇 년에 걸쳐서 모든 게놈 데이터를 담으려면 믿기 어려울 정도의 컴퓨터 공간—거의 40엑사바이트의 용량으로, 연간 1~2엑사바이트가 소요되는 유튜브나 연간 0.2엑사바이트의 트위터를 훨씬 능가하는 수준—이 필요할 것이다. 정보의 홍수 속에서 효과적인 치료법을 생산하는 데 필수적인 핵심 정보를 발견할 가능성은 어느 때보다 크다. [1엑사바이트는 1,024페타바이트, 다시 1페타바이트는 1,024테라바이트임]

거대과학의 실패는 호주의 바이러스학자이자 노벨상 수상자인 맥팔레인 버넷 경(1899~1985)이 이미 예상한 바 있다. 그의 책『유전자, 꿈, 그리고 현실』(*Genes, Dreams and Realities*)은 1971년 출간되었을 때 큰 화제를 모았다. 그는 "실험실 과학의 기여는 사실상 끝이 나고 있고, 의과학에서 현대의 기초연구는 질병 예방이나 의료의 향상에 직접적인 기여를 전혀 하지 못하고 있다"고 주장했다. 버넷은 미래의 도전은 감염병이 아니라 문명, 퇴행, 고령에 따른 질환이고, 이런 질환은 황금시대에 감염병을 정복했던 것과 같은 방식으로는 정복할 수 없다고 주장했다. 많은 사람이 버넷의 책에 대해 분노했지만 버넷의 명성 때문에 그의 주장은 진지하게 받아들여졌다. 버넷과 노벨상을 공동 수상한 면역학자 피터 메더워 경은 버넷의 책을 '엄청난 착각'이라고 말했다. 1980년『뉴욕리뷰오브북스』의 서평에서 그는 이렇게 썼다. "버넷의 패기 없는 선언에 대한 해독제로 나는 향후 10년 내에 다발성경화증, 소아당뇨, 현재 치료가 불가능한 것으로 알려진 암 중에서 최소 2개 정도는 치료법이 발견될 것이라고 선언한다." 그러나 역사는 메더워가 아니라 버넷의 편이었다. 메더워의 대담한 예측과 선언은 하나도 실현되지 않았다.

우리 시대 생의학의 쇠퇴는 중세 종교개혁 이전의 교회 모습과 유사하다. 둘 다 높은 이상으로 시작했다. 양쪽 모두 출세주의자들이 이어받아 립서비스만 제공하면서 이상을 오염시켰고, 세속적인 성공을 거두는 것을 원래의 이상보다 더 중요하게 여겼다. 둘 다 스스로에게 봉사하는 고위직을 창조했다. 이 전문직의 의제는 학계

엘리트(주교나 추기경)가 정하는 반면, 일상적인 일은 낮은 지위의 일반의나 병원 의사들(교구사제, 수도승)이 수행한다. 이 엘리트들은 실제 환자 진료에는 관여하지 않으면서 낮은 지위의 의사를 임명하는 데 강력한 권한을 가진다. 학설은 합의식 컨퍼런스(교회 공의회)에 의해 확립된다. 엘리트들은 자기 자신에게 봉사하며, 비슷한 가치와 믿음을 가진 사람들을 자기들 위치에 선발한다. 그들은 일반인의 존경을 받으며, 정치가와 군주 또한 그들의 말을 귀담아 듣는다. 엘리트들은 일반인과 정부로부터 연구비(십일조 세금)를 받는다. 이 엘리트들이 도전을 받는 일은 거의 없다. 그들은 자신들의 권위가 더 높은 곳(신/과학)에서 온 것이라고 주장한다.

존 이오아니디스는 사회가 전체적으로 기대수준을 낮춰야 한다고 주장한다. "과학은 고귀하지만 성공률이 낮은 시도이다. 의학 연구 중 아주 일부만이 임상결과와 삶의 질의 뚜렷한 향상으로 이어진다. 우리는 이 사실을 편안하게 받아들여야 한다." 진짜 과학은 너무 힘들어서 높은 지성, 열정적 호기심, 그리고 진실에 대한 헌신을 함께 갖춘 소수의 사람들만이 할 수 있다. 진짜 과학은 관료나 출세주의자들의 위원회에서 계획되고 수행될 수 없다. 오늘날의 생의학 연구는 사회와 의학 모두를 위험하게 만들고 있다. 과학적으로 부패했기 때문에 위험하고, 사회적 필요가 아닌 자기 자신의 필요에 봉사하기 때문에 위험하다. 데이터를 생산하고 출세하는 것 말고는 다른 기능이 없는 연구가 위험하다는 것은 너무 자명한 일이다. 거대과학은 온갖 열렬한 지지를 받았음에도 참담한 실망을 안겨줄 수밖에 없었다. 대부분의 중요한 의학적 발견은 이미 황금시대에 이루어졌던 것이다.

# 잘못된 의학정보 대혼란

# 5

1948년 프랜시스 에이버리 존스 박사(기사 작위를 받기 전)는 리처드 돌이라는 젊은 의사를 센트럴미들섹스 병원에 채용했다. 돌은 새로 설립된 그 병원의 통계연구 부서에 합류하여 위궤양을 연구하면서 존스 박사의 무자극 식이요법(밀크티, 블랙베리 젤리, 스펀지케이크 등으로 구성된)이 아무 효과도 없다는 것을 입증했다. 돌은 나중에 "위궤양 환자에게 무자극 식이가 전혀 필요 없다는 것을 확인한 것이야말로 내가 소화기학과 공중보건에 한 가장 큰 기여라는 생각이 든다"라고 회상했다. 나는 프랜시스 경이, 그의 스펀지케이크와 블랙베리 젤리 식이법이 비록 식욕을 돋우기는 하지만 임상적으로 쓸모가 없다는 연구에 대해 어떻게 반응했을지 궁금하다. 오스틴 브래드퍼드 힐(1897~1991)은 런던 보건대학원의 의료통계학 및 역학 교수였는데, 이 위궤양 임상시험의 통계적 연구에 대해 돌에게 조언했다. 힐은 영국 의학연구위원회에서 역사상 최초로 인간 대상 임상시험을 실시한 그룹의 일원이었다. 최초의 임상시험에서는 "결핵균의 성장을 스트렙토마이신으로 막을 수 있다는 매우 뚜렷한 증거"가 제시되었다. 힐은 1937년에 『랜싯』에 발표한 일련의 논문을 통해 임상시험 설계 방법을 정립했다. 이 원칙은 지금도 지켜지고 있는데, 스트렙토마이신 임상시험은 2차 세계대전 후 영국 의학이 올린 개가이자 그 이후 시행된 모든 임상시험의 모델이 되었다.

힐은 이 임상시험에 개인적 인연이 있었다. 그는 1차 세계대전에 비행기 조종사로 참전했으나 폐결핵으로 제대하였다. 치료를 위해 병원에서 2년을 보냈고, 의학을 공부하겠다는 꿈을 버리는 대신 런던대학에서 통신과정으로 경제학 학위를 받았다. 결핵에서 회복된 후 의료통계학자인 메이저 그린우드와 함께 일했다. 힐은 현명하고 위트가 있어서 의료통계의 한계를 기꺼이 인정했다. 그는 의학 연구에서 가장 신성하게 여기는 '전향적 이중맹검 무작위 대조시험'*을 조롱하는 것을 즐겼다. 그는 임상시험에 참여한 어떤 환자 이야기를 이렇게 들려주었다. 환자가 "선생님 왜 약을 바꾸셨나요?"라고 묻자, 의사가 "어떻게 아셨어요?"라고 되물었다고 한다. 그러자 환

---

* the prospective double-blind randomized controlled trial. 편향을 방지하기 위해 시험 대상을 무작위로 나누고 연구자와 대상자 양쪽 모두 모르게 시험 약물과 위약을 투여하여 효과를 검증하는 시험기법. 여기서 '전향적'이라 함은 약물 투여 이후에 앞으로 대상자에게 일어날 결과를 추적 관찰하는 것을 말하며, 반대로 결과(질병)를 이미 확인한 후에 그 발생 경로나 원인을 거꾸로 추적 조사하는 것을 '후향적'(retrospective)이라 한다.

자는 "지난주에는 약을 변기에 던졌을 때 둥둥 떴는데, 이번 주에는 가라앉아서요."라고 답하더란다.

1940년대 후반, 돌은 흡연과 폐암의 연관성에 관심을 가지고 힐과 함께 연구를 시작했다. 지금은 이해하기 어렵지만, 당시에는 흡연이 건강을 해친다고 생각하지 않았고 성인 남성의 80퍼센트 정도가 흡연자였다. 처음에 돌은 존스와 함께 흡연이 위궤양에 미치는 영향을 연구했는데 명확한 결론에 도달하지 못했다. 왜냐하면 위궤양이 있는 환자든 아니든 모두가 담배를 피우는 탓에 타당한 비교를 할 수 있을 만큼 충분한 수의 비흡연자를 구할 수 없었기 때문이다. 1950년 『영국의학저널』에 발표한 논문에서 돌과 힐은 흡연자에서 폐암의 발생 위험이 아주 높고, 더 많이 흡연할수록 위험이 높아진다는 것을 보여주었다. 이러한 연관관계가 반드시 인과관계를 의미하는 것은 아니다. 그래서 의사를 대상으로 흡연과 폐암 사망의 관계를 알아보는 전향적 추적 연구를 시작하였다. 먼저 의사들의 흡연 습관에 대한 데이터를 모으고 폐암이 얼마나 많이 발생하는지를 3년에 걸쳐 추적하면서, 폐암이 발생하면 흡연자인지 아닌지를 확인하였다. 이 연구를 통해 흡연이 폐암의 원인이라는 것을 모든 합리적 의심을 이기고 입증하였다. 돌의 연구로 수백만 명이 목숨을 건졌고, 그는 노벨상을 받지 못한 가장 위대한 의학 연구자로 여겨지고 있다.

2차 세계대전이 끝난 후 스코틀랜드 출신의 학생 한 명이 런던 보건대학원의 공중보건학 학위과정에 힐의 대학원생으로 들어왔는데, 그가 아치 코크런이다. 총명하고 카리스마 있고 멋쟁이인 코크런은 캠브리지대학교 자연과학부에서 최우등을 차지했다. 빈에서 정신분석을 공부했고, 스페인내전 때는 이동병원에서 근무했다. 2차 대전 중에는 독일군의 포로로 잡혀서 영양결핍 상태의 죄수들에게서 흔히 나타나는 울혈 증상에 대해 효모의 치료 효과를 알아보는 무작위 대조시험을 시행하기도 했다. 코크런은 힐에게서 영감을 받아 역학자로서 경력을 시작했고, 광부의 폐질환(진폐증)을 이해하는 데 중요한 공헌을 하였다. 1972년에는 『효과와 효능: 보건서비스에 대한 무작위 검토』(*Effectiveness and Efficiency: Random Reflections on Health Service*)라는 얇은 책을 출판했는데 예상치 못하게 베스트셀러가 되었다. 이 책에서 코크런은 논하기를, 국가보건서비스는 어떤 의학적 치료의 효과를 판단할 때 무작위 대조시험에서 근거를 취해야 한다고 주장했다. 그는 효과가 입증된 치료 방법만이 국가보건서비스에 의해 제공되어야 하고, 이 치료법을 누구에게나 공평하게 제공해야 한다고 믿었다.

리처드 돌, 아치 코크런, 오스틴 브래드퍼드 힐이 주도한 엄밀한 통계적 분석은 근거기반의학('증거기반의학'이라고도 번역)의 지적, 과학적 바탕을 형성하였고, 근거기반의학은 1990년대에 이르러 새로운 정통과학의 위치를 차지하게 된다. 많은 사람이 이것을 의학의 청량제로 환영하였다. 2001년 『뉴욕타임스』는 근거기반의학을 '올해의 아이디어'로 선정했고, 이후 '근거기반'(evidence-based)이라는 말은 사회과학, 공공정책, 심지어 정치에 이르기까지 다양한 분야에서 널리 사용되기 시작했다. 근거기반의학의 바탕이 되는 아이디어 자체는 새로운 것이 아니다. 리처드 돌, 아치 코크런 모두와 친분이 있었던 리처드 애셔는 비록 이 용어를 사용하지는 않았지만 근거기반의학이 사용되기 수십 년 전부터 이 개념을 옹호했다. 1961년 「선험성」(Apriority)이라는 논문에서 애셔는 선험적(a priori)이라는 표현을 "실제 실험으로 확인되지 않은 결론을 지지하는 모든 주장, 추론, 추측, 개념, 전통"을 일컫는 용어라고 정의했다. 그는 선험성이라는 용어를 '일종의 게으른 사고'라고 표현했는데, 특히 어떻게 치료 작용이 일어날 수 있는지에 대한 이론적 추론은 있으나 실제 치료가 된다는 근거는 없는 치료 개념을 가리키는 말로 사용했다. "이론적으로는 마땅히 아주 효과적이어야 할 많은 치료 방법이 실제로는 완전히 쓸모없는 것으로 드러났다."

근거기반의학 운동은 일군의 젊고 회의적인 의사들이 의료계 일반에서 오랫동안 받아들이던 지혜—그들이 경멸적으로 '전문가기반의학'(expert-based medicine)이라 부르는 것들—에 의문을 품으면서 시작되었다. 캐나다 온타리오주 해밀턴에 있는 맥마스터대학교(근거기반의학의 성지로 불린다)의 임상역학 및 생물통계학 교수 브라이언 헤인스는 1960년대 후반 의과대학에서 있었던 프로이트에 대한 한 강의가 그에게 있어 '바울의 회심만큼 결정적 순간'이 되었다고 한다. 그는 교수에게 프로이트의 이론이 진실이라는 근거가 있느냐고 질문했다. 교수는 정직하게 그런 근거는 없다고 대답했다. 그는 "의학교육의 얼마나 많은 부분이 증명되지 않은 이론에 근거하고 있을까? 생각하니 온몸에 강렬한 전율이 일었다"고 한다.

역시 맥마스터대학교에 근무하던 데이비드 새킷은 근거기반의학의 아버지로 널리 알려져 있다. 그는 1960년대 후반 맥마스터에 새로운 형태의 의과대학을 설립하는 일을 맡았는데, 이곳에서는 학생들이 환자가 가진 문제—예를 들면 호흡곤란—로부터 시작해서 그와 관련된 해부학, 생리학, 약리학 등을 배워나가는 방식을 채택했다. 이러한 '문제기반학습'(problem-based learning)은 통계학 및 역학과 결합되었고, 의학교육 모델로 널리 받아들여지게 된다. 새킷은 나중에 연구에 대한 비판적 평가 기술을 다룬 베스트셀러 교과서를 집필했는데, 제목이 『임상역학: 임상의학을 위한 기초과학』(*Clinical Epidemiology: A Basic Science for Clinical Medicine*)이었다. 그리고 1991년 맥마스터의 또 다른 교수 고든 구야트는 환자를 치료할 때 권위 있는 사람의 의견에 따르는 것이 아니라 근거가 보여주는 대로 따르도록 의사를 수련시키는 자신들의 내과 전공의 프로그램을 표현하기 위해 '근거기반의학'이라는 용어를 만들었다.

새킷은 1994년 옥스퍼드로 이직하여 근거기반의학 센터의 책임자가 되었다. 연구직에 있는 사람으로서는 드물게 지역의 병원을 방문하여 젊은 당직의사들과 함께 전날 밤 입원한 환자들의 병동 회진을 돌았다. 새킷은 그들에게 근거가 어떻게 일선 의료현장에서 유용하게 쓰일 수 있는지 보여주었다. "젊은 의사들은 과거의 전문가기반의학에서는 가능하지 않았던 선배 의사들에 대한 이의제기가 가능하다는 것을 깨달았다. 이것이야말로 자유화였고 민주

화였다." 역학자인 이아인 찰머스 경은 산부인과의사 머리 엔킨과 함께 주산기(周産期) 임상시험의 데이터베이스를 만들었는데, 이것을 바탕으로 1989년 『임신과 출산의 효과적인 치료』(*Effective Care in Pregnancy and Childbirth*)라는 기념비적인 책을 출간했다. 이 책은 산과와 신생아학 분야에서 행해지던 위험한 시술을 중단시키는 데 크게 기여했다. 1993년에 찰머스 경은 아치 코크런을 기념하여 코크런 센터를 설립했다. 이 센터는 의학적 치료와 진단 검사에 대한 체계적 문헌연구(systematic review)를 수행하고 그 결과를 코크런 라이브러리에 발표한다. 코크런 센터에는 3만 명의 전문가 자원봉사자가 있는데 자랑스럽게 나도 그 일원이다.

데이비드 새킷은 근거기반의학이 비상하게 된 데는 두 가지 이유가 있다고 했다. 하나는 지위가 충분히 안정되어 도전받지 않는 선배 의사들의 지지가 있었고, 다른 하나는 근거기반의학이 젊은 의사들의 힘을 강화해주었기 때문이라는 것이다. 데이비드 새킷과 다른 저자들은 1996년 『영국의학저널』에 기고한 논설에서 근거기반의학에 반하는 의학들을 훌륭하게 논박했다. 즉 그런 의학은 시대에 뒤떨어지고, 실행 불가능하며, 요리책 의학이거나 관리자와 구매자의 창작품이고, 무작위 임상시험만 중시하는 견해라는 것이다. 새킷은 근거기반의학을 "개별적인 임상 경험과 최상의 외부 근거를 하나로 통합하는 의학"이라고 정의하였다. 누가 이런 상식적인 주장에 반대할 수 있겠는가? 근거기반의학은 또한 '근거의 위계서열' (hierarchy of evidence)이라는 개념도 도입했다. 피라미드의 정점에는 특정 치료법에 대한 모든 임상시험 결과를 종합하는 체계적 문헌연구 또는 메타분석이 있고, 그 아래에는 신약 연구의 황금기준이라 할 수 있는 무작위 대조시험이 있다. 근거의 위계서열에서 가장 밑에 있는 것은 대조군 없는 임상시험, 입증되지 않은 사례 보고, 전문가 의견 등이다. 근거기반의학의 창시자들은 인정하지 않을지 모르지만, 이 모든 것에 새로운 것이 있거나 마술적인 요소가 있는 것은 아니다. 이 새로운 정통 학설은 건실한 통계적 설계에 관한 오랜 아이디어들과, 임상시험에서 범하기 쉬운 논리적 오류의 제거 요령, 그리고 가장 중요하게는 과학적 진실성을 하나로 모은 것이다.

새 접근방식이 초기에 올린 성과로는 1987년에 시작된 심부정맥억제시험(Cardiac Arrhythmia Suppression Trial, CAST)이 있다. 이 임상시험은 '항부정맥제'로 불리는 비정상적 심장박동 예방 약물이 정말로 심근경색(심장마비) 후 사망률을 낮추는지 확인하기 위해 시행되었다. 심장마비 후 급사는 종종 이런 박동 이상에 의해 생기기 때문에 이 약물들이 사망률을 낮출 거라고 보는 게 일견 타당했다. 그러나 임상시험 결과는 이 약물들이 급사를 예방하지 못할뿐더러 오히려 사망률을 증가시킨다는 것을 보여주었다. 근거기반의학 연구자들이 사랑하는 경고용 통계를 이용하자면, 이런 약물들이 베트남전쟁 전 기간 동안의 연평균 사망자보다 더 많은 사람을 죽이고 있는 것으로 추정되었다. 이 약물들의 판에 박힌 사용은 리처드 애셔가 말한 '선험성'을 전형적으로 말해주는 사례였고, 이로 인해 당시 의학을 지배하던 기전적 추론방식도 심대한 타격을 입었다. '기전적'(mechanistic)이라 함은 생물학적으로는 그럴듯해 보이지만 실제로 효과 있다는 근거는 없는 치료법의 사용을 의미한다. 이 임상시험은 그때까지 강력하게 항부정맥제 사용을 권고하던 전문가 권위를 손상시켰다. 그 약물들이 부정맥은 줄였을지 몰라도, 그런 부정맥 감소가 급사의 예방이라는, '중요한 건 환자중심근거'(patient-oriented evidence that matters, POEMs)라고 하던 결과를 산출하는 데는 한참 못 미치는 무의미한 대리지표임이 드러나게 된 것이다.

근거기반의학은 일찍부터 필요치료수(number needed to treat, NNT)라는 이해하기 쉬운 통계 개념을 도입했다. 이 개념은 약물 복용과 같은 의료적 처치의 효과를 간단히 알아볼 수 있게 해주는 방법이다. 즉 한 명의 나쁜 결과—심장마비나 뇌졸중 같은—를 예방하기 위해 평균적으로 몇 명을 치료해야 하는지를 나타내는 지표가 바로 NNT이다. 좋은 예는 1998년 『뉴잉글랜드의학저널』에 발표된 연구인데, 이 연구는 콜레스테롤을 낮추는 스타틴의 일종인 프라바스타틴(pravastatin)의 효과를 관상동맥질환이 있는 환자 대상으로 조사한 것이다. 이렇게 이미 질병이 있는 사람을 대상으로 추가 합병증 발생을 막는 것을 '이차예방'이라고 한다. 연구자들은 9천 명의 환자를 프라바스타틴군과 위약군으로 나누어 6년 동안 추적 조사했다. 저자들은 프라바스타틴을 복용한 집단이 위약군에 비해 심장질환으로 사망할 위험이 24퍼센트 감소한다는 인상적인 결과를 보고하였다. "6.1년 동안 프라바스타틴 복용 환자군으로 무작위 배정된 1천 명 중 48명이 (각 환자별 효과를 중복 계산해서 30명의 사망, 28

명의 비치명적 심근경색, 9명의 뇌졸중을 겪지 않고) 예방 효과를 본 것으로 추정된다." 하지만 이 결과를 NNT로 바꾸면 훨씬 덜 인상적으로 보인다. 1천 명 중 48명이 효과를 본 것이라면, 나쁜 결과 1명을 예방하기 위해 21명이 6년 동안 약을 복용했고 그럼에도 21명 중 20명은 아무런 효과도 보지 못했다는 얘기가 된다. 나아가 스타틴의 '일차예방'에 대한 연구—즉 연구 대상에게 심장병이 없는 경우—에서는 NNT값이 수백 명에 이르기까지 한다.

1995년 실시된 웨스트스코틀랜드 심장병예방 연구에서는 혈청 콜레스테롤이 6.5밀리몰(mmol/ℓ) 이상인 55~65세의 남성들을 프라바스타틴과 위약군으로 무작위 배정하여 5년간 복용시켰다. 연구자들은 심장병으로 인한 사망이 28퍼센트 감소했다고 보고했다. 하지만 원시자료를 보면 얘기가 달라진다. "1천 명의 중년 남성을 프라바스타틴으로 5년 동안 치료하면 20명의 비치명적 심근경색이 덜 생기고, 7명의 심장병 사망과 다른 원인으로 인한 사망 2명이 준다." 즉 1명의 사망을 예방하기 위해 111명이 5년 동안 이 약을 복용했고, 1명을 제외한 110명은 아무런 혜택도 보지 못했다는 얘기다. 이처럼 필요치료수는 상대위험도나 절대위험도에 비해서 환자들에게 설명하기가 훨씬 쉬울뿐더러, 스타틴이나 고혈압약과 같은 예방 약물을 먹는 대다수 환자들이 몇 년 또는 몇 십 년 약을 복용한 후 효과도 보지 못하고 심장병으로 인한 사망을 줄이기는커녕 부작용을 경험할 확률이 훨씬 높다는 사실을 명확하게 보여준다. 그러나 정작 환자들은 약을 처방받을 때 이런 사실을 듣지 못한다.

그러나 불행히도 근거를 생산하는 데는 큰 비용이 들어가는데, 그 이유는 주로 임상시험의 비용이 너무 많이 들어서이다. 따라서 대형 제약회사만이 임상시험을 시행할 수 있다. 어떤 약물들은 의학연구위원회 같이 정부 지원을 받는 기관에서 예산을 받는 경우도 있지만 일부에 지나지 않는다. 4대 의학저널(『미국 내과학회보』, 『랜싯』, 『뉴잉글랜드의학저널』, 『미국 의학협회저널』)에 실리는 임상시험 연구의 4분의 3은 업계에서 지원하는 연구다. 만일 거대 제약회사가 비용을 댄다면 거기서 생산되는 근거라는 것이 해당 약물의 가장 좋은 측면만을 보여준다고 해도 전혀 놀랄 일이 아니다. 이러한 임상시험들은 해당 약물의 상업성을 최대화할 수 있도록 의도적으로 설계되어 있다. 이 과정에서 학술지도 많은 혜택을 본다. 예를 들어 대형 제약회사인 머크(Merck)는 2000년에 나온 VIGOR 연구(소염진통제인 Vioxx의 안전성에 대한 임상시험)의 논문 별책을 『뉴잉글랜드의학저널』로부터 1백만 부 구입하여 의사들에게 '교육용' 자료로 배포함으로써 학술지에 수십만 달러의 이익을 안겨주었다. 근거기반의학은 복음주의 운동처럼 높은 이상으로 시작했지만 이제는 상당 부분 제약회사의 설비처럼 되어버렸다. 하지만 『증거기반의학의 철학』이라는 책에서 제러미 하윅은 제약회사가 근거기반의학을 장악했다고 해서 반드시 이 방법론이 무효가 되는 것은 아니라고 주장했다.

예를 들어 근거기반의학 대신 손금 전문가가 절대적 권위를 가지고 손금을 보고 치료 효과를 결정한다고 해보자. 이런 경우 손금 전문가에게 영향을 미치는 쪽으로 특별한 이해관계가 작동할 것으로 추정되는데, 그렇게 하는 것이 여러 개의 대규모 임상시험을 시행하는 것보다 훨씬 비용이 적게 들 것이다. 요약하면 특별한 이해관계 때문에 의학 연구가 타락하는 문제는 방법론과는 상관없이 현실에서 발생하는 문제인 것이다.

의학 연구는 지금 너무 병들어 그 자체가 환자가 되어 버렸고 비판적인 연구의 대상이 되었다. 메타 연구자인 존 이오아니디스는 근거기반의학의 황금시대인 1990년대에 역학자로 훈련을 받았고 하버드, 터프츠, 존스홉킨스 대학교와 미 국립보건원 등에서 일했다. 청소년기를 아테네에서 보내면서 수학 신동으로 전국적인 유명세를 얻었고, 이러한 재능은 오늘날의 의학 연구를 비판적으로 평가하는 데 매우 유용하게 쓰였다. 그는 의학 연구에 대해 자세히 보면 볼수록 더 충격을 받았다. 모든 과정마다 오류와 논리적 모순으로 얽혀있었다. 대부분 임상시험은 잘못된 질문에 답하기 위한 것이었고, 너무 적은 환자 수를 대상으로 하였으며(그런 연구 대상마저도 대표성과 전형성이 없게 선택되었으며), 데이터를 부정확하게 분석하였고, 잘못된 결론에 다다랐다. 2005년 이오아니디스는 미국 공공과학도서관이 발행하는 『플로스 메디신』(*PLoS Medicine*)에 논문을 발표했는데, 이 온라인 학술지는 방법론적으로 타당한 연구라면 중요성이 어떻게 평가되는지에 상관없이 게재한다는 원칙을 가지고 있었다. 그의 논문은 「왜 대부분의 출판된 연구 결과는 틀렸는가?」라는 자극적 제목을 달고 나왔다. 논문 내용을 요약하면 다음과 같다.

연구 결과는 다음과 같은 경우에는 진실일 가능성이 작아진다. 연구 규모가 작은 경우, 확인된 효과의 크기가 작은 경우, 사전 선정된 가설은 적은데 여러 가설을 테스트한 경우, 연구의 설계, 정의, 결과, 분석방식에서 유연성을 너무 발휘한 경우, 여러 팀이 참여하여 통계적 유의성을 추구한 경우. 시뮬레이션을 해보면 대부분의 연구 설계와 설정 단계에서부터 연구 결론이 참일 가능성보다는 거짓일 가능성이 높게 나온다.

이 연구는 『플로스 메디신』에 실린 연구 중에서 가장 많이 인용되고 다운로드되었다. 놀랍게도 대부분의 의학 연구자들은 개인적으로는 이오아니디스에 동의한다. 그는 단지 고도의 방법과 통계적 기법을 이용하여 모든 사람이 알고 있는 것을 강조했을 뿐인데 말이다. 통계학자인 더글러스 알트만(『영국의학저널』에 실린 유명한 논문 「질 낮은 의학 연구 스캔들」의 저자)은 "이오아니디스가 계산한 내용에 의문을 제기할 수는 있지만, 핵심적인 아이디어만큼은 틀렸다고 말하기 어렵다"고 했다.

이오아니디스는 지난 13년간 의학 분야에서 가장 많이 인용되는 논문 49편을 분석한 결과를 발표하였다. 49편 중 45편이 새로운 치료법에 관한 것이었다. 이 가운데 34편에 대한 재현 연구가 진행되었는데, 14편(41퍼센트)은 논문의 결론이 잘못되었거나 전체적으로 과장된 것으로 나타났다. 이오아니디스는 관심 분야를 '영양역학'으로 돌렸다. 영양역학 분야 논문의 상당수는 식이요인과 암의 관련성에 대한 것이다. 이오아니디스와 그의 동료 조너선 쉰펠드는『보스턴 쿠킹스쿨 요리법』에 자주 나오는 식재료 50개를 뽑은 후 이 가운데 80퍼센트에 해당하는 40개가 암 발생 위험을 연구하는 264편의 의학 논문으로 발표된 것을 발견했다. 논문의 39퍼센트에서는 연구된 식재료가 암 발생을 높인다고 결론짓고 있었다. 그와 달리 33퍼센트에서는 암 발생 위험을 낮춘다고 결론지었는데, 그 외 5퍼센트에서는 약간의 유의성이 있다고 하였고, 23퍼센트에서는 암 발생 위험을 낮추거나 높인다는 명확한 근거가 없다고 결론을 내렸다. 쉰펠드와 이오아니디스가 이 연구들을 상세히 분석해보니 이런 결론의 상당수가 약한 통계적 근거에 기초하고 있는 것을 발견할 수 있었다. 메타분석에 붙여본 결과 사실상 어떤 연관성도 유의하게 나오지 않았다. 이오아니디스는『워싱턴포스트』에 다음과 같이 말했다. "특정 음식과 암의 관련성에 대한 주장이 이렇게 자주 나오는 것에 놀라움을 금할 수 없어 체계적으로 이 현상을 연구하고 싶었습니다. 나는 이 연구들의 대부분이 틀린 게 분명하다고 의심합니다. 우리가 발견한 것은, 거의 모든 것이 암과 연관성이 있다고 주장되고 있고 이런 주장의 상당 부분이 실제로는 틀렸다는 겁니다."

이오아니디스는 2016년에『임상역학 저널』(*Journal of Clinical*

*Epidemiology*)에 쓴 논문에서 분노보다는 슬픔에 잠긴 어조로 "근거기반의학이 납치되었다"고 결론지었다. 2015년 타계한 그의 멘토 데이비드 새킷에 보내는 편지라는 흔치 않은 형식으로 쓴 논문이었다.

> 산업계는 가장 영향력 있는 무작위 대조시험의 상당 부분을 맡고 있습니다. 그들은 이런 일들을 아주 잘 처리하죠. … 그들은 종종 잘못된 단기적 대용 결과와 잘못된 분석과 잘못된 성공기준과 잘못된 추론 등등을 가지고 잘못된 질문을 합니다.
>
> … 따라서 이런 회사들에게 그들 제품에 대한 평가 작업을 사실상 스스로 맡아달라고 요청해서는 안 됩니다. 혹시 이런 일을 해달라고 요구했다면, 자기들이 팔고 있는 것에 대한 최고의 광고 기회(즉 '근거')를 그 회사들이 샀다고 해서 그들을 비난할 수는 없는 거죠.

새킷은 이미 이러한 납치에 대해 잘 알고 있었다. 그래서 여러 해 전인 2003년에 『영국의학저널』에 풍자성 기사를 실으면서, 이 기사에서 할로트 사(HARLOT plc.)의 설립을 발표했다. 이 회사는 '실제로 거짓말을 하지 않으면서 진실 이상의 긍정적 결과를 얻는 방법' (How to Achieve positive Results without actually Lying to Overcome the Truth)을 전문으로 하는 회사다.

할로트 사는, 냉혹한 과학의 불확실성 때문에 자신의 제품과 정책이 채택되지 않거나 위태로워지는 일이 없기를 바라는 안목 있는 임상시험 의뢰자들에게 종합 서비스 패키지를 제공하는 회사이다. 우리는 각종 맹검법과 소속 자회사를 통해 원하는 이들에게 긍정적 결과를 얻도록 해줄 수 있다. 효과가 의심스러운 약물과 의료용품의 시장 점유율을 높이고자 하는 제조업체, 불필요한 진단과 치료서비스에 대한 수요를 늘리기 원하는 전문가집단, 비합리적이고 자기봉사적인 보건정책을 시행하고 싶어 하는 지역 및 국가 보건부서 등에 도움을 줄 수 있다.

이오아니디스는 이 모든 이슈들을 아우르는 말로 '잘못된 의학정보 대혼란'(the medical misinformation mess)이라는 용어를 사용했다. 대다수 의사와 거의 모든 환자는 의학정보가 엉망이라는 사실을 잘 모른다. 이런 문제를 개략적으로 알고 있는 의사들도 근거를 평가하는 데 필요한 기술은 가지고 있지 않다. 통계맹이기 때문이다. 호주 본드대학교의 근거기반의학 교수인 폴 글라시우는 이런 비판적 평가 기술을 가르치는 것이 의학교육의 핵심이 되어야 한다고 주장했다. "연구 결과를 비판적으로 해석할 수 없는 21세기의 임상의는 청진을 못하거나 혈압을 재지 못하는 의사만큼이나 준비되지 못한 의사이다." 하지만 오늘날의 의학교육은 회의주의를 장려하지 않는다. 체코 출신의 박식한 이단자 페트르 스크라바넥(1940~1994)은 더블린 트리니티칼리지 의과대학에서 이런 기술을 1980년대부터 가르쳤는데, "의대생들에게 근거에 대한 비판적 평가를 가르치는 내 강좌는, 흄 회의론자(Humean sceptic)가 앞으로 성직자가 되려는 신학생을 대상으로 기적에 대한 강의를 하는 것과 비슷하다"고 한탄한 바 있다. 의학교육은 핵심적인 재능을 계발하고 학문을 가르치는 대신, 실습과 기계적인 암기에 지나치게 많은 비중을 두고 있다.

내가 연구 펠로우로 3년간 일하면서 배운 가장 중요한 교훈은 의학저널에 실리는 거의 모든 논문이 싸구려 물건이라는 사실이다. 이오아니디스는 글라시우나 이아인 찰머스 경과 같은 메타 연구자들과 함께한 연구에서 의학 연구의 85퍼센트는 쓸모가 없어 폐기된다고 추정하였다. 국제적으로 따져 보면 매년 2천3백억 달러가 낭비되고 있다는 것이다. 그런데 1954년에 이미 리처드 애셔는 쓸모없는 연구를 양산하는 엉터리 통계의 위험을 다음과 같이 경고한바 있다. "왜곡된 통계학의 위험은 그 오류가 잘 드러나지 않는다는 것인데, 왜냐하면 우리가 통계적 사고라고 여기는 것이 이미 의심, 존경, 경이 등의 혼합물이기 때문이다." 앨번 파인스타인도 1997년에 무작위 대조시험과 메타분석에 대한 지나친 의존에 대해 경고하면서 권위적 진료 지침이 다시 도래하지 않을까 우려했다.

근거에 기초해서 임상적 의사결정을 하겠다는 훌륭한 목표는 '최상의 유효한 근거'로 수집된 것들이 제한된 질과 범위에서 나온 것이기에 달성하기가 어렵다. 더군다나 이렇게 수집된 근거에 주어지는 권위적 후광 효과가 남용으로 이어져 임상진료에서 부적절한 지침이나 교조적인 도그마를 만들어낼 수도 있다.

파인스타인은 주장하기를, 근거기반의학은 여러 만성질환을 동시에 가진 취약한 노령인구로 인구 구성이 옮겨가고 있는 현실을 반영하지 못한다고 했다. 근거가 되는 데이터들이 주로 한 가지 질환을 가진 젊은 환자들에게서 나온 것이기 때문이다. 이런 근거는 임상에서 부딪히는 복잡한 변수들과 실제 환자에게 도움 되는 목표들을 지나치게 단순화한다. 파인스타인은 메타분석에 대한 환상을 공격하면서 그것을 "21세기의 통계적 연금술"이라 불렀다. 다른 많은 학자들도 연구자들이 다른 종류의 연구들을 연결하거나(사과와 오렌지를 비교하는 식으로), 통계적으로 유의성이 나오지 않은 결과들을 자주 배제하거나, 낮은 수준의 연구들을 포함시킨다고('쓰레기를 넣으면 쓰레기가 나온다') 주장하면서 메타분석을 비판해왔다. 그러나 메타분석은 여전히 우리가 가지고 있는 방법 중 덜 나쁜 수단으로 남아있다.

　근거기반의학이 처방에 대한 임상지침으로 이어질 것이라는 앨번 파인스타인의 예측은 현실이 되어, 특히 노인 환자들을 중심으로 과도한 처방이 행해지고 있다. 2004년 국가보건서비스는 일반의와 계약하면서 예방적 처방(고혈압, 콜레스테롤, 골다공증)에 과도한 인센티브를 부여함으로써 영국 국민의 약물 복용을 큰 폭으로 증가시켰다. 스코틀랜드 거주 성인의 20퍼센트는 5개 이상의 약물을 장기간 복용하고 있다. 미국에서는 60대 인구의 25퍼센트가 5개 이상의 약물을 복용하고 있으며, 이런 경우가 70대에서는 46퍼센트로 늘어나고, 요양원에 있는 사람들에서는 91퍼센트가 넘는다. 파인스타인은 이런 약물 사용을 지지하는 근거들이 실제 약물을 복용하는 사람이 아닌 젊고 건강한 사람에서 나왔다는 사실을 지적하고 있다. 늙고 아픈 사람들—요양원에 있는—은 신약의 임상시험에서 자주 제외되지만 우리 사회에서 가장 많은 약물을 복용하는 사람들이다. 아프고 죽어가는 사람들은 요양원에서 급성 환자를 보는 종합병원으로 옮겨진다. 이 환자들 대부분은 10개 이상의 약물을 복용하고 있고 명백하게 삶의 마지막 단계에 이르렀는데도 약물 복용을 계속한다. 아일랜드에서 요양원에 들어가는 사람들은 평균적으로 2년 더 생존하는데, 이런 환자들은 약물 부작용이나 약물 간 상호작용을 훨씬 더 많이 겪고 있으며 이로 인해 사망할 가능성이 가장 크다.

과잉처방(다중처방)은 특히 노인층에게 아주 중요한 공중보건학적 이슈여서 역설적으로 새로운 연구 주제가 되고 있다. 내 동생 데니스는 노인병 의학자인데 동생도 이 주제에 관심을 갖고 연구하고 있다. 다중처방은 심각한 부작용과 사망률 증가, 그리고 엄청난 재정 낭비의 직접적 원인이다. 처방 약물의 부작용을 겪을 가능성이 가장 큰 사람들은 80대 이상으로, 다양한 동반질환을 가지고 있고 기대여명이 3년 이하인 사람들이다. 이들에 대한 처방은 종종 또 다른 처방으로 이어진다. 고혈압약이 체액 저류(貯留)로 발목 부종을 유발하고, 이로 인해 이뇨제를 쓰게 되고, 이뇨제가 다시 칼슘 부족을 유발하여 칼슘 제제를 복용해야 하고, 칼슘 제제는 구역질을 유발하여 항구토제 복용으로 이어지고, 이것이 정신적 혼동을 유발하여 다시 약물을 복용해야 하는, 이른바 처방 연쇄(prescribing cascade)

가 행해지는 것이다. 노인층에서 급성으로 입원하는 사례의 15퍼센트가량은 약물의 부작용 때문이다.

개별적으로 보면 각 약물의 처방은 저마다 적절한 근거에 기반하고 있으므로 정당화가 가능하다. 스타틴은 심장마비나 뇌졸중의 위험을 낮추고, 혈압을 낮추는 약물은 뇌졸중의 위험을 낮추며, 아스피린도 심장마비의 위험을 낮춘다. 골다공증 약물은 골절의 위험을 낮추고, 항응고제의 복용은 뇌졸중의 위험을 낮춘다. 이처럼 개별적으로는 모두 근거에 기반하고 있으나, 이 모든 약물을 함께 복용할 때 환자 개인에게 도움이 되는지 해가 되는지에 대해서는 아무런 근거도 없다.

특히 고지혈증에 먹는 스타틴은 제약회사 입장에서는 가장 위대한 개가다. 고지혈증은 흡연, 고혈압, 당뇨, 가족력 등 심장질환과 관련된 많은 위험요인 중 하나일 뿐이지만, 환자가 한번 스타틴을 복용하기 시작하면 남은 인생 동안 계속 복용하게 된다. 그러나 우리가 이미 살펴본 대로, 스타틴은 매일 복용하는 사람들 대부분에게 거의 도움이 되지 않는데도 치매가 진행되고 있거나 다른 질환으로 삶이 얼마 남지 않은 사람들마저 심장마비나 뇌졸중의 위험을 낮추겠다고 스타틴을 복용한다. 우리는 개인이 아니라 인구집단을 치료하고 있다. 콜레스테롤 인식개선 캠페인은 너무 성공적이어서 아주 나이 많은 사람들이나 심장이 망가지기 훨씬 전에 다른 질병으로 사망할 사람들이 콜레스테롤 수치를 측정해달라고 요청하곤 한다. 콜레스테롤이 단지 많은 위험요인 중의 하나일 뿐이고 수치를 낮추는 약물이 도움이 될 가능성이 별로 없으며 오히려 해가 될 수도 있다는 것을 설명하기란 쉽지 않다. 제약회사는 외래나 수술실이 환자의 이익과 위험에 관한 이런 복잡한 토의를 하기에는 적당치 않은 환경이라는 것을 잘 안다. 그냥 스타틴 처방전을 써주는 것이 훨씬 쉬운 일이다. 특허가 만료되기 전까지 리피토—스타틴의 일종—는 세계에서 가장 잘 팔리는 약물이었다. 1996~2012년 사이 리피토는 화이자에 1천2백억 달러의 수입을 안겨주었다. 그사이 가난한 나라에서는 매년 수백만 명의 사람들이 모르핀을 구하지 못해 불필요한 고통을 겪으며 사망한다.

일반의는 과도한 처방으로 종종 비난을 받지만, 의사 진찰을 받으면 반드시 처방전이 발행될 것이라는 문화적 기대—특히 영국과 아일랜드에서는—가 있는 것도 사실이다. 의사들도 이런 행위가 길고 힘든 상담을 결론짓는 유용한 수단이라는 것을 알고 있다. 어떤 일반의가 말했듯이 "이제 그만 꺼지시죠"를 공손하게 말하는 방식이다. 상대적으로 가벼운 증상의 일시적 우울이나 불안장애가 있는 사람들에게도 흔히 약물이 처방되는데, 이는 의사들이 심리적 치료를 시행할 수 있는 시간이나 자원이 없기 때문이다. 환자와 의사 모두 약물의 이익을 과대평가하고 위험을 과소평가하고 있다. 나는 요양원에 있는 환자들이 20개씩이나 되는 처방 약물을 복용하는 것을 흔히 보곤 한다. 처방중단(deprescription)은 위험과 이익을 저울질하는 긴 토론을 해야 하기에 처방보다 훨씬 어렵다. 그러나 대부분의 환자들은 이런 토론을 할 능력이 없거나 원하지도 않는다. 나이든 환자들은 처방중단을 의사가 자신을 포기하겠다는 사인으로 보기도 하고, 어떤 의사들은 그 약물을 처음 처방한 동료 의사에 대한 비판으로 여긴다. 내 동생 데니스는 부적절한 처방을 가려낼 수 있는 기준을 만들었는데, 예를 들면 서로에 대해 다른 방향으로 상호작용하는 2개의 약물을 한 환자에게 준 경우 등이다. 그러나 나는 '적절하게' 내려진 처방에 대해 더 우려한다. '근거'를 갖추고 있고 의료지침이나 프로토콜(치료계획)이 뒷받침하고 있지만, 개별 환자에게는 도움이 될 것 같지 않은 처방 말이다.

일반의이자 의학자인 키란 스위니(1952~2009)는 근거기반의학의 철학적 기반에 의문을 제기한 사람이다. 그는 (다른 많은 사람들처럼) 근거기반의학이 인구집단에 대한 연구에서 나왔다는 점을 지적했다.

> 근거기반의학은 개인보다는 인구집단에 관련된 의학이다. 개별 환자와는 관계없이 객관적 기준에 따른 근거 해석에 기초하여 의사결정이 내려진다. 주관적 근거는 금기이다. 이러한 맥락 때문에 근거기반의학은 늘 의사 중심적이 되기 쉽고, 근거에 대한 의사의 객관적 해석이 중심을 이루며, 인간관계의 중요성과 진료의 또 다른 파트너인 환자의 역할을 과소평가한다.

스위니는 통계적 유의성과 임상적 유의성 너머에 '개인적 유의성'이 있다고 주장했다. 지금 이 환자에게 가장 중요한 것이 무엇인지 따져야 한다는 것이다. 그는 주장하기를, 의사의 역할은 근거가 적절한지 평가하고 환자의 소망과 선호를 분석하여 그에 따라 조언하는 것이라고 했다. 의사의 경험, 수련, 인격이 이런 토의에 영향을 미치겠지만 "더 중요한 것은 환자의 기여"라는 것이다.

의학은 순수과학이 아니라 응용과학이다. 많은 사람이 의학은 결코 과학이 아니고 기술이고 실행이라고 한다. '과학적 의학'이라는 용어 자체가 우리가 실제로는 의학이 과학임을 믿지 않는다는 것을 암시한다. '과학적 물리학'이라는 용어를 들어본 적이 있는가? 많은 점에서 과학과 의학은 정반대이다. 의심은 과학의 핵심인데, 의심을 드러내는 의사는 환자들에게 높이 평가되지 않는다. 이런 현실은 보건의료에 퍼져 있는 소비자주의와 함께, 인체는 기계이고 고장 난 주방기구처럼 효과적으로 간편히 수리되어야 한다는 데카르트적 사고를 동시에 반영한다. 가장 성공적인 의사는 모호함 없이 명쾌한 진단을 내리고 치료에 대한 완벽한 믿음을 환자에게 심어주는 의사이다. 오늘날 보완대체의학이 여전히 인기 있는 이유도 여기에 있다. 치료사는 환자의 문제가 어떤 원인에 의한 것인지 언제나 명확하게 정의한다. 치료사가 어느 유파에 속하는지에 따라 원인은 효모로 인한 알레르기이거나 척추의 정렬이 똑바르지 않아서 등등이 될 수 있다. 무엇이 되었든 상관없다. 중요한 것은 진단에 대한 절대적 확신이다. 치료 효과에 대한 믿음도 비슷하게 주입된다. 사실 환자들이 의사 앞에 들고 오는 문제들 대부분은 일시적인 것이거나 스스로 치유가 된다. 무슨 방법을 쓰든 좋아지게 되어 있다.

이것이 보완대체요법의 지속적 성공을 설명해준다. 치유는 자연이 하고, 동종요법이 돈과 신뢰를 얻는 것이다. 그것들의 정체는 암과 같은 좀 더 심각한 질환을 다룰 때 가끔씩 드러나곤 한다.

의학의 핵심에는 한 가지 역설이 있다. 의학의 지적 기반은 기질상 과학이지만 진료는 그렇지 않다는 점이다. 과학적 사고의 근간에는 데이비드 흄의 합리적 회의주의가 있다. 하지만 리처드 돌, 페트르 스크라바넥, 오스틴 브래드퍼드 힐, 아치 코크런, 토머스 매키언, 존 이오아니디스 등과는 다르게, 실제 환자를 보는 의사들에게 있어 회의주의는 결정적인 핸디캡이다. 우리는 불합리하고 변덕스럽고 유약하고 속기 쉬운 성격의 사람들을 다뤄야 한다. 과학이 의학에 제공하는 것은 정보이지만 의학은 과학에 대답을 기대한다. 그러나 이 둘은 근본적으로 다른 것이고 오히려 상반되는 활동들이다. 비록 명망 있고 잘난 의사들이 과학철학자 칼 포퍼를 자주 인용할지라도, 의학계에서 포퍼 스타일의 과학자—대담한 추측과 가차 없는 반박의 이념*을 가진—는 살아남기 어렵다.

우리가 하는 일의 상당수는 거의 근거가 없고 의사들은 이런 제한된 상황에서 일해야 한다. 『영국의학저널』이 후원하는 '임상적 근거'(Clinical Evidence)라는 프로젝트에서 치료와 검사를 포함한 3천 개의 의료행위를 검토한 적이 있다. 그것들 중 3분의 1이 효과가 있

---

* 칼 포퍼는 증명(verification)보다는 반증(falsification)이 과학의 발전을 이끈다고 주장한 과학철학자로, 주저 『추측과 논박』(Conjectures and Refutations)에서 이런 논지를 폈다.

었고, 15퍼센트는 유해한 것으로 드러났으며, 50퍼센트는 효과를 알 수 없었다. 의학은 새로운 치료법이 나오면 신속하게 받아들이지만 포기는 더디게 하는 경향이 있다. 지난 25년간 제약회사의 유해한 영향을 받지 않았던 수술이나 내시경 시술에서는 근거기반의학이 일정 부분 성공을 거둔 것도 사실이다. 과거에는 의례적으로 시행했지만 도움이 되지 않았던 많은 시술이 사라졌다. 하지만 의사들 대부분은 여전히 있을 수 있는 불확실성 전부에 대처하는 것이 최고의 기술인 세상에서 일하고 있고, 환자들은 사소한 자연치료 증상이나 만성적인 '엿 같은 인생 증후군'을 가진 경우가 대부분이다. 병원에서 하는 일반의학 진료는 주로 다층적인 문제—의료적, 사회적, 실존적—를 가진 취약한 노인을 관리하는 데 집중되어 있다. 일반의학의 '선입원 후 회진'(post-take ward round) 방식은 포퍼주의적인 과학 이념과는 동떨어져 있다.

흄 회의론자인 동시에 임상의인 리처드 애셔는 근거가 어떻든 좋은 진료 결과는 의사의 참된 열정과 환자의 맹목적인 믿음이 조합될 때 자주 일어난다는 것을 관찰하였다. 그는 이런 열정을 거짓으로 만들어내기는 어렵다고 주장한다. "만일 당신이 제공하는 치료가 솔직히 효과가 없다고 생각한다면, 환자에게도 확신을 불어넣기 어려울 것이다. 당신이 천부적인 배우가 아닌 한 말이다. 이렇게 되면 치료 효과도 미미한 수준에 그칠 것이다." 애셔의 역설이 말하고자 하는 바는, 약간의 믿음이 비록 우리를 더 나쁜 연구자로 만들지는 몰라도 더 나은 의사로 만들 수는 있다는 것이다. 이것이 바로 흄

회의론자에게 의학이 그토록 어렵게 느껴지는 이유이다.

내가 아직 젊고 경험 없는 의사였을 때, 나를 조수로 썼던 현명한 류마티스 병 의사는 자기 외래환자들을 바라보며 이렇게 말했다. "자네가 연부조직 류마티즘이라는 개념을 믿을 수 있다면 이 클리닉에서 훨씬 쉽게 일할 수 있을 걸세." (연부조직 류마티즘은 엑스레이와 혈액검사로는 정확한 진단을 내릴 수 없는 모든 형태의 근육과 관절 통증—종종 심신성 증상—을 포괄적으로 가리키는 용어이다.) 스페인의 철학자이자 수필가인 호세 오르테가 이 가세트도 『대학의 사명』(1930)이라는 책에서 이 점을 잘 표현했다. "의학은 과학이 아니라 전문 기술이며 진료 행위에 관한 것이다. … 물론 의학은 과학이 되고자 하며, 효과가 있다고 생각되는 연구 결과라면 그 무엇이든 취한다. 그러나 그 나머지는 방치한다. 특히 과학의 가장 중요한 특성인 '문제 발굴과 의심'이라는 특성을 놓아두고 있다."

근거기반의학의 창시자들은 그 이름으로 행해진 죄악을 예측하지 못했다. 1990년대에 임상지침이 처음 등장했을 때 나 역시 유용한 교육수단이 나왔다고 환영했다. 점차 지침은 강제적 프로토콜이 되었다. 우리가 듣기로는 이런 프로토콜이 모두 '근거기반'을 가지고 있다고 했지만, 존 이오아니디스의 검증을 견뎌내지는 못했다. 미국에서는 프로토콜이 보험회사에 의해 주도되고, 영국에서는 전문학회나 정부기관의 지원을 받는 국가보건서비스에 의해 주도된다. 설령 프로토콜이 근거에 기반한 것이라고 해도, 그 프로토콜을 채택해서 어떤 형태든 의미 있는 개선을 이루었다는 증거는 거의 없다. 몇몇 사람은 프로토콜 주도 의료란 것이 앞으로는 의사보조나 간호사 등과 같은 준 전문인력이 의료 행위를 맡게 될 미래의 전주곡이라고 믿고 있다.

이스라엘의 행동심리학자 대니얼 카너먼과 아모스 트버스키는 인간이 근본적으로 결함이 있는 존재라는 것을 설득력 있게 제시한 바 있다. 인간의 추론은 체계적인 인지 편향과 오류에 좌우된다는 것이다. 경험과 직관이라는 측정 불가능한 자질들을 이용해 임상적 판단을 내리는 개별 의사의 생각은 뒤처지고 신임을 잃어가고 있지만, 의학의 핵심은 이런 판단, 이런 인간적 손길이다. 리처드 애셔는 '상식'을 "혼돈 가운데서 명확한 것을 볼 수 있는 능력, 그리고 법칙을 따르거나 죽은 사고에 따라 일하기보다 명확하게 옳은 일을 하는 능력"이라고 정의했다. 의사의 손에 맡겨져 있는 치료방법 중에 가장 강력한 것은 바로 그들 자신이다.

# 병은 어떻게 발명되는가?

# 6

의산 복합체는 근거기반의학의 진실성을 약화시켰다. 또한 그것은 새로운 시장을 창출하기 위해 가짜 질병을 만들어냄으로써 질병분류학마저 위태롭게 하고 있다. 나는 2년 전 우연히 '비셀리악 글루텐 과민증'(non-celiac gluten sensitivity)이라는 새로운 가짜 질병을 알게 되었다. 글루텐프리 식품에 대한 식품과학자들의 컨퍼런스에 강연 초청을 받았을 때였다. 내가 그들의 1순위 초청대상은 아니었을 거라 생각한다. 연구 펠로우를 할 때 셀리악병에 대한 몇 편의 논문을 발표하긴 했지만 이후로는 산발적으로만 관련 논문을 발표했기 때문에, 나를 이 분야의 '핵심 오피니언리더'로 보기는 어려웠다. 나는 특별히 글루텐 민감성이 과민성대장염의 발병요인인지에 대해 발표해달라는 요청을 받았다. 과민성대장염은 매우 흔한 질환으로 스트레스와 관련이 있고 복통, 복부팽만감과 설사 같은 증상을 동반한다. 내 외래에서 가장 흔하게 진단하는 질병이다.

셀리악병은 유전적 소인이 있는 사람들이 글루텐에 반응하면서 발생하는 것으로 알려져 있다. 그러나 지금은 셀리악병에 대한 검사(조직검사, 혈액항체검사)에서 음성으로 나온 사람들도 여전히 이 병이 글루텐에 의한 것으로 믿는다. 이 현상에 '비셀리악 글루텐 과민증'이라는 라벨이 붙게 된 것이다. 그 컨퍼런스에서 한 이탈리아 의사가 열정적으로 새 질환에 대해 발표했는데, 그녀는 이 과민증이 과민성대장염과 만성피로를 포함한 다양한 병의 원인이라고 주장했다. 나는 식품과학자들에게 글루텐 민감성이 과민성대장염 발생에 어떤 역할을 한다는 증거가 거의 없고 오직 셀리악병에 대해서만 관련이 있다고 강조했다.

다른 발표도 들었는데 이 강연들의 주요 동기가 상업적이라는 사실에 적잖이 놀랐다. 보드비아(Bord Bia, 아일랜드 식품위원회)의 한 책임자는 글루텐프리뿐 아니라 락토스(젖당)프리, 너트프리, 소야(대두)프리 등 특정 성분을 제거한 '무함유'(free-from) 식품 시장이 호황을 누리고 있다고 발표했다. 또 그 지역 경영대학원의 시장전문가는 이러한 제품을 어떻게 팔 수 있는지에 대해 조언했는데, 글루텐프리 식품을 설명하면서 '기호학'(semiotics)이라는 단어까지 사용했다. 비셀리악 글루텐 과민증은 실제 존재하는 것이 아닐 수 있음에도 컨퍼런스의 많은 참석자들은 명백히 그 존재를 지지하고 있었다. 또 다른 강연자는 글루텐 과민증에 대한 논문 발표가 기하급수적으로 증가하는 것을 나타내는 슬라이드를 보여줬는데, 이때 빔 디커가 떠올랐다. 그는 셀리악병이 글루텐에 의해 생긴다는, 이 병에 있어 단 하나뿐인 위대한 발견을 했지만, 그 내용을 논문으로 발표하는 과정은 쉽지 않았다.

빌렘 카럴 디커(1905~62)는 네덜란드 헤이그의 율리아나 아동병원에서 소아과의사로 일했고 2차 세계대전 후에는 위트레흐트의 빌헬미나 소아병원에서 근무했다. 그는 셀리악병을 앓고 있는 소아 환자들을 많이 치료했는데, 이 병에 걸린 환자들에게서는 음식의 영양분 섭취장애로 인한 설사, 체중감소, 빈혈, 성장장애가 나타났다. 많은 환자들에게서 구루병(비타민D 부족으로 인한)으로 인한 뼈의 변형이 나타났고 사망하는 경우도 종종 있었다. 런던 그레이트오먼드스트리트 소아병원의 크리스토퍼 하드윅은 셀리악병 아동의 사망률이 30퍼센트에 달한다고 보고했다. 하드윅은 이 아이들이 죽는 과정을 이렇게 기술했다. "설사가 심해지면서 탈수증상이 악화되고, 마지막 모습은 심한 장염으로 인한 사망이다." 이 병은 오래전부터 식품과 관련이 있는 것으로 의심되었고, 하스 박사의 바나나 식이 같은 치료법이 시도되었는데, 일관되게 효과를 보이는 것은 없었다. 1930년대를 보내면서 디커는 음식에서 밀을 배제한 후 증상이 호전된 셀리악병 환자의 사례를 몇 건 듣게 되었다. 2차 대전이 막바지에 다다르던 1944~45년 네덜란드말로 '홍거빈터르' (Hongerwinter)라 부른 겨울기근 때 네덜란드에서는 빵을 비롯한 식량 부족이 심각해서 튤립 뿌리를 먹기까지 했다. 디커는 밀 대신 쌀이나 감자가루로 죽을 만들어 먹은 셀리악병 아이들의 증상이 호전

되는 것을 발견했다. 1947년 뉴욕에서 열린 국제소아과학회에 참석한 그는 부끄럼을 많이 타고 과묵한 성격이었지만, 최대한 여러 사람에게 자신이 발견한 것을 얘기하고 다녔다. 몇 년 후 디커의 동료이자 공동연구자인 생화학자 얀 판 데 카머르는 다음과 같이 썼다. "아무도 그의 말을 믿지 않는 바람에 그는 매우 실망한 채 뉴욕에서 돌아왔지만, 자기 견해에는 변함이 없었다."

디커는 위트레흐트로 이주해서, 대변에서 지방을 측정하는 방법을 개발한 카머르와 공동연구를 진행했다. 대변지방 측정은 셀리악병 소아의 장에서 흡수 장애를 정량적으로 판단할 수 있는 수단으로, 대변에 지방 함량이 높을수록 흡수 장애가 더 심한 것이다. 그는 밀 배제 임상시험을 여러 차례 실시하였고, 이 방법으로 셀리악병 소아의 증상이 호전된다는 것을 보여주었다. 밀 음식 배제 이전과 이후에 대변 중 지방의 양을 각각 측정함으로써 이 식이요법의 효과에 대한 객관적 증거를 확보한 것이다. 디커는 나중에 밀의 글루텐 성분(빵을 쫄깃하게 해주는 단백질 성분)이 원인이라는 것을 확인했다. 그는 발견한 내용을 논문으로 작성해 미국의 주요 소아과 학술지에 보냈는데, 학술지들에서는 아무 연락도 없었고 원고를 외부 검토에 맡기지도 않았다. 그러는 사이 영국 버밍엄대학교와 버밍엄 소아병원의 연구자들이 디커의 연구를 듣고는 그 결과를 시험해보고 싶어 했다. 연구자 중 샬럿 앤더슨이 디커를 방문하여 그의 연구를 직접 보았다. 디커는 귀찮은 내색 없이 앤더슨의 연구를 도와주었고, 그녀도 나중에 "그의 고풍스런 품위"에 대해 경의를 표했다.

디커는 연구 결과를 박사논문으로 작성하여 1950년 위트레흐트대학교에 제출했다. 그는 스웨덴 학술지 『스칸디나비아 소아과저널』(*Acta Paediatrica Scandinavia*)에도 논문을 투고했다. 이 논문은 채택되었지만 최종적으로 출판된 시점은 이미 버밍엄 연구진이 『랜싯』에 디커의 발견을 확인하는 논문을 실은 다음이었다. 디커는 몇 차례 뇌졸중을 앓고 57세의 젊은 나이로 사망했다.

내가 1980년대에 셀리악병에 대한 연구를 시작했을 때 이미 이 병은 비교적 드물기는 했어도 잘 알려진 병이었다. 영국에서는 대략 2천 명에 한 명이 셀리악병 진단을 받았다. 아일랜드에서는 병이 훨씬 흔했고 특히 골웨이 주에서 그랬는데, 3백 명에 한 명 정도가 진단을 받았다. 돌이켜보면 이 지역에 셀리악병이 흔했던 것은, 당시 골웨이 의과대학 소아과에서 이 병에 특별히 관심을 갖고 열심히 병을 찾은 데도 일정 부분 이유가 있었다. 1980년대에 셀리악병을 공식적으로 진단하는 일은 쉽지 않았다. 크로스비 캡슐을 이용해서 소장 조직검사를 해야 했기 때문이다. (환자는 튜브 끝에 달린 쇠로 된 캡슐을 삼키고 이 캡슐이 소장에 도달할 때까지 최소한 2시간을 기다려야 했다.) 하지만 진단방법이 점차 쉬워졌다. 1980년대 후반에는 내시경을 통한 조직검사가 가능해졌고 시간도 5~10분 정도밖에 걸리지 않았다. 1990년대 후반에는 혈액 항체검사가 널리 이용되었고 꽤 정확한 것으로 나타났다. 이렇게 진단방법이 쉬워지고 이 병에 대한 인식이 높아지면서 1990년대와 2000년대에는 셀리악병 진단이 급격히 늘어나게 된다. 검사를 받지 않은 사람이 다수―어쩌면 대부분—이긴 하지만, 영국과 아일랜드 사람의 1퍼센트 정도가 셀리악병을 가진 것으로 추정된다. 셀리악병은 더 이상 소아들의 병이 아니고 어떤 연령대에서도 발견된다. 유럽과 미국에서 시행된 혈액 항체를 이용한 검진에서는 1~2퍼센트 정도의 유병률이 나왔다. 치료는 글루텐프리 식이인데, 평생에 걸쳐 지속적인 효과를 보인다.

1980년대에 내가 셀리악병으로 진단한 환자들 중에는 위중증 환자가 종종 있었다. 요즘 확진되는 성인 환자들 대부분은 경증이거나 증상이 없다. 진단이 쉬워지고 대중들의 인식이 높아지면서 다양한 종류의 만성적인 병명 미상 환자들이 셀리악병 검사를 받게 되었다. 이처럼 의학적으로 설명되지 않는 질병으로는 과민성대장염, 만성피로증후군, 근섬유통 등이 있다. 이 가운데 극히 일부에게는 정말로 셀리악병이 있지만 대부분은 그렇지 않다. 검사 결과가 음성으로 나와도 사람들은 대중매체의 이야기에 고무되어 글루텐프리 음식을 시도하고는 증상이 좋아졌다고 느끼기도 한다. 그들을 맡은 의사들은 이런 현상을 암시와 위약 효과로 돌린다. 많은 보완대체의학 치료사들은 이것을 진짜 일어나는 현상으로 여기고 모든 종류의 만성병 환자들에게 글루텐프리 음식을 권고하기 시작했다. 환자들은 "음, 당신은 셀리악병이 아니지만 이런 음식으로 좋아진 느낌이 들었다면 계속 그것을 먹도록 해요"라고 안심시키는 의사의 말에 만족하지 못하고, 그들을 아프게 만든 것에 대한 공식적 진단명을 요구한다.

만성피로증후군의 씁쓸한 역사에서도 볼 수 있듯이, 의학적으로 설명되지 않는 증상을 가진 환자들은 자신의 증상을 정신적 요인에 의한 것으로 설명하는 데 대해 자주 저항한다. 현대의 우리 문화는 정신과 용어들에 대해서는 겉으로나마 친숙하게 여기지만, '심신성 질환'(psychosomatic disease)이라는 개념에 대해서는 여전히 불편해한다. 과민성대장염을 앓고 있는 내 환자들은 자신의 증상을 스트레스보다는 글루텐 과민증으로 설명해주기를 선호하는데, 이것은 마치 만성피로증후군 환자들이 라임병을 옮기는 진드기에 물려서 그렇다고 믿는 것과 비슷하다. 의사들은 환자들의 믿음과 자신들의 믿음 사이에 늘 존재하는 이 간극을 메우는 데 많은 시간을 쓰고 있다.

2000년대에 들어오면서 셀리악병 연구자들은 더 이상 새로운 아이디어를 낼 게 없어졌다. 그만큼 병이 일찍 진단되고 쉽게 치료되었다. 더 이상 알아야 할 게 무엇인가? 이때 '비셀리악 글루텐 과민증'이라고 하는 새로운 기회가 나타났다. 2011년 2월 전 세계에서 날아온 15명의 셀리악병 연구자들이 런던 히스로 공항 근처 호텔에서 만났다. 이들은 환자들이 자가 진단한 글루텐 과민증에 대해 어떤 형태로든 의학적 보증을 해줄 수 있기를 열렬히 원했고, 그들 말대로 "글루텐 관련 질환의 새로운 명칭과 분류에 대해 합의를 보는 것"이 자신들의 일이라고 생각했다. 이들은 다음과 같은 상업적 의제를 다루는 것도 부끄러워하지 않았다. "글루텐프리 식이를 하는 사람의 숫자가 셀리악병 환자 추정치보다 훨씬 많은 것으로 나타나고 있다. 이들이 주도하는 글루텐프리 제품 시장은 전 세계적으로 2010년 기준 25억 달러에 이른다." 이 모임은 글루텐프리 식품의 선두주자인 닥터셰어(Dr. Schär)의 후원으로 열렸다. 회의 결과는 2012년 『BMC 메디신』이라는 학술지에 게재되었고, 비셀리악 글루텐 과민증은 '글루텐 관련 질환 목록'의 하나로 공식적으로 인정받았다. 닥터셰어는 이후 몇 년 동안 여러 편의 비셀리악 글루텐 과민증 연구로 이어진 이 합의에 분명히 기뻐했을 것이다. 이런 연구들은 대부분 연구 설계도 엉성하고 원고도 엉망인데다 영향력지수가 낮은 이류 학술지에 실리게 마련이어서, 존 이오아니디스라면 기꺼이 들어냈을 만한 연구다. 극소수 잘 설계된 연구 중 하나가 호주 멜버른의 모나시대학교에서 수행되어 미국의 유명 학술지인 『소화기학』(Gastroenterology)에 실렸는데, 글루텐 과민증 자가 진단자들은 플라세보만큼이나 정제로 위장된 글루텐에 아무 반응도 보이지 않았다고 한다.

뚜렷치 않은 결과에도 불구하고 비셀리악 글루텐 과민증의 증상과 진단방법을 설명한 많은 리뷰논문들이 학술지에 발표되었다. 그 가운데 여러 편이 『영양소』(Nutrients)라는 학술지에 실렸는데, 이 학술지는 한동안 '약탈적 학술지' 목록에 올라가 있었다. 이탈리아의 소아과의사 카를로 카타시 교수는 이 학술지와 다른 저널에 비셀리악 글루텐 과민증에 대한 논문을 여러 편 실었다. 그는 이 증상과 관련해 가장 잘 알려진 인사로, 닥터셰어 연구소에서 '자문연구비'를 받기도 했다. 2015년 『영양과 대사 연보』(Annals of Nutrition and Metabolism)라는 학술지에 게재된 리뷰논문에서 카타시는 다음 증상을 비셀리악 글루텐 과민증의 증상으로 설명했다. 복부팽만, 복통, 불편함, 피로, 설사, 메스꺼움, 공기 삼킴증, 위-식도 역류, 구강궤양, 변비, 두통, 불안감, '안개처럼 흐릿한 마음', 이상감각, 관절과 근육통, 피부발진, 체중감소, 빈혈, 균형감 상실, 우울, 비염, 천식, 체중증가, 방광염, 월경불순, 감각증상, 수면장애, 환각, 기분변화, 자폐증, 조현증, 그리고 마지막—반갑기 그지없는 말—으로는 파고드는 모발[내생모] 등이 그런 증상들이다. 논문 공시문에는 "이 논문은 네슬레 영양 연구소의 지원을 받아 작성됨"이라고 적혀 있었다.

카타시 교수는 역시 『영양소』에 실린 「비셀리악 글루텐 과민증의 진단: 살레르노 전문가 기준」이라는 논문의 제1저자이기도 했다. 2014년 10월에 30명의 세계 전문가가 "비셀리악 글루텐 과민증을 확진하는 방법에 대한 합의를 도출하기 위해" 이탈리아 살레르노에서 만났다. 이 회의 역시 닥터셰어의 지원을 받았는데, 히스로 공항에서 만났던 15명의 전문가 중 6명만이 살레르노에 왔다. 글루텐 과민증 학파에 분열이라도 생긴 것일까? 전문가들은 존재하는지도 확실치 않은 병을 진단하는 기준을 제시했다. 비셀리악 글루텐 과민증은 '포스트모던 질병'이라고 불릴 만한 모델이다. 검증된 생물학적 지표(혈액검사나 조직검사 같은)도 없고, 진단 역시 매우 의심스럽고 임의적인 증상 점수에 근거해 내려졌다. 이 병의 '발견'은 환자들의 압력과, 상업적 이해에 넘어간 전문가 의견이 합작한 덕분이다. 나는 인터넷에서 살레르노에 모인 전문가들의 사진을 보았는데, 서기 325년의 제1차 니케아 공의회를 그린 시스티나 성당의 벽화가 생각났다. 이 공의회는 초기 그리스도교회의 정통교리를 확립하기 위해 콘스탄티누스 황제에 의해 소집되었다. 업계가 지원하는 살레르노 회의도 비슷한 목표를 가지고 있었다. 왜 이 전문가들이 가짜 질병을 진단하는 방법에 대한 합의문에 자신의 이름을 올린 걸까?

자신의 생각을 간절히 시험해보기를 원하다가 우연한 발견에 이른 임상의 빔 디커와 달리, 살레르노의 전문가들은 전형적인 현대 생의학 연구자들이었고 그들의 동기는 과학적이라기보다는 직업적이었다. 디커가 보여준 겸손, 과묵함, 고풍스러운 품위 같은 덕목을 가진 사람은 거의 없었다. 그들의 목표는 팽창주의적이었다. 거대과학 버전의 교황 칙서라 할 만한 합의문에 근거해서 새로운 질병을 확립하는 것이 목표였다. 1870년 제1차 바티칸 공의회에서 교황의 무오류성이 선포된 것처럼 비셀리악 글루텐 과민증도 이 합의문에 의해 선포되었다. 새로운 질병의 창조는 수백만 명의 '환자'가 있다고 주장하는 연구자들에게 이득이 되고, '무함유' 식품의 폭발적인 판매 증대로 식품산업에 이익을 안겨주며, 심신성 증상이 있는 사람들에게는 사회적으로 받아들이기 쉬운 비셀리악 글루텐 과민증이라는 진단명을 내세울 수 있는 혜택을 준다. 이렇게 많은 사람들이 이익을 보는데, 과학이나 진실에 대해 걱정할 이유가 어디 있겠는가?

합의문(consensus statement) 도출은 1970년대 이후 의학계의 일상적인 풍경으로, 'GOBSAT'*이라는 조롱을 자주 받았다. 미국 정신의학회는 1973년에 동성애가 더 이상 질병이 아니라고 결정했다.

이런 비질병화 결정은 학회 구성원의 투표 후 합의에 의해 내려진다. 비록 그럴 가능성은 적지만 동성애가 같은 과정을 거쳐 다시 질병으로 재선언될 수도 있다. 1990년 페트르 스크라바넥은 합의 컨퍼런스가 유행하는 현상에 대해 다음과 같이 썼다.

> 합의의 필요성은 바로 합의가 부재하는 데서 생긴다. 거의 모든 사람이 당연하다고 생각하는 것에 대해 따로 동의 절차를 밟을 필요는 없으니까 말이다. 과학에서는 아직 합의가 이뤄지지 않았다고 해서, 이미 잘 알려진 교조적 견해를 가진 사람들이 한데 모여 서로 등을 두들겨주며 서둘러 합의를 도출하는 일이 없다. 합의가 없다면 오히려 과학자들은 다시 실험실로 돌아가 실험을 더 해야겠다는 강한 충동을 느낄 것이다.

합의 컨퍼런스(consensus conference)는 종종 제약회사의 특정 목표, 곧 자사 제품을 사용하는 '환자'의 풀을 넓히려는 목표를 앞당겨주는 역할을 한다. 예를 들어 합의문에는 일정 수치를 넘으면 '비정상'이 되어 꼭 '치료'를 받아야 하는 콜레스테롤 수치나 혈압 기준치가 명시된다. 컨퍼런스 참여자를 잘 선택해야 이런 '올바른' 합의에 이를 수 있다. 근거기반의학이 도입한 '근거의 위계서열'에서 전

---

* '회의탁자에 둘러앉은 훌륭한 어르신들'(Good Old Boys Sat Around a Table)의 줄임말로, 근거기반의학에서 말하는 '근거의 위계서열'에서 가장 아래에 위치한 '전문가 의견'을 조롱하는 표현.

문가 합의는 가장 낮은 서열로, '술집에서 들은 엉터리 정보' 바로 위에 위치한다. 앨번 파인스타인은 "전문가들의 합의야말로 의학의 역사 전체에 자리 잡고 있는 모든 오류들의 전통적 원천"이라고 지적했다. 영국의 수학자 레이먼드 라이틀턴은 1979년 '황금 효과'(그의 친구인 오스트리아 출신의 물리학자 토마스 '골드'의 이름을 딴)라는 신조어를 만들었다. 『의학의 어리석음과 오류』(*Follies and Fallacies in Medicine*, 1989)에서 제임스 매코믹과 페트르 스크라바넥은 이 '황금 효과'가 특정 아이디어에 대한 믿음을 어떻게 확실성으로 탈바꿈시키는지 설명했다. "최초 논문에서 '근거가 축적되고 있다'로 시작한 아이디어가 다른 논문에서는 '일반적으로 인정되고 있다'로 빠르게 바뀌고, 다시 머지않아 '충분히 확립된 것'으로 바뀌었다가 최종적으로는 '자명한 것'이 된다."

셀리악병 전문가들은 상업적 후원을 받고 비셀리악 글루텐 과민증이라는 매우 의심스러운 실체를 의무적으로 인증한 데 그쳤지만, 두 명의 기업가적 미국 의사인 『밀가루 똥배』(*Wheat Belly*, 2011)의 저자 윌리엄 데이비스와 『그레인 브레인』(*Grain Brain*, 2013)의 저자 데이비드 펄머터는 글루텐에 대한 대중의 인식 자체를 한 차원 더 끌어올렸다. 그들이 쓴 베스트셀러 책은 글루텐이 셀리악병 환자뿐 아니라 모든 사람에게 유해하다는 인식을 대중적으로 퍼뜨리는 데 상당한 기여를 했다. 심장의사인 데이비스는 '개량종' 밀가루가 중독성이 있는, 오늘날 유행하는 비만의 주요 원인을 제공하는 "완벽한 만성적 독소"라고 말했다. 신경과의사인 펄머터는 "오늘날의 밀이 우리 뇌를 망가뜨려서" 알츠하이머병을 일으킬 뿐만 아니라 "만성두통, 우울증, 뇌전증과 극단적 감정변화"를 유발한다고 주장했다. 이것은 물론 터무니없고 어떤 근거도 없는 주장으로, 카타시 교수가 열거한 '글루텐 과민증의 임상적 표현형'의 간추린 모델이라 할 만하다. 두 사람의 책은 수만 권이 팔렸지만, 과학자들은 별로 개의치 않았다. 하지만 과학은 살레르노 전문가들의 열띤 생각이 과학의 평판에 입힌 손상에 대해서는 좀 더 걱정할 필요가 있다.

이 모든 일들이 합쳐져 전혀 새로운 시장과 새로운 소비자를 창출했다. 영국의 시장조사사업체인 유고브(YouGov)는 2015년에 「무함유 식품 소비자의 이해」라는 보고서를 발간했다. 무함유 식품에 글루텐프리만 있는 것은 아니다. 소비자들은 락토스프리, 유제품프리, 너트프리, 소야프리 등을 선택할 수 있다. 영국 국민의 10퍼센트는 글루텐을 줄이고 있고, 놀랍게도 이 가운데 3분의 2는 자가 진단이나 다른 진단에서 과민증이 나오지 않았는데도 그렇게 하고 있다. 시장전문가들은 이렇듯 과민증이 없는데도 글루텐 섭취를 줄이는 사람들을 '라이프 스타일러'라고 부른다. 라이프 스타일러는 젊고, 사회계층상 상류층에 속해 있고, 여성이고, 채식주의자이고, 규칙적으로 운동을 하며, '종교적이지는 않지만 영적인' 경향이 있다. 영국의 무함유 식품시장은 연매출 7억4천만 파운드(약 10억 달러)에 이를 만큼 호황을 누리고 있는데, 이 가운데 글루텐프리 제품이 59퍼센트를 차지한다. 이 시장은 해마다 대략 30퍼센트씩 성장하고 있다. 또한 2천만 명의 미국인이 글루텐 섭취로 인한 증상을 겪은 적이 있다고 주장하며, 미국 성인의 3분의 1이 글루텐 섭취를 줄이거나 완전히 금하고 있다고 말한다. 우리는 이제 글루텐프리 샴푸를 사거나 글루텐프리 휴가를 갈 수도 있다. 이런 어리석음을 조롱하기는 쉽고 실제로 많은 사람이 그러고 있다. 가령 미국의 코미디언 J. P. 시어스가 유튜브에 올린 '글루텐 불내증이 되는 방법'이라는 풍자 영상이 그러하다. 하지만 그러는 사이에도 배우 기네스 펠트로, 가수 마일리 사이러스, 테니스선수 노박 조코비치 같은 몇몇 유명인들은 글루텐 기피의 이점을 주장하고 있다. 마일리 사이러스는 다음과 같은 트윗을 올렸다. "모두가 일주일만이라도 글루텐을 피하려고 노력해보자. 그러면 피부와 신체적, 정신적 건강이 놀랍도록 변화할 것이고, 결코 옛날로 돌아가고 싶지 않을 것이다!" 글루텐프리는 작은 틈새시장이었으나 지난 몇 년간 급속도로 팽창했다. 2014년 미국에서 글루텐프리 식품의 매출액은 약 122억 달러였고, 2020년까지 약 239억 달러의 시장으로 성장할 것으로 예측되고 있다.

인구 중 셀리악병을 가진 1퍼센트를 제외하면 글루텐이 유해하다는 근거는 없다. 오히려 셀리악병이 없는 사람이 글루텐프리 식이를 하면 심혈관질환 예방 효과가 있는 통밀을 덜 먹게 되어 심장질환을 앓을 수 있다는 근거가 점점 많이 제시되고 있다. 네덜란드 마스트리히트대학교에서 건강식품 혁신경영을 가르치는 프레드 브라운스 교수는 2013년 『시리얼사이언스 저널』(*Journal of Cereal Science*)에 「밀이 우리를 살찌게 하고 아프게 하는가?」라는 간결한 제목의 리뷰논문을 게재했다. 그는 윌리엄 데이비스와 데이비드 펄머터가 밀에 반대하며 내놓은 주장—즉 체중을 늘리고 당뇨를 유발하고 중독성이 있다는 주장—에 대해 조사했다. 그는 개량종 밀이 높은 수준의 '독성' 단백질을 함유하고 있다는 (데이비스와 펄머터, 그리고 히스로 공항의 전문가들이 제기한) 주장도 살펴보았다. 브라운스와 그의 동료들은 밀의 생화학적 특성을 다룬 과학논문을 가능한 한 모조리 검토한 후, 밀(특히 통밀)이 2형 당뇨와 심장병의 발생을 줄이는 유의미한 건강상 이점이 있다는 결론을 내렸다. 또한 그는 지금 우리가 먹는 밀이 수확량이 많고 병충해 저항력이 있다는 것 말고는 구석기 시대의 밀과 다르다는 증거를 전혀 찾아내지 못했다. 유전자변형 밀은 아직 어떤 나라에서도 판매되거나 상업적으로 재배된 적이 없다. 그는 "선발 육종이 통밀의 건강상 이점이나 영양적 특성에 해로운 결과를 초래한다는 어떤 근거도 없다"고 결론을 내렸다.

앨런 레비노비츠는 버지니아 제임스매디슨대학교의 종교학 교수인데, 현대 미국인의 글루텐 공포증과 고대 중국의 '곡물금식' 수도자들의 이야기에 유사점이 있음을 보고 충격을 받았다. 2000년 전 번성했던 초기 도교 수도자들은 '다섯 가지 곡물'(수수, 대마씨앗, 쌀 등)이 '삶을 잘라내는 가위'이고 질병과 사망으로 인도한다고 믿었다. 수도자들은 다섯 가지 곡물을 뺀 식이를 하면 완벽한 건강, 영생, 그리고 공중부양까지 할 수 있다고 믿었다. 『글루텐 거짓말』(The Gluten Lie)이라는 저서에서 레비노비츠는 현대 미국인의 글루텐 불안증을 식품 관련 미신의 연장선상에 놓았다. "MSG가 그렇듯이 대중은 자격을 갖춘 의사들이 인증한 수익성 높고 비과학적인 공포마케팅으로 인해 글루텐이 해롭다는 생각을 주입받는다. 이 의사들은 현대 문물과 기술에 대한 뿌리 깊은 우려에 접근해서 우리가 겪는 모든 문제를 단일한 원인에 돌린 다음, 손쉬운 해결책을 제시한다."

많은 사람이 불필요하게 글루텐프리 식이를 고수하는 것이 왜 그토록 문제인가? 결국 그들 자신의 선택일 뿐이고, 그들이 그 선택에 만족해한다면 보통 빵을 먹는 사람이 안타까워할 필요가 없지 않을까? 사실 글루텐 이야기는 부자와 빈자 사이에 간극이 벌어지면서 생긴 현상이다. 대부분의 인류 역사에서 식량에 대한 주된 걱정은 식량 부족이었다. 그러나 이제 식품을 걱정하는 사람들은 먹거리에 건강에 대한 위험요소가 가득하다고 보며, '무함유' 제품에 기꺼이 할증료를 지불하려 한다. 과학적 지식이 없는 사람들은 식품업계의 주장을 액면 그대로 받아들이기 쉬우며, 그들 자녀들은 소셜미디어와 텔레비전에서 접하는 광고의 융단폭격으로 인해 더한 압박을 받는다. 식량이 부족하던 시절, 음식에 대해 까탈을 부리는 것은 소중한 자원을 낭비하는 일이었기에 눈살을 찌푸리게 하였고 사회적 낙인이 찍히기도 했다. 이렇게 단순한 까탈로 여겨지던 것이 이제는 자기 확신에 찬 과시적 주장으로 발전하였고, 자가 진단한 식품 불내성은 종종 만성식이장애라는 '십자가 고난의 길'(via dolorosa)로 들어서는 첫 걸음 역할을 하게 되었다.

우리는 여기서 이상한 역설을 만난다. 셀리악병 때문에 글루텐프리 식이를 해야 할 사람들 대다수가 오히려 셀리악병 검사를 받아

보지 않은 상태이기에 그 식이를 하지 않는다는 것이다. 반면 글루텐프리 식이를 하고 있는 사람들 대부분은 셀리악병이 아니므로 그렇게 할 필요가 없다. '라이프 스타일러'들은 속고 있는 것이며, 비셀리악 글루텐 과민증은 가짜 질병이다. 셀리악병을 가진 사람들은 글루텐프리의 유행에 양가감정을 느낀다. 글루텐프리 제품을 구하기가 훨씬 쉬워졌고 식당이나 슈퍼마켓에서도 글루텐에 대해 잘 알고 있기 때문에 그들에게도 이익이 있다. 하지만 그들은 자기도취적인 라이프 스타일러들과 글루텐 불내성이라고 자가 진단한 사람들이 진짜 글루텐프리가 필요한 1퍼센트의 고통을 하찮게 만드는 것에 분개한다.

셀리악병에 있어 단 하나의 위대한 발견을 한 사람은 빔 디커뿐이다. 이 발견이야말로 심지 굳은 임상의가 재정적 지원이나 제도적 지원 없이 이뤄낸, 의학의 황금시대의 전형적인 개가이다. 비록 디커가 그의 중대한 발견을 출판하느라 고생은 했지만, 이후 셀리악병에 관한 논문이 수천 편 발표되었어도 (내 논문을 포함한) 대다수는 임상적 의미나 환자에게 도움이 되지 않는 면역학적 현상을 기술한 논문에 불과하다. 대부분의 연구가 "벽돌공장 마당에 아무렇게나 쌓여있는 벽돌"을 만드는 것이라는 존 플랫의 관찰은 셀리악병에 대한 연구에도 적용된다. 나 역시 부끄럽게도 벽돌 몇 장을 만들었다. 셀리악병은 이제 손쉽게 진단되고 치료되지만, 셀리악병 연구의 기마행렬은 각종 컨퍼런스나 합의문들과 함께 여전히 이어지고 있다. 디커는 황금시대 아마추어 연구자의 좋은 사례이다. 다른 연구자를 기꺼이 돕는 태도는 물론이고 그의 성실과 과묵은 이제 진기한 것이 되었다. 그가 '홍거빈터르' 기간에 얻은 영감 덕분에 수많은 아픈 어린이들이 목숨을 구했다. 나는 이 겸손하고 고풍스러운 의사가 비셀리악 글루텐 과민증, 살레르노의 전문가들, 그리고 마일리 사이러스의 트윗에 대해 어떻게 생각했을지 궁금하다.

# 7

## 인식개선 캠페인을 멈춰라

# 7

컬럼비아대학교의 애나 크리겔과 벤저민 레브월은 "진단이나 병리기전이 확실치 않음에도 비셀리악 글루텐 과민증에 대한 대중들의 인식이 높아지고 있다"고 썼다. 글루텐 과민증 연구자들은 종종 그들의 활동을 정당화하는 근거로 이런 '인식'을 든다. 인식개선 (Awareness Raising)은 의산 복합체의 술책이다. 매주 나는 두 곳의 의학신문사로부터 무료 신문을 받는다. 지면 대부분이 컨퍼런스에 참석한 병원 전문의 사진이나 화려한 골프복을 입고 골프모임에 참석한 일반의들의 사진으로 가득 차 있다. 지난 몇 년 사이 새로운 장르의 연출 사진들이 지면에 등장하기 시작했는데, 바로 인식개선에 대한 사진이다. 인식개선의 대상은 흔한 질환이나 희귀 질환 모두가 될 수 있다. 이 병에 대중의 스포트라이트가 비춰지기를 바라는 그룹은 흔히 다음과 같은 조합으로 이루어진다. 걱정 가득한 표정을 한 이 병의 전문의, 이 병의 환자들을 대변하는 협회 대표, 그리고 조커로 등장하는 정치인, 유명인, 또는 운동선수. 이 그룹은 보통 격려 문구가 적힌 슬로건을 걸어놓고 포즈를 취한다. 그 구성원들이 카메라 앞에서 포즈를 취하는 데는 각자 고유한 이유가 있다. 의사는 '내 병이 너의 병보다 훌륭해'라는 새 게임을 하고 있는데, 이 야단법석이 연구비와 인력과 시설을 가져다주고 자신의 위상을 높여줄 것으로 기대하기 때문이다. 제약회사는 자연스럽게 매출이 늘어나기를 기대한다. 환자는 언론의 관심이 익숙하지는 않지만 꽤 좋아하는 듯하다. 협회 대표—대개는 협회의 유일한 상근직원인데—는 인식개선으로 자신의 고용을 보장해줄 돈이 들어오기를 기대한다. 정치인들은 무엇을 위해서라도 포즈를 취할 것이다. 퇴직 장관들은 온갖 질병의 인식개선을 위해 거의 격주 간격으로 공짜 신문에 얼굴을 비친다. 유명인이나 스포츠 스타는 아마 후한 사례를 받고 나왔을 것이다. 모두들 얻는 바가 있는 것이다.

환자지원 단체는 대개 좋은 의도를 가지고 시작하지만, 예외 없이 업계나 단일 이슈에 꽂힌 극단주의자들에게 장악된다. 나도 이런 단체에서 연설한 경험이 있지만, 몇 년 후부터는 이런 초청들을 다 거절하고 있다. 국가보건서비스에서 일할 때 대장염과 크론병 환자지원 단체가 주관하는 지역 연례모임에 정기적으로 참석했는데, 거기서 매년 '밀크맨'과 마주쳤다. 환자인지 환자 가족인지는 알 수 없었지만 그는 크론병이 파라결핵균*에 오염된 우유를 마셔서 전파된다는 망상을 해마다 지속적으로 주장했다. 이 세균이 크론병의 원인일 가능성이 없다고 확인한 연구가 여럿인데도, 매년 '밀크맨'은 질의응답 시간에 손을 들고 왜 우유 판매를 전면 중단하는 로비를 하지 않느냐고 질문했다.

질병에 대한 인식개선 캠페인은 특정 가정에 근거하고 있다. 일반 대중이 이 병에 대해 잘 알게 되면 환자들을 더 살갑게 대할 것이고, 로비단체에 기부할 마음을 먹을지도 모른다는 것이다. 또 여론에 민감하게 마련인 정치인은 이 병의 새로운 치료법과 치료시설에 예산을 지원할 생각을 할지도 모른다. 인식개선이 충분히 이뤄지지 않는다면 기부금이나 정부 예산을 지원받을 때 다른 병에 우선순위를 빼앗길 것이다. 이런 생각이 세상과 의학에 대한 속 좁은 견해처럼 보이겠지만, 대체로 사실에 가깝다. 인구 5백만이 채 안 되는 아일랜드만 해도 수백 개의 특정질환자 지원단체가 있다. 몇 번의 금전적 추문 때문에 아일랜드 자선계가 다소 명성을 잃기는 했지만, 흔히 전직 정치인 같은 고위 인사가 이런 단체의 대표 자리에 앉곤 하는데, 그 이유는 언론을 다루는 그들의 경험을 높이 사기 때문이다. 아일랜드는 유럽연합에서 최악의 보건의료서비스를 가진 나라의 하나다. 급성환자 병동은 수용능력의 100퍼센트를 초과해서 가동되고 있고, 전 인구의 15퍼센트가 병원 전문의를 보기 위해 대기하고 있다. 이런 이유로 아일랜드 선거제도에서는 정치인이 지역 종합병원 같은 작은 관심사에 매우 민감하다. 보건의료에 관한 의

---

* 정확하게는 파라결핵성장염균(mycobacterium paratuberculosis)이라고 하는 유사 결핵균으로, 소의 만성장염을 일으키는 원인균이며 사람에게는 비병원성이다.

사결정이 정치적 이유에 좌우되는 일도 자주 벌어지는데, 이 분야의 로비 규모가 그것을 반영한다.

더블린에 있는 세인트제임스 병원의 뇌졸중 전문의이자 아일랜드 국가뇌졸중프로그램의 책임자인 조 하비슨은 『아이리시 타임스』에 「뇌졸중 환자도 암 환자 못지않은 자격이 있다」라는 제목의 칼럼을 썼다. 그는 새로 개발된 고가 항암제는 지원을 받는데, 관심이 덜한 뇌졸중에 대한 지원은 부족한 상태로 방치되어 있는 현실에 좌절했다. 이런 항암제의 처방으로 발생하는 연간 비용은 7년 전 시작된 국가뇌졸중프로그램 전체에 사용된 예산보다 많다. 하비슨은 아일랜드의 호전적인 '암 커뮤니티'에 대해 다음과 같이 에둘러 비판했다.

> 환자들이 스스로 호소하는 능력이 부족하다고 해서 획기적 치료법이 무시되면 안 될 것이다. 보건의료서비스의 치료비 지출은 이용 가능한 자원의 범위 안에서 최대의 혜택을 제공할 수 있느냐에 따라 우선순위가 정해져야 한다. 우선순위를 정할 때 누가 언론과 정치인의 주목을 받는가를 기준으로 하면 결국은 승자보다 더 많은 패자가 나오게 된다. 지지를 호소할 자원이 없고 자신들의 처지를 강조할 능력이 없는 환자들은 최악의 의료서비스를 받을 것이다.

이런 이유 때문에 의사들은 인식개선 게임에 기꺼이 참여한다. 암 전문의와 뇌졸중 주치의가 공통의 기반이 거의 없이 제한된 자원을 두고 경쟁한다. '내 병이 너의 병보다 훌륭해' 팔씨름에 대한 양심적 거부자인 왕립정신의학회 전 회장 사이먼 웨슬리 경은『영국의학저널』에서 다음과 같이 말했다.

> 정신건강 인식개선 주간 때마다 내 기분은 가라앉는다. 우리는 사람들이 정신건강에 대해 더 많이 인식하게 할 필요가 없다. 이미 그것을 인식하고 있는 사람들을 다루기도 벅차다…. 인식개선을 당장 멈춰야 한다. 사실 우리는 너무 많이 인식하고 있는지도 모른다. 대학생 중 78퍼센트가 정신과적 문제를 가지고 있다고 학생조합에 말하면, 사람들은 대체 무슨 일이 벌어진 것인지 의아해할 것이다. 우리는 "음, 이건 사실이 아닌 것 같네요"라고 말해야 한다.

웨슬리는 해리 왕자 같은 유명인사가 아무리 정신질환을 대중에게 알리고 낙인을 벗기려고 노력해도, 정신과는 여전히 전공의 모집에 어려움을 겪고 있고, 신체질환과 정신질환에 대한 의료서비스가 거의 완전히 분리된 채 제공되고 있다는 점을 지적한다. 모든 인식개선 노력에도 불구하고 의료전문가들 자신이 정신의학이나 정신질환자에 대해 편견을 가지고 있다고 웨슬리는 주장한다. 내 정신과의사 친구는 조현병 같은 심각한 만성정신질환을 가지고 있는 사람들이야말로 인식개선의 진짜 피해자라고 했다. 의학적으로나 정신과적으로 양질의 치료를 받기 위해 분투하고 있음에도 여전히 만성 정신질환자들의 기대수명은 일반 인구보다 눈에 띄게 낮다. 정치인들이 공개적으로 자살 인식개선 캠페인을 지원하면서 상담사들을 더 늘리겠다고 약속하기보다는, 차라리 그 노력을 자살의 주요 동인인 빈곤과 실업 퇴치에 돌리면 좋겠다고 내 친구는 씁쓸하게 이야기했다.

그러는 사이 인생의 피할 수 없는 고난, 우여곡절, 난관 등이 정신병의 이름을 새로 얻었는데, 내 친구는 그것을 "인생의 괴로움에 대한 사회적 불내성(intolerance)"이라고 불렀다. 사이먼 웨슬리는 정신과의사들이 모든 사람을 정신질환자로 만들려는 국제적 음모에 가담하고 있다는 주장을 다음과 같은 말로 일축했다. "우리는 그와는 반대되는 일을 한다. 우리는 슬픔과 우울증, 기이한 행동과 자폐증, 수줍음과 대인공포증 사이에 확실한 경계를 유지하려고 진정으로 노력하는 사람들이다." 그러나 이 경계를 유지하는 것은 어렵다. 병원에서 일하는 정신과의사들은 가장 심각하고 만성적인 병을 가진 환자를 치료하는 데 그들의 전문가적 에너지를 올바르게 쏟겠지만, 일반의가 이 방대한 '인생의 괴로움에 대한 사회적 불내성'을 다룰 수 있는 방법은 5~10분의 상담 후에 항우울제 처방을 하는 것밖에 없기 때문이다.

내가 이 글을 쓰는 4월 2일은 '세계 자폐증 인식의 날'이다. 4월에만 5개의 인식의 날이 있다. 4월 7일 세계 보건의 날, 4월 10일 세계 동종요법의 날, 4월 17일 세계 혈우인의 날, 4월 25일 세계 말라리아의 날이다. 우리 병원에서 나는 정기적으로 이런 신성한 날을 맞이한다. 해당 질환을 담당하는 의사와 간호사들이 나의 인식개선을 희망하면서 병원 정문과 구내식당 밖에 입간판을 설치하기 때문이다. 예를 들어 세계 당뇨병의 날(11월 14일)에는 혈당을 재고, 세계 고혈압의 날(5월 17일)에는 혈압을 측정해야 할 것 같다. 인식개선의 날이 너무 많아서 우리는 심지어 '마취적 역기능'(narcotizing dysfunction)을 겪기까지 한다. 이 용어는 사회학자 폴 라자스펠드와 로버트 머튼이 1957년에 처음 사용했는데, 미디어에서 어떤 이슈에 대해 더 많이 접할수록 그 이슈와 관련된 행동을 할 가능성이 적어지는 것을 의미한다. 우리는 건강과 질병에 대한 정보의 집중포화를 받고 있다.

최근의 일부 인식개선 캠페인은 관심끌기를 터무니없는 수준까지 끌어올렸다. 릴레이 기부 캠페인의 하나인 아이스버킷 챌린지는 운동신경질환에 대한 인식개선을 목적으로 2012년에 처음 등장했다. 이 유행은 2014년에 정점에 이르렀는데, 유명인의 나르시시즘, 타인 괴롭히기, 소셜미디어에서의 선행 과시 등의 독특한 조합이 주된 동력으로 작용했다. 영국의 암 자선단체 '맥밀란 암후원회'가 아이스버킷 챌린지를 낚아채는 순간 모든 것이 궤도를 벗어나서 '내 병이 너의 병보다 훌륭해' 현상의 확실한 증거가 되었다. 아일랜드의 전 총리 리오 버라드커는 소셜미디어를 영리하게 이용하여 감탄과 매도를 동시에 받았다. 그의 웹사이트에는 더블린 트리니티칼리지에서 얼음물을 뒤집어쓰는 영상이 올라있다. 트리니티칼리지 학생들이 끼얹은 얼음물로 온몸이 젖었지만, 그는 흐트러짐 없는 자세로 호탕한 이의 일그러진 미소를 띠고 있다. 그의 양옆에는 다른 두 명이 역시 흠뻑 젖은 채 흥분된 표정으로 미소를 짓고 있는데, 트리니티칼리지 총장과 아일랜드 보건연구위원회 CEO이다.

이런 질병인식 캠페인의 일부는 너무 성공적이어서 의사들을 프로토콜대로 일하도록 강제하는 극적인 변화를 가져오기도 했다. 그가장 놀라운 예는 패혈증이다. 감염은 역사적으로 가장 많은 사람들을 희생시킨 질병인데, '패혈증'이라는 새 이름으로 재포장되었다. 패혈증은 나이든 여성의 폐렴에서부터 열두 살 아이의 긁힌 상처 후 생기는 균혈증(菌血症)까지 모두 포함한다. 그 열두 살 아이 중한 명이 2012년 뉴욕에서 사망한 로리 스톤턴이다. 로리는 야구를하다가 팔을 다쳤는데, 그 결과 불행히도 패혈증이 생겼다. 더 불운했던 일은 소아과 주치의와 뉴욕 병원의 응급실 의사가 아이가 얼마나 아픈지 인지하지 못한 것이다. 유족들은 종종 그들의 슬픔을인식개선 캠페인을 통해 달래는데, 정치 로비스트였던 로리의 아일랜드 출신 아버지 키어런도 패혈증 예방을 위해 로리 스톤턴 재단을 설립했다. 재단의 성공적인 로비 덕분에 2013년 패혈증에 관한청문회가 뉴욕주 상원에서 열렸다. 그 결과 뉴욕주는 모든 병원에서 패혈증을 검진하고 치료하는 프로토콜을 시행하도록 강제하는조례를 채택했다. 나아가 뉴욕주에 있는 학교의 모든 학생들은 이제 패혈증 교육을 의무적으로 받게 되었다.

로리 조례는 '감상기반의학'(sentimentality-based medicine)이라 부를 만한 것의 한 예라고 할 수 있다. 유족들은 특별한 도덕적 권위뿐 아니라 의학적 권위까지 가진 듯 받아들여진다. 예를 들어 세계적인 광고대행사 사치앤드사치의 설립자 모리스 사치는 아내 조세핀 하트가 사망한 후 암 연구에 대한 새로운 법규를 제정하려는 돈키호테 같은 시도를 벌였는데, 내용을 잘 모르는 사람들의 열광적 지지를 받았다. 마찬가지로 키어런 스톤턴이 전문적인 로비스트가 아니었다면 우리는 로리의 사연을 알 수 없었을 것이다. 그는 의료 전문가들이 참여하는 패혈증 인식개선 플랫폼을 얻게 되었고, 우리 병원을 포함한 여러 병원에서 정기적으로 강연회를 가졌다. 의료 컨퍼런스에서 "내 가슴이 찢어집니다"라는 말로 강연을 시작하는 사람에게 어떻게 감히 질문할 수 있겠는가? 강연 중 눈물을 참기 위해 정기적으로 멈추는 사람 앞에서, 노쇠한 환자에게 항생제를 과잉처방하고 부적절한 치료를 하는 것에 대해 어떻게 의심을 제기하겠는가? 그는 로리 조례가 통과된 후 뉴욕주에서만 5천 명의 생명을 구할 수 있었다고 말한다. 이런 사람 앞에서 의심스런 통계에 대한 질문을 어떻게 할 수 있겠는가? 키어런 스톤턴은 하고 싶은 대로 마음껏 할 수 있었는데, 왜냐하면 그는 부모로서 겪을 수 있는 최악의 일을 당한 사람이기 때문이다. 이런 패혈증 호소의 기마행렬에서 전문분야 확장의 기회를 본 사람들도 나타났다. 이들은 자기들의 사명이 패혈증에 대한 '인식개선'이라고 하지만, 눈에 잘 안 띄는 다른 의제들을 추진하려는 경우가 흔하다. 엄청난 통계를 들이밀거나, 빈번하게 언론에 출현하거나, 키어런 스톤턴 같은 비전문가 챔피언의 환심을 사려는 것을 보면 이들이 누구인지 알 수 있다.

모든 병원에는 의무적으로 따라야 하는 패혈증 프로토콜이 있다.

패혈증 경고 사인이 너무 모호하게 규정되어 있는 탓에, 병원의 나이든 환자들 상당수가 패혈증 6대 조치(Sepsis Six)의 대상이 되어 수액과 항생제를 투여하고 소변줄을 삽입해야 한다. 다음 기준 중 2개만 충족하면 6대 조치의 대상이 된다. 심박수 90 이상, 호흡수 20 이상, 체온 38도 이상 또는 36도 이하, 의식상태 저하, 혈당치 7.7 이상, 백혈구수 1만2천 개 이상 또는 4천 개 이하. 많은 노인 환자가 이 기준에 해당하는데, 대부분은 패혈증이 아님에도 불필요한 수액과 항생제를 맞고 방광에는 소변줄을 꽂는다. 의사들이 패혈증을 잘 인식해야 한다는 키어런 스톤턴의 말은 옳지만, 동시에 의사들은 노령 환자에게서 수액투여(심부전), 항생제(클로스트리듐 디피실리균 감염), 소변줄(역설적으로 패혈증)이 일으킬 수 있는 위험 역시 잘 알아야 한다. 의사들은 아주 많은 것들을 알아야만 하고, 그래서 의사 선발과정이 엄격하고 수련기간도 오래 걸리는 것이다.

이런 상황에서 패혈증 프로토콜에 대한 불안감이 커지는 것은 당연한 일이다. 하버드 의대 연구진은 2014년 『뉴잉글랜드의학저널』을 통해 우려의 목소리를 냈다.

> 패혈증 의무사항에 위험이 없는 것이 아니다. … 의사의 행동을 강제하는 프로토콜은 감염이 아닌데도 부적절한 광범위 항생제 처방을 촉진하거나, 불필요한 검사, 침습적 카테터의 과도한 사용, 부족한 중환자실 자원의 전용, 그리고 패혈증 아닌 질병의 진단을 지연시키는 등의 위험을 안고 있다.

2017년 6월 같은 저널에는 로리 조례 후 첫 2년간(2014~16) 뉴욕주 소재 병원에서 패혈증으로 치료받은 4만9천 명 넘는 환자를 대상으로 한 연구 결과가 발표되었다. 이 연구에서는 의사들이 3시간짜리 일괄치료 절차인 패혈증 프로토콜에 착수하지 않은 경우, 매시간마다 사망률이 3~4퍼센트 증가했다고 보고했다. 로리 스톤턴 재단은 이 연구를 근거로 패혈증 프로토콜 의무화가 뉴욕에서 5천 명의 목숨을 구했다고 주장했다.

그러나 이 주장에 대해 모든 사람이 납득한 것은 아니다. 패혈증 전문가이자 런던 유니버시티칼리지 중환자실 교수인 머빈 싱어는 3시간 이내에 치료 프로토콜을 완료하지 못한 환자의 사망률이 23.6퍼센트에 달했지만, 같은 시간 내에 프로토콜을 완료한 환자의 사망률도 22.6퍼센트로 별 차이가 없었다는 점을 지적했다. 싱어는 "매 시간마다 차이가 벌어진다는 생각은 의사들을 시간에 쫓기게 만든다. 나는 환자들에 대한 3시간 이내라는 시간제한이 별 차이를 만들지 않는다고 생각한다"고 강조했다. 앞의 2017년 연구는 전향적이 아닌 후향적인* 것이고 무작위 시험도 아니어서, 저자들도 "이 결과가 교란변수에 의해 편향될 수 있다"고 인정했다. 교란변수 중의 하나는 초기 항생제 선택의 적절성인데 여기에 대해서는 아무런 데이터가 없다. 로리 스톤턴 조례의 도입으로 목숨을 건진 사람이 5천 명이라는 것을 이 연구가 입증했다는 주장은 터무니없는 애

---

* '전향적'(prospective)과 '후향적'(retrospective)에 관해서는 104쪽 옮긴이 주 참고.

기다. 로리는 운이 나빠서 사망한 것이다. 한 번의 부주의가 아닌 연속된 실수—'스위스치즈 모델'*에 전형적으로 해당하는 의료사고—때문이지, 패혈증에 대한 의료전문가들의 전반적인 무지로 인한 것이 아니라는 얘기다. 그러는 사이에 나는 많은 환자가 패혈증으로 오진을 받는 것을 보았고, 그 일부는 패혈증 치료로 인해 심각한 피해를 입었다. 패혈증 환자 대부분이 찰과상 이후 불행을 당한 열두 살 소년은 아니기 때문이다.

몇 달 전 나는 병원 현관에서 혈액 전문의가 데스크에 앉아있는 모습을 보게 되었다. 데스크 옆에는 그날(10월 13일)이 '세계 혈전의 날'임을 알리는 포스터가 붙어 있었다. 병원에 입원하는 어떤 환자들은 종아리 정맥 속에 피떡이 생기는데 이를 '심부정맥(深部靜脈)혈전증'이라고 한다. 때로는 이 피떡이 떨어진 후 폐로 이동해서 폐색전증을 초래하는데, 이런 경우는 치명적이다. 심부정맥혈전증과 폐색전증을 합쳐서 정맥혈전색전증이라 부른다. 수술, 특히 고관절치환술 같은 정형외과 수술을 받은 환자에게서 나타날 위험성이 높다. 이런 환자들은 정기적으로 피를 묽게 하는 항응고제 약물인 헤파린 주사를 맞는데, 그러면 피떡이 생길 위험이 현저하게 낮아진다. 이런 고위험군 환자들이 헤파린을 맞는 것으로 합의가 되어 있지만, 지금 영국과 아일랜드 병원에서는 입원환자들 모두가 혈전

---

* 인간적 요인에 의한 작은 실수가 연속되어 큰 사고로 이어지는 경우를 설명하는 모델. 스위스치즈에 뚫린 구멍처럼 실수는 자연스러운 것인데, 그 구멍들이 연속되는 식으로 사건이 전개될 때 사고가 일어난다는 대형사고 설명 모델이다.

위험성을 평가받아야 하고, 60세 이상의 환자는 누구나 위험이 있는 것으로 간주된다. 그런데 병원 환자의 대다수가 60세 이상이기 때문에 급성으로 입원하는 환자들의 압도적 다수가 헤파린을 맞는다. 이런 진료 행위에 대한 대규모 메타분석 결과에서는, 헤파린이 폐색전증의 위험은 낮추지만 심부정맥혈전증 위험은 낮추지 못하고 사망률도 낮추지 못하는 것으로 나타났다. 더 우려되는 점은 헤파린이 혈전을 예방하는 것보다 두 배 많은 출혈 사례를 일으킨다는 것이다. 게다가 한 명의 색전증 예방을 위해서는 4백 명의 환자가 헤파린을 맞아야 한다. 전혀 설득력 있는 수치가 아님에도 우리 병원에 입원하는 환자들 대부분이 헤파린을 맞는데, 왜냐하면 입원 담당 수련의가 프로토콜에 따라 헤파린을 처방하기 때문이다. 세계 혈전의 날을 홍보하는 포스터는 우리 병동에도 눈에 띄는 곳에 붙어 있다. 포스터에는 "모든 사람은 자신이 정맥혈전색전증이 생길 위험이 있는지 알 권리가 있다"고 적혀 있다.

가이드라인은 단지 가이드일 뿐이다. 하지만 프로토콜은 의무사항이다. 이런 패혈증 프로토콜은 의사들이 패혈증 환자를 적시에 발견하여 합당한 방법으로 치료할 능력이 없다는 것을 전제한다. 패혈증 프로토콜이 로리 스톤턴을 살렸을 수도 있다. 하지만 진실은 누구도 알 수 없다. 패혈증 프로토콜은 과잉진단과 부적절한 치료라는 엄청난 비용을 치르게 했다. 의료인들은 어리석게도 담담하게 이 프로토콜을 받아들이고 있다. 패혈증 프로토콜은 망원경처럼 협소한 시야를 가진 중환자실 전문의에 의해 만들어졌다. 그들은 패혈증이 있는 10대 환자들을 주로 본다. 반면 의식이 다소 흐릿하고 맥박수가 분당 90회가 넘는 바람에 패혈증이 아닌데도 패혈증 6대 기준에 들어간 일반내과병동의 85세 할머니에 대해서는 판단할 일이 별로 없다. 비슷하게 혈액병 전문의는 정맥혈전색전증 프로토콜을 주도하는데, 그들이 폐색전증 환자를 맡기 때문이다. 반면 그들은 헤파린 때문에 큰 출혈이 일어난 환자는 보지 않는다. 이런 각종 전문의들이 의학이라는 습지에서 자신들만의 작은 영역만 보고 있는 것이다. 나머지 의사들은 혼란과 불확실성을 다루어야 한다.

제약회사들의 가장 대단한 아이디어는 초점을 아픈 사람으로부터 건강한 사람에게로 옮겨놓은 것이다. 그렇게 함으로써 스타틴 같은 약물을 평생 복용하는 환자라는 새로운 시장을 창조할 수 있었다. 이반 일리치는 바로 이런 상황을 예측했다. "어떤 사회라 해도 제약회사 침입의 먹잇감이 될 수 있다. 각 사회는 나름의 독극물, 나름의 치료제, 나름의 위약, 그리고 그것들을 관리하기 위한 나름의 의례적 절차를 가지는데, 이 모든 것이 아픈 사람보다는 건강한 사람을 겨냥한 것이다." 의료계는 일리치를 괴짜 또는 '비관적 선지자'(a Jeremiah)라며 묵살했는데, 40년이 지난 지금 그가 경고한 많은 것들이 현실로 다가오고 있다. 제약회사의 침입이 아픈 사람보다는 건강한 사람을 겨냥할 거라는 예언은 '질병팔이'의 도래로 정말로 실현되었다. 건강한 거대 인구집단을 약이 필요한 집단으로 재정의하면서 새로운 시장이 창조되고 있다. 이 시장이야말로 인식개선 캠페인이 진정으로 그 능력을 인정받는 곳이다. 환자단체와 의사들이 검사나 검진을 받아보라고 부추긴 결과, 자신이 건강하다고 여기던 많은 사람들이 혈압이나 콜레스테롤 수치 때문에 차후 어떤 병에 걸릴지 걱정하게 되었다. 이런 사람들에게 특정 약물이 위험을 낮춰줄 것이고, 그 약물을 평생 복용할 필요가 있다는 말을 들려주고 있는 것이다. 이오나 히스는 '질병팔이'란 "관심을 아픈 사람으로부터 건강한 사람에게로, 가난한 사람으로부터 부유한 사람에게로 옮기는 것을 의미한다"고 썼다.

이 방대한 시장 확대를 위해 제약회사에게는 의료인, 특히 업계에서 '핵심 오피니언리더'로 알려진 학계 전문가의 협조가 필요했다. 제약회사는 후한 보수를 받는 리더들로 자리를 채운 자문위원회를 설립한다. 이 위원회는 어떻게 하면 전문가 견해를 형성할 수 있는지를 제약회사에 조언하는데, 보통은 가짜 연수프로그램, 돈을 주고 발행한 의료학술지 부록, 새로운 가이드라인 설정 등이 그런 것들이다. 한편 환자지원 단체는 돈과 교육용 자료를 제공받는다. 아일랜드에서는 제약회사가 대중에게 직접 광고하는 것이 금지되어 있지만, 라디오, 신문, 텔레비전, 소셜미디어에서 인식개선 캠페인을 우회적으로 지원하는 것은 가능하다. 이런 캠페인의 일부는 너무 위장을 잘해서 거의 탐지할 수가 없다. 나는 최근 「환자단체들이 의료접근성을 위해 더 이상 거리를 행진하는 일이 없어야 한다」는 감정적인 제목의 기사를 『아이리시 타임스』에서 보았다. 필자인 실비아 톰슨은 이렇게 썼다. "아일랜드환자단체플랫폼(IPPOSI)은 혁신적이고 효능이 개선된 새 약물이 아일랜드 환자들에게 제공되지 않거나 상당기간 사용이 지연되는 것에 대한 우려를 표명한다."
자체 웹사이트에 따르면 IPPOSI는 "환자 주도의 조직으로 환자, 정
부, 업계, 학계, 대학과 함께 환자를 보건의료 혁신의 중심에 놓기 위
해 일하는" 곳이다. 18명의 이사진은 의학계, 제약회사 경영진, 질병
호소 단체의 대표로 구성되어 있다. 이 조직이 어디서 재정을 지원
받는지는 분명치 않지만, 『아이리시 타임스』 기사에는 '아이리시 타
임스 콘텐츠 스튜디오 제공'이라는 표시가 붙어 있다. 신문의 웹사
이트에 따르면 이 스튜디오는 "브랜드 스토리를 만들고, 독자들을
상업적 콘텐츠와 연결시켜주고, 상업적 파트너와 협력관계를 강화
하기 위해 개발되었다"고 한다.

　제약회사들은 수요에 대응하고 있을 뿐이고, 다른 기업들과 똑같
이 시장원리에 따라 일하고 있다고 주장한다. 하지만 이것은 사실
이 아니다. 왜냐하면 시장이 조작되고 있기 때문이다. 수요는 인위
적으로 만들어지고 부풀려진다. 의학계는 신제품을 띄워달라고 사
주를 받거나 심지어 뇌물을 받기까지 한다. 전형적인 유인책은 컨
퍼런스의 '위성' 세션에 후한 강연료를 주고 초청을 하는 것이다. 컨
퍼런스 참가자들에게는 공짜 음식과 음료를 제공하는 만찬을 열
어 참가를 유인한다. 이런 행사는 전통적으로 컨퍼런스와는 별개라
고 여겨졌지만, 지난 몇 년 사이 학회의 주요 프로그램으로 자리 잡
기 시작했다. 나도 몇 년 전 영국소화기학회에 갔다가 업체가 후원
하는 행사에 참석한 적이 있다. 해당 업체는 대장염과 크론병에 쓰
는 값비싼 약물에 대한 인식이 높아지기를 기대했다. 이 심포지엄

의 사회를 맡은 이는 염증성 대장질환 분야의 의료계 리더가 아니라 유명 텔레비전 아나운서였다. 그는 행사 내내 마치 방을 잘못 찾아온 사람처럼 당혹스러운 표정을 하고는, 생소한 의학용어와 패널들의 이름을 가지고 씨름하고 있었다.

제약회사는 흔히 환자지원 단체에도 자금을 댄다. 환자지원 단체는 새 약물을 열렬히 지지하는 정보의 집중세례를 받고 나서 그 약물을 위해 로비를 하는데, 항암제가 그런 사례에 해당한다. 관련 학계는 이들 단체에 새 약물을 극찬하는 강의를 해줌으로써 다시 수요를 부추긴다. 의료인들이 이런 캠페인에 쉽게 동원되는 것은 주목할 만한 일이다. 학계에 있는 의사들은 때로 재정적 지원을 간절히 원하곤 하는데, 자문위원회 멤버십이 있으면 학회 수업료를 충당할 수 있다.

"이건 꽤 수익성이 좋은 일이야"라고 한 교수가 장난스럽게 내게 알려준 적이 있다. 나 역시 거만하고 독선적인 사람으로 비난받지 않으려고 제약회사가 제공하는 혜택을 받았음을 고백한다. 나는 다른 사람들 모두가 그렇게 한다는 군색한 변명으로 스스로에게 이 일을 정당화했다. 양심을 되찾는 데는 긴 시간이 걸렸다. 1990년대 후반, 새로운 생물학적 제재가 특정 장 질환에 특효약인가를 놓고 두 명의 연사가 토론을 벌이는 세션에 참석한 적이 있다. 토론이 끝난 후 청중들의 의견을 물었는데, 대다수가 이 약물은 명백하게 특효약이 아니라는 쪽에 투표했다. 몇 달 후 교육용 자료처럼 꾸민 화려한 뉴스레터를 받았는데, 여기에 내가 참석했던 컨퍼런스에 대한 기사가 실린 것을 보고 깜짝 놀랐다. 기사는 참석자 대다수가 이 약물이 진정한 특효약이라는 데 동의했다고 보고하고 있었다. 나는 제약회사가 일하는 방식에 대해 환상을 갖고 있지는 않았지만, 정말 놀라운 일이었다. 나는 영국제약산업협회에 공식적인 항의 서한을 보냈다. 그들은 나의 항의를 인정했고 해당 회사에 약간의 벌금을 부과했다. 그 직후 그 회사의 관리자가 컨퍼런스에서 내게 접근해서 아내와 내가 플로리다에서 열리는 연수 프로그램에 참석하고 싶은지 물어왔다. 나는 거절했다. 공짜점심거절 근본주의자로 내 입장을 바꾸게 된 첫 걸음이었다.

이 방대한 신규 시장의 창출은 제약회사를 부자로 만들어 2014년에는 전 세계 매출이 1조 달러를 넘게 되었다. 그러는 동안 아픈 사람들은 더 고통을 겪고 있다. 대중은 점점 늘어가는 검진 프로그램(유방암, 자궁경부암, 대장암, 고혈압, 콜레스테롤 등등)의 대상이 되고 있지만, 정작 급성질환으로 병원에 가게 되면 응급실 카트 위에서 몇 시간씩 보내게 되었다. 그러다 마침내 입원을 하게 된다 해도 병동 역시 혼란스럽고 불결하며 인력부족에 시달리는 상태이다. 호스피스 병원은 자선에 의지해 겨우 현 상태를 유지하고 있고 침상도 거의 없어서 일반 병원에서 죽음을 맞는 사람이 호스피스의 열 배가 넘을 정도이다.

의료는 아픈 사람, 죽어가는 사람, 취약한 사람을 우선순위에 두어야 한다. 보건의료에 얼마만큼의 돈을 쓸지 결정하는 것은 필요에 근거해야지 감상주의에 근거해서는 안 되며, 특별한 이해관계나 특정 환자 단체의 로비에 근거해서는 더더욱 안 된다. 아이스버킷을 치우라. 사진촬영 약속을 취소하라. 환자지원 단체를 해체하라. 건강한 사람을 인식개선 캠페인으로 성가시게 하는 일을 멈추라. 로비를 꼭 해야 한다면 응급실의 노쇠한 사람들을 더 자상하게 치료하기 위해서 해야지, 인식개선을 위해서는 하지 말라.

# 8

# 끝나지 않는 암과의 전쟁

# 8

질병 인식개선 운동의 정점에는 암이 있다. 1971년 미국의 리처드 닉슨 대통령은 '국가 암퇴치법'(National Cancer Act)에 서명하면서 "암 정복을 위한 십자군 전쟁"을 하겠다고 약속했다. 그는 무엇으로 국민들을 움직일 수 있는지 알아채는 데 뛰어났는데, 암이 핵전쟁의 공포를 대체할 것이라고 예측했다. 그는 '암과의 전쟁'이라는 표현을 쓴 적이 한 번도 없지만, 이 말은 '워터게이트'처럼 닉슨 대통령과 떼려야 뗄 수 없는 용어가 되었다. 닉슨은 국가 암퇴치법이 그의 임기 중 가장 의미 있는 업적이 될 것으로 예상했다. 이 십자군 전쟁에서 가장 호전적인 부분은 암 정복이 미국 독립 2백주년인 1976년에는 끝을 볼 거라 예상한 것이다. 이런 낙관론은 어떤 면에서는 결코 근거 없는 생각이 아니었다. 불과 2년 전에 인류 최초로 달 착륙에 성공하지 않았던가? 2차 세계대전 후 수십 년간 의학은 눈부시게 발전했다. 감염병은 대부분 정복되었는데 암이라고 정복되지 못할 이유가 없는 것이다.

그러나 닉슨은 암을 퇴치하지 못했고, 지금은 암으로 인한 사망이 심장병을 따라잡아 미국인의 사망원인 1위가 되었다. 1971년부터 2012년까지 40여 년 동안 5천억 달러가 암 연구에 들어갔는데, 이것은 암으로 사망한 미국인 모두에게 2만 달러씩 지급한 것과 같다. 1971년 이래 암 치료에서 여러 차례 미미한 진전—그리고 몇몇 극적인 진전—이 있었지만, 폐암이나 췌장암 같은 흔한 암에서는 닉슨이 국가 암퇴치법에 서명한 이후에도 별다른 진전이 없었다. 세포생물학과 유전적 변이를 밝히는 데 투자한 수십억 달러는 임상적 쓸모가 거의 없었다. 여기에는 획일적이고 좁은 시야를 가진 거대과학의 책임이 큰데, 거대과학은 기전적 설명—암세포의 생물학적 특성을 기술하는 일—에만 대부분의 노력을 기울였지, 암을 '저지'하거나 실제 치료를 하는 데는 거의 노력을 기울이지 않았기 때문이다. 암 연구자 데이비드 파이는 이것을 간단명료하게 다음과 같이 표현했다. "어떻게 우리는 암의 원인과 진행과정에 대해 이토록 많이 알면서도 정작 암으로 인한 고통과 죽음은 거의 예방하지 못할 수 있을까?" 암은 주로 노화에 따른 질환이다. 충분히 오래 살면 결국은 모두 암에 걸리게 된다. 노인 인구가 계속 증가하고 있기 때문에 암은 아무리 노력해도 계속 문제로 남을 것이다.

암 연구는 거대 비즈니스이며 많은 이해당사자와 수혜자가 있다. 버락 오바마와 조 바이든은 2016년 '암 발사 계획'(Cancer Moonshot

Initiative)을 시작했는데, 바이든은 이 계획에 대해 이렇게 말했다. "나는 남은 인생을 이 일에 바칠 것이고, 우리는 지금 대단한 진전을 이루기 직전에 와 있다고 본다." 오바마는 한 걸음 더 나아가 "미국을 암 완전정복 국가로 만들자"고 했다. 암과 관련된 용어는 ('우주선 발사' 같은 말이 그러하듯이) '오만한 부종'이니 '악성 비대' 같은 표현으로 오염되어 있다. 우리는 오로지 이익에만 초점을 맞추고 비용은 거의 생각하지 않는 문화 속에 살고 있다. 암 치료에서 진전을 이루었다는 말은 1차 세계대전 때의 참호전을 생각나게 한다. 수천 명을 희생해서 겨우 몇 백 미터 땅을 차지했던 것 말이다. 변변찮은 진전이 새로 이루어질 때마다 '대전환'이니 '게임체인저'니 하는 환호가 쏟아진다.

새로운 항암제를 개발하는 제약회사와 이 약의 임상시험을 수행하는 암 전문의는 임상시험에서 전통적으로 사용하던 생존율 대신 무진행 생존기간(progression-free survival), 종양크기 감소 같은 의미 없는 대체지표를 일상적으로 사용하고 있다. 캐나다 온타리오 퀸스 대학교의 국립암임상시험연구소에 있는 종양내과의사 크리스토퍼 부스와 엘리자베스 아이젠하워는 이런 가짜 통계지표에 대해 2012년 『임상종양학회지』(Journal of Clinical Oncology)에 「무진행 생존기간—의미 있는가, 단지 측정가능하다는 것뿐인가?」라는 제목의 논문으로 공격했다. '무진행 생존기간'이란 치료 후 질병은 남아있되 더 악화되지는 않은 채로 지낸 기간을 말한다. 암의 경우에 이것은 종양이 커지지는 않았으나 아직 있다는 것을 의미한다. 저자들은 전이성 암 치료약의 무작위 대조시험에서 이 지표를 1차 평가변수로 이용하는 경우가 늘어나고 있다고 말한다.

어떤 임상시험에서는 전체 생존기간은 똑같지만 무진행 생존기간은 늘어나는 것으로 나타나는데, 이런 결과가 신약 승인으로 이어지고 표준치료법의 변경으로 이어지기도 한다. 이것은 전체 생존기간이 늘어나지 않더라도 전이성 암의 진행을 늦추는 것이 가치 있는 목표라는 믿음이 종양학계에서 커지고 있다는 것을 시사한다. 그러나 무진행 생존기간을 늘리는 치료법이 환자에게도 진정 이득이 된다고 할 수 있을까? 아니면 단지 언론을 자주 장식하는 분자표적치료가 효과가 있다고 선언하기 위해 기준을 낮춘 것인가? 우리는 이런 경향에 대해 학계의 토론과 논쟁이 필요하다고 믿는다.

대부분의 암 환자에게서 무진행 생존기간이 늘어났다는 것은 암이 CT상에서 더 커지지 않았다는 것을 의미할 뿐 더 오래 산다는 것을 의미하지는 않는다. 부스와 아이젠하워는 무진행 생존기간이라는 것이 의사들에게 임상적으로 의미 있는 것도 아니요 환자들에게 실존적 의미가 있는 것도 아니기 때문에, 이런 가짜 지표의 사용은 이 책에서 나중에 다룰 맥나마라 오류\* 또는 정량적 오류의 한 가지 예로 볼 수 있다고 결론짓는다.

---

\* McNamara fallacy. 이 책 12장 254쪽 참조.

이런 새로운 암 치료제 대부분은 아주아주 비싸다. 암 투병 환자들이 실익이 있는지 없는지의 근거를 따지지 않고 가장 최신의 치료법을 원하는 것은 놀라운 일이 아니다. 영국에서 신약은 국립보건임상평가연구소(NICE)의 평가를 받는데, 이 기관에서는 새로운 치료법이 경제적 실익과 가치가 있는지를 여러 가지 기준으로 평가한다. (아치 코크런이 이런 종류의 비용/편익 분석을 해야 한다고 1972년에 주장했다.) 많은 신약이 여기서 거부되고, 예상대로 대중의 거센 항의가 쏟아지곤 한다. 이런 항의에 호응하여 전 총리 데이비드 캐머런은 NICE가 거부했거나 NICE 평가를 기다리고 있는 암 치료제를 지원하기 위한 펀드를 만들었다. 이 펀드에서는 2010~16년 사이 12억 7천만 파운드(약 17억 달러)를 지원했는데, 2017년 런던 보건대학원에서는 이 지출에 대한 분석을 암 학술지 『종양학연보』(*Annals of Oncology*)에 발표했다. 지원받은 47개의 신약 중에 38퍼센트에 해당하는 18개만 생존기간을 연장시켰고, 연장한 기간은 평균 3개월이었다. 나머지 29개 신약은 효과가 없었고 오히려 많은 부작용만 남겼다. 런던 킹스칼리지의 선임연구원 리처드 설리번 교수는 『가디언』지에 항암제펀드는 보건 분야의 커다란 실책이라고 썼다. 그는 이렇게 말했다. "과학에서는 높은 근거수준을 요구하는데, 공공정책은 근거 아닌 의견에 기반하고(opinion-based) 있다. 하지만 건강 문제에서는 통하지 않는다. 포퓰리즘으로 되는 일이 아니다."

포퓰리즘은 암을 완치하지 못하지만 정의, 근거, 공정성에 대해서는 매번 승리한다. 2016년 영국의 호스피스 서비스에 들어간 돈은 8억7천만 파운드(약 11억6천만 달러)였다. 항암제펀드에 낭비된 돈은 영국의 모든 호스피스 병동을 1년 반 동안 지원할 수 있는 금액이다. 의산 복합체는 아주 교활한 악당인지라 일반 대중을 동원하는 데도 환상적일 만큼 능숙하다. 누가 감히 암에 더 많은 예산을 사용하자는 데 반대하랴? 아무리 확률이 낮더라도 죽어가는 사람에게 기회를 주자는데, 어떤 괴물이 감히 의문을 제기한다는 말인가? 인간의 생명을 어떻게 돈으로 환산할 수 있겠는가? 그러는 동안 일부 암 전문의는 수요를 부추긴다. 환자와 가족에게 슬쩍 새로운 '실험적' 치료법을 언급한다. 암으로 죽어가는 사람이라면 무슨 시도라도 할 것이다. 암환자지원 단체—주로 제약회사에서 지원을 받는 단체—는 신약을 쓰게 해달라고 로비를 한다. 이로 인해 국가보건서비스에서는 '우편번호 처방' 현상까지 나타나고 있다. 지역에 따라 항암제에 대한 자금 지원이 달라지는 현상을 말한다. 어떤 암환자들은 무의미한 마지막 주사위던지기 비용을 구걸하거나 빌리거나 크라우드펀딩으로 모으기도 한다.

그런 환자 중에 앤서니 윌슨이 있었다. 그는 방송인이자 나이트클럽 소유자이고 음악감독이었다. 그는 2006년에 신장암으로 수술을 받았으나 암이 퍼져버렸다. 표준적인 항암요법은 실패했고, 종양 전문의는 전이된 신장암에 사용하는 수니티닙(Sunitinib, 'Sutent'라고도 한다)이라는 신약을 추천했다. 윌슨이 사는 맨체스터 시 보건당국에서는 한 달에 3천5백 파운드(약 550만원)가 드는 이 약 사용을 승인하지 않았다. 2007년 BBC뉴스는 윌슨의 친구들이 이 약 치료비를 충당하기 위한 펀드를 조성했다고 보도했다. 윌슨은 말하기를 "이 약만이 나의 유일한 선택지다. 이것은 치료제는 아니지만 암 진행을 막아주기 때문에 죽기 전까지는 이 상태를 유지할 수 있을 것이다. … 나는 사회주의자라서 민간의료보험에 가입하지 않았다. 국가보건서비스에서는 뱃살제거나 성형수술을 지원하기도 하면서 내가 살아있기 위해 필요한 약은 지원하지 않는다. 부끄러운 일이다." 수니티닙에 대한 가장 큰 임상시험은 뉴욕의 슬론케터링 기념 암센터—현대 종양의학의 위대한 성지 중 하나—에서 실시되었고, 그 결과가 2009년 『임상종양학회지』에 게재되었다. 이 시험에서 수니티닙과 전이 신장암의 표준치료제인 인터페론 알파가 비교되었다. 수니티닙은 인터페론보다 생존기간을 4개월(26.4개월 대 21.8개월) 증가시켰는데 이것을 극적인 증가라고 말하기는 어렵다. 예상대로 이 연구에서도 임상적인 의미가 없는 대체지표인 '무진행 생존기간'과 '객관적 반응률'이 사용되었다. 윌슨은 2007년 8월 맨체스터의 크리스티 암병원에서 사망하였고, 그의 종양 전문의는 그의 사망원인이 암과는 관련이 없다고 주장했다.

약물과 항암치료는 이미 진행된 암에 대해서는 일반적으로 도움이 되지 않는다. 그러나 비용이나 부작용의 측면에서는 치러야 할 대가가 크다. 환자와 의사가 시끄럽게 신약을 요구할수록 예방 및 조기진단 같은 암 생존율을 증가시키는 다른 더 나은 방법을 놓치기 쉽기 때문이다. 2004년의 메타분석에서는 항암요법이 고형암(백혈병 같은 혈액암이 아닌 암) 환자의 생존기간을 실제로 늘리는지 검토했다.

항암제가 고환암, 호지킨병, 자궁경부암, 림프종, 난소암의 생존기간을 연장시키는 것으로 나타났지만, 이런 암은 모두 합쳐도 전체의 10퍼센트에 불과하다. 나머지 90퍼센트에 해당하는 유방암, 폐암, 대장암, 전립선암 등에서는 생존기간을 겨우 3개월 연장시켰을 뿐이다. 2005년 『영국암저널』(*British Journal of Cancer*)에 실린 논문에서는 유럽의약청(EMA)에서 잇달아 승인한 14개의 신약을 살펴보았는데, 생존기간이 1.2개월 추가되는 데 불과했다. 최근 미국 식품의약청(FDA)에서도 2002년부터 2014년까지 승인한 48개의 신약을 조사하였는데, 이 또한 생존기간 증가가 2.1개월에 불과했다.

많은 전문가가 항암제 임상시험에 대해 우려를 표명하고 있다. 런던 채링크로스 병원의 의사 연구자인 피터 와이즈는 항암제 임상시험을 비판하는 「항암제, 생존, 윤리」라는 제목의 논문을 『영국의학저널』에 실었다.

> 무진행 생존기간에 근거해 승인받은 많은 항암제가 비교 약물에 비해 전체 생존기간을 증가시키지 않는 것으로 드러났다. 이런 약물 중 일부는 논리적으로는 퇴출되어야 하지만 불가해하게도 여전히 시장에 남아있다.
>
> 대체지표(무진행 생존기간과 같은 의미 없는 결과지표)는 미국 식약청이나 유럽의약청이 신속심사와 조건부심사를 할 때 이용하곤 하는데, 신약의 필요성을 긴급하게 평가해야 하는 경우에 그러하다. 그런데 2010년 미국 식약청의 검토에서는 신속심사 승인을 받은 약의

45퍼센트가 이후 실시된 임상시험에서 효과가 확인되지 않았거나 임상시험 결과를 제출하지 않아 최종승인을 받지 못한 것으로 나타났다. 임상시험 결과를 제출하지 않은 이유는 아마도 약이 효과 없다는 결과가 발표되는 것을 제약회사가 원치 않았기 때문일 것이다.

그러나 미국 식약청에서 2012년 '획기적 신약'(breakthrough)이라는 범주를 신설하면서 제한된 근거에 기초해 이런 약들을 섣불리 승인할 위험성이 높아지게 되었다. 제약업체의 부추김을 받은 환자 지원 단체의 로비, 그리고 신약에 대해 '게임체인저' '획기적' '혁명적' '기적적' 등의 정당치 못한 최상급 표현을 붙이는 언론의 성급한 보도로 인해 조기승인 압력이 커지고 있다. 입증을 하기도 전에 신약을 승인하는 위험한 관행이 더욱 동력을 얻고 있다.


미국에서는 2016년 제정된 '21세기치료법'(21st Century Cures Act)으로 인해 식약청의 약물승인 절차가 변경되고 신약에 대한 근거기준이 더 낮아지게 되었다. 이 법은 1천4백 명 이상의 로비스트가 동원되어 초당적 지지를 받고 통과된 것이다.

영국의 언론인 에이드리언 길은 2016년 62세의 나이로 전이성 폐암 진단을 받았다. 그는 레스토랑 비평과 TV 리뷰를 고정적으로 기고하던 『선데이타임스』에 자신의 암 발병 사실을 공개했다. "사실 나는 암 때문에 완전히 당혹해하고 있다. 내장 어디에도 성한 곳이 없다. 나는 트럭기사의 더부룩하고, 비틀대고, 해롭고, 두툼한 암종을 가지고 있다." 그는 『선데이타임스』의 마지막 기고에서 치료

과정에 대해서 썼다. 그가 런던 채링크로스 병원의 종양 전문의와 첫 미팅을 하는 자리에서 항암치료에 대해 묻자 의사는 이렇게 말했다고 한다.

> 면역치료라는 새로운 치료법이 있습니다. 지난 수십 년간 암 치료에 있어 가장 획기적인 치료법이죠. … 새로운 방법이고 계속 임상시험을 하고 있는데 아직 갈 길은 멉니다. 하지만 이것이 암 치료법이 나아가야 할 방향입니다. 어떤 암에서는 다른 암보다 더 효과가 있고, 특히 선생이 걸린 암에서는 더 성공적입니다. 만일 선생이 독일이나 스칸디나비아 국가나 일본, 미국에 산다면, 아니면 이곳에서도 혹시 다른 보험에 들어 있다면, 이 방법으로 치료받을 겁니다.

길의 파트너인 니콜라 폼비는 종양 전문의에게 사보험(국가보건서비스가 아니라)으로 이 치료를 받을 수 있는지 물어보았다. "만일 길 씨가 사보험에 들어있다면 나는 면역치료, 특히 니볼루맙(nivolumab)을 쓰고 싶습니다. 다른 선진국 의사들처럼요. 하지만 국가보건서비스로는 이 치료를 할 수 없습니다." 길은 이 기적의 약에 대해 조사했다. "보건의료의 방향타를 잡는 NICE(국립보건임상평가연구소)에서는 이 치료에 대해 치료비를 지불하지 않을 것이다. 니볼루맙은 지나치게 비싸다. 폐암 환자가 이 약으로 일 년을 치료받으려면 일반적인 항암제의 4배인 6만~10만 파운드(1~1.6억 원)가 소요된다." 길의 기사는 2016년 『선데이타임스 매거진』 12월 11일자에 실렸다. 기사 말미에 "길은 이 기사를 쓰고 니볼루맙 치료를 시작했다"고 적혀 있다. 그러나 『선데이타임스』는 이 기사를 쓰고 나서 길에게 벌어진 다른 일에 대해서는 언급하지 않았다. 그는 이 기사가 나오기 전날 사망했다. 사망 소식을 인쇄지면에 싣기에는 시간이 너무 촉박했던 것이다. 나는 이 기사를 읽으면서 마음이 아팠다. 길은 암 진단부터 사망 때까지 국가보건서비스가 니볼루맙 처방을 승인하지 않는 것에 대해 안달하며 몇 개월을 보냈다. 내가 더욱 마음 아팠던 것은, 그의 담당 의사가 죽어가는 사람 앞에서 자신이 처방할 수 없는 약을 흔들어댔다는 사실이다.

니볼루맙과 같은 약물은 대부분의 경우 약간의 생존기간 연장 효과만 있다. 경우에 따라서는 대단한 효과를 거두기도 한다. 이것은 마치 복권 같은 것임에도 환자들에게는 확실한 것처럼 제시된다. 『뉴잉글랜드의학저널』은 4기 폐암 환자를 대상으로 니볼루맙과 표준적인 백금 기반 항암제의 효과를 비교하는 무작위 대조시험 결과를 발표했다. 생존 연수 중위값이 니볼루맙은 14.4개월이었고, 표준치료는 13.2개월이었다. 이 정도라면 '패러다임 전환'이나 '게임체인저'라고 할 수 없고, 지난 수십 년 사이 암 치료에서 이룬 가장 위대한 전기라고 할 수도 없다. 영국에서는 2015년 한 해에 4만 5,388명이 폐암으로 진단받았다. 만약 이 가운데 4분의 1만 니볼루맙 치료대상이 되어 일 년 동안 치료를 받는다고 해도, 그 비용이 7억~10억 파운드(1.1~1.6조 원)에 달해서 영국에서 일 년 동안 호스피스 돌봄에 들어가는 비용과 맞먹는다. 바로 이것이야말로 여기서 논의해야 할 문제인데, 길의 슬픈 이야기는 이런 맥락 없이 언급된다.

우리는 새로운 암 치료제에 대해 치료비를 지불할 것인지 결정하는 문제가 독립된 것이라 가정하고, 나머지 보건의료에 미치는 영향에 대해서는 생각하지 않는다. 이것은 진실하긴 하지만 해로운 형태의 감상성이다. 의산 복합체는 이런 유치함에 의존하고 있다. 우리는 과학과 과학적 방법론을 존중한다고 하지만 제대로 이해하지는 못해서, 과학의 응용분야에 대해 비합리적 결정을 내리곤 한다. 앞에서 내가 호스피스에 대한 지원 부족을 예로 들기는 했지만, '진전'이라고 하는 것들이 정말로 위험한 이유는 다른 보건의료 분야 때문이 아니라 우리 사회 전반에 미치는 영향 때문이다. 난치성 암 환자의 생명을 소모적으로 약간 연장하는 것보다 더 크고 더 나은 문제를 우선순위에 두어야 한다. 의산 복합체와 황색 언론은 분명 재반박할 것이다. "에이드리언 길의 생명을 몇 개월 연장하는 것에 과연 10만 파운드의 가치가 있을까?" 이 질문에는 백전백승의 카드가 있다. "어떻게 당신은 생명을 돈으로 따지는가?" 예상대로 NICE는 2017년 11월에 폐암의 특정 형태인 상피세포암 환자 중 다른 항암제 치료를 받은 적이 있는 경우에 한해서 항암제펀드에서 비용을 지불하도록 권고했다.

'정밀의학'(Precision Medicine)은 암 환자를 치료할 때 암 유발 유전자를 표적으로 하는 약제를 환자에게 매칭하는 것을 말한다. 현재 폐암과 유방암 환자는 관행적으로 유전자 변이 검사를 받곤 하는데, 새로운 유전자 검사법은 암 조직이나 혈액에서 수백 개의 유전자 변이를 검사하는 것이다. 그래서 많은 암 치료제가 이제는 암종(폐, 유방, 대장)이 아닌 특정 유전자 변이를 표적으로 한다. 정밀의학을 지지하는 사람들은 특정 암의 유전학이 그 암의 부위보다 중요하다고 말한다. 그러나 현재 분자 감식은 매우 비싼데다 해석이 불가능할 정도로 많은 데이터를 생성한다. 이 방법의 또 다른 한계는 암이 약물에 대한 내성을 쉽게 증가시켜서 새로운 돌연변이를 만들어낸다는 것이다. '파운데이션 메디신' 같은 신생 유전자검사 회사는 유전자검사 포트폴리오를 제안하고 있는데, 3백 개 이상의 유전자를 조사하여 환자의 암과 현재까지 알려진 최고 치료법의 조합을 찾아낸다는 것이다. 이 회사는 18만 명의 환자로부터 '파운데이션코어'(FoundationCore)라 불리는 유전자 데이터베이스를 구축해 30개 이상의 제약회사 파트너와 일하고 있다. 그들의 사명문에는 "우리는 결코 포기하지 않는다"라는 불길한 문구가 들어가 있다.

유전체학과 정밀의학이 지금까지 암 생존기간의 극적인 향상을 가져오지는 못하고 있다 해도, 이러한 유전자기반 패러다임이 이미 부풀대로 부푼 암 치료비를 더욱 상승시키리라는 것은 확신할 수 있다. 정밀의학 약제들은 대개 생물학적 제재—자연의 생물학적 물질에서 생산되는—로서, 화학적으로 제조되는 전통적 약물과는 달리 개발과 생산에 훨씬 많은 비용이 들어간다. 제약회사들은 의사들이 허용되기만 한다면 비용이나 치료 효과에 대한 고려 없이 이런 약물을 열심히 처방할 것이라는 사실을 의심하지 않는다. 의료인들이 제약회사 영업의 최일선에 있는 것이다.

의사라는 전문직에는 아무것도 하지 않는 것보다 무엇인가를 하도록 강요하는 문화가 있다. 의사가 환자에게 병을 치료할 수 없다는 말을 하는 것은, 특히 암의 경우에는 용납될 수 없는 것으로 받아들여진다. 특히 암 전문의는 치료 무능력을 인정하는 것이 거의 불가능하다는 것을 안다. 일부 용감한 비순응주의자들은 깨끗하게 인정을 하고 어려운 대화—더 이상 해줄 것이 없다는—를 한다. 그러나 대부분의 의사들은 획기적 치료법, 패러다임 전환, 게임체인저 같은 사이렌의 목소리에 저항하기가 어렵다.

로버트 와인버그는 미국의 암 연구에서 가장 위대한 인물이라 할 수 있는 사람이다. 매사추세츠공과대학(MIT) 분자종양학센터의 교수로 암 유전학에 대해 수십 년간 연구해왔다. 그가 2014년에 학술지 『셀』에 솔직하고 고백에 가까운 에세이를 발표했는데, 제목이 「원점으로의 회귀—끝없는 복잡함에서 단순함으로 돌아가다」이다. 와인버그는 1970년대부터 암 연구의 진화과정을 기록했다. 그는 닉슨이 벌인 '암과의 전쟁'이, 전염성이 있는 암 레트로바이러스*에 의해 암이 유발된다는 잘못된 확신—동물에서는 일반적인 현상이지만 인간에서는 그렇지 않은 것으로 드러난—에서 시작되었다고 주장했다.

DNA 암 바이러스에 대한 저 연구들은… 돌격 함성이 울리고 난 후

* DNA에서 RNA로 유전정보를 전사하여 세포분열을 하는 보통의 방식과 달리, 자신의 RNA를 DNA로 역전사한 다음 DNA를 세포에 삽입해 번식하는 바이러스.

시류에 편승한 것들이다. 돌이켜 보건대, 대부분의 암이 전염성이 아니라는 것이 이미 밝혀졌음에도 암 바이러스 연구에는 막힘이 없었다. … 그러나 1970년대 중반까지도 암 바이러스 학자들은 예외적인 경우를 빼고는 인간 레트로바이러스를 찾는 데 실패했다.

1970년대 후반이 되자 새로운 패러다임이 등장했는데, 암이 쉽게 확인되는 몇몇 유전자 돌연변이에 의한 질병이라는 것이다. 와인버그는 이런 새로운 분자생물학자 중의 하나이다. 이 학자들이 1980년대와 1990년대 암 연구를 지배했다. 그러나 그들이 발견한 K-ras, APC, p53 같은 변이들(암유전자)이 그들이 상상했던 치료 혁명으로 이어지지는 않았다. 21세기에 들어오면서 암 연구는 모든 형태의 '-ome'—유전체(genome), 전사체(transcriptome), 단백질체(proteome), 후성유전체(epigenome), 키놈(kinome), 메틸롬(methylome), 글리콤(glycome), 매트리솜(matrisome)—으로부터 모은 빅데이터 시대에 접어들었다. -오믹스(-omics)는 예전에 -올로지(-ology)로 끝나던 과학의 이름들을 바꿔버렸다. -오믹스 시대는 연구자들로 하여금 암이 생각하던 것보다 훨씬 더 복잡하다는 사실을 받아들일 수밖에 없도록 만들었다.

암의 다단계 진행에는 골치 아픈 문제들이 있다. 암은 이동 표적이고 한 단계의 암 진행 과정에서 상호작용하던 것이 다음 단계에서는 달라질 수 있기 때문에, 개별 암을 다루는 데도 다양한 해결방법이 필요하다. 암 DNA 분석을 해보면, 개별 암 안에도 유전적으로 구별되는 다양한 하위 집단이 있고, 그 발현 역시 암 진행이 다음 단계로 넘어갈 때마다 극적으로 달라진다.

지금 우리가 생산하는 데이터의 양은 우리의 해석 능력을 압도하고 있으며, 이런 문제에 대응하기 위한 '시스템 생물학'이라는 새로운 학문도 암 생물학에는 별다른 통찰을 제공하지 못하고 있다. … 관찰된 데이터와 생물학적 통찰 사이의 연결이 망가지거나 닳아버렸다.

우리에게는 이런 복잡성에 대응할 수 있는 개념적 패러다임과 계산적 전략이 없다. 우리는 암 유전체 분석에서 도출되는, 그리고 비슷하게 단백질체학[광범위한 단백질 연구]에서 생산되는 중요 데이터 뭉치들을 어떻게 통합할지 모르는 상태에 있다.

와인버그는 이렇게 결론을 맺는다. "우리는 축적된 데이터 대부분을 제대로 소화하거나 해석할 능력이 없다. 이 모든 일을 어떻게 해낼 수 있겠는가? 나는 아는 척하지 않으련다."

암 의학(종양학)은 이 분야 리더들의 말처럼 의료과잉의 문화가 되어버렸다. 『랜싯 종양학』(*Lancet Oncology*)에서 「고소득 국가에서만 가능한 암 치료법」이라는 제목의 특별호가 세계적으로 저명한 암 연구자들의 참여로 2011년 간행되었다. 이 특별호는 암 치료가 전 세계에 미치는 경제적 영향이 9천억 달러에 이른다고 추정했다. 암 치료에 지출하는 비용이 빠른 속도로 늘어나는 데는 여러 이유가 있는데, 그중에는 "과잉이용, 보험지급 기준과 방어적 의료행위에 이끌린 잘못된 인센티브 제도, 소비자 주도의 과잉수요, 고비용 혁신, 무익한 질병중심 치료 등이 있다." 저자들은 현재의 암 치료 모델은 지속가능하지 않다고 결론지었다.

입증된 치료법에서 가끔 얻는 미미한 이익에 개인과 사회가 비용을 치를 가치가 있는지 묻는 경우가 점점 늘어나고 있다. 새롭고 더 효과적이고 덜 해로운 치료가 필요한 건 분명하지만, 혁신에 드는 비용이 치료비를 높이는 것도 사실이다. 우리의 선택 또는 선택거부가 미래에 치료를 제공할 수 있는 능력을 결정하는 데 뚜렷한 영향을 미치는 갈림길에 우리는 서 있다.

암과의 전쟁은 결코 이길 수 없는 싸움임에도 더욱 격렬해질 것 같다. 지금까지 새로운 유전학과 분자의학은 엄청난 비용에도 불구하고 효과가 미미한 치료법을 제공했을 뿐이다. 이 소모전에서 조금의 전진이라도 있다면 그것이 아무리 작더라도 해볼 만한 가치가 있다고 믿으면서 말이다. 그러나 그 비용이 너무 높은 탓에 이 전쟁은 지속가능하지 않다.

# 9

# 소비자주의, 국가보건서비스,
# 그리고 '성숙한 문명'

# 9

국가보건서비스 항암제펀드는 소비자 운동가들의 요구에 의해 만들어졌다. 이 소비자주의가 영국에서 가장 사랑받고 있는 제도를 천천히 파괴하고 있다. 이 책을 쓸 때 국가보건서비스는 창립 70주년을 맞이했는데, 그것을 축하할 수만은 없는 것이, 영국인이라면 누구나 국가보건서비스가 곤경에 처해 있다는 것을 알고 있기 때문이다. 쇠약한 노령 인구의 증가와 함께 의료과잉 문화로 나아가는 행진을 보면서 많은 사람이 국가보건서비스와 그 설립 모델이 더 이상 지속가능하지 않다는 결론에 다다르고 있다. 이녁 파월은 1966년 『의료와 정치에 대한 새로운 시각』(*A New Look at Medicine and Politics*)이라는 책에서 이런 사실을 예견했다. 파월은 50대 이하의 사람들은 잘 모르지만 모든 정치적 경력은 실패로 종결된다는 자신의 격언을 스스로 입증한 인물이다. 공업지대 사람의 억양으로 정확한 옛 말씨를 사용하는 그는 빅토리아 시대의 유물처럼 느껴진다. 그의 이름을 아는 사람들 대부분이 그에 대해 기억하는 것이라고는 1968년 4월 흑인 이민과 인종관련법에 대해 맹비난한 '피의 강물'(Rivers of Blood) 연설뿐이다. 정치가-지식인 유형이 영국 공인의 한 특징이던 시대의 지식인으로서 파월은 너무 특이하고 자기중심적이어서 정치가의 정점에 오르지는 못했다. 그래도 장관직까지는 올라서 재무부 장관(1957~8)과 보건부 장관(1960~3)을 지냈다. 고전학자의 우아한 문체로 쓰인 얇은 책에 그의 보건부 장관 경험이 담겨 있다. 이 책은 많은 사람에게 국가보건서비스에 관한 책 중 최고로 여겨지는데, 책이 쓰인 1966년뿐 아니라 현재에도 그렇다.

파월의 후임 장관들은 파월처럼 영감을 주지 못했지만, 나는 그들에게도 공감한다. 왜냐하면 파월이 우아하게 설명했듯이 의료 수요가 끝도 없이 이어지고 있기 때문이다. 파월은 말했다. "보건의료에 대한 소박한 가정은 일정량의 '필요한' 의료서비스가 있고 이 '필요'가 충족되면 더 이상의 수요는 없다는 것이다. 이것은 터무니없는 가정이다. 의학이 발전할 때마다 그전까지는 존재하지 않았던 새로운 필요가 만들어진다." 보건에 대한 지출이 적정 수준에 이르렀다고 대중과 보건전문가들이 동의하는 때는 결코 오지 않는다는 것이다. 국가보건서비스를 설계한 사람들은 무상 보건의료서비스가 사람들을 더 건강하게 함으로써 결국 서비스 수요를 꾸준히 감소시킬 것이라고 순진하게 믿었다. 파월은 이런 믿음의 오류를 지적했는데, 나중에 나올 이반 일리치의 주장을 예견한 것이었다. 일리치는 더 많은 보건의료서비스를 대중에게 제공할수록 더 많은 수요가 발생하는 것을 의미하는 '시시포스 증후군'(Sisyphus syndrome)이라는 용어를 만들었다. 기술 변화와 높아진 기대수준이 결합해 지속적인 의료비 증가를 유발한다는 것이다.

전통적으로 영국의 보건부 장관들은 '배급'(rationing)이라는 말을 꺼렸지만, 파월은 배급이 불가피하다고 주장했다.

> 거칠게 단순화하자면, 의료는 배급되어야 한다. … 하지만 이 과제는 어떠한 배급제의 도입도 단호히 거부해야 한다는 정치적 관행 때문에 쉽게 주장하기 어렵다. 대중은 의료 배급제가 국가보건서비스에 의해 추방되었고 의료에 배급제를 적용한다는 발상 자체가 부도덕하고 혐오스러운 것임을 믿도록 부추겨지고 있다. 그러나 가장 나쁜 종류의 배급은 의식하지 못한 상태에서 이뤄지는 배급이다. 이해가능하고 의식적으로 받아들일 수 있어야만 좋은 배급제도라고 할 수 있다.

그렇다면 제한된 총량을 어떻게 공평하게 배분할 수 있을까? 이 닉 파월은 유권자들을 존중했으며 그들을 속이거나 가르치려 들지 않았다. 하지만 그의 정치적 승계자들 다수는 그와 달랐다. 1970년대 말 집권한 대처 내각 이후 보수당과 노동당 정부는 국가보건서비스 이용자들에게 의료 배급제는 없고, 서비스는 무료이며, 선택과 이용자 만족이라는 소비자주의 원칙을 따를 것이라고 설득했다. 케네스 클라크 이후의 모든 보건부 장관들은 환자의 선택권 확대를 지지했다. 이에 대해 도덕철학자 로빈 다우니는 보건의료에서 소비자주의는 공공 재원에 의한 서비스와 양립할 수 없다고 주장했다. 그는 전통적인 소비자-판매자 관계에 있어 적절한 정보를 제공받은 구매자는 선택에 따른 책임을 감내해야 한다고 지적했다. 그러나 "이런 상황이 의료에는 적용되고 있지 않다. 법적으로 책임을 지는 사람은 의사다. 다시 말해서 소비자주의와 의료 전문성이라는 두 가지 맥락 모두에서 책임 소재를 찾을 수는 없다."

정치계와 사회 전반에는 보건 분야 지출이 매년 물가상승률 이상이 되어야 한다는 합의가 있다. 파월은 이것이 터무니없는 생각이고 지속가능하지도 않다고 지적했다. 그러나 오늘날에는 가장 시장주의적인 보수당원이라도 그의 말에 동의할 용기를 내지 못할 것이다. 국가보건서비스에 대한 충성심을 큰 목소리로 표명하는 영국 대중들과 대표자들조차 현재의 모델이 지속되기 어렵다는 것을 알고 있음에도, 이 합의를 의문의 여지 없이 받아들인다. 보건의료는 공공 재원의 점점 더 많은 부분을 소모하게 될 것이고, 주거, 교통, 교육, 그리고 (불쌍하게도) 예술에 쓸 재원은 점점 줄어들 것이다.

국가보건서비스는 영국이 전시에 응급의료서비스를 동원했던 것과 똑같은 조직 및 사회적 협력을 평상시 보건의료서비스의 설립에도 쉽게 적용할 수 있지 않겠느냐는 단순한 통찰에서 시작되었다. 원숙한 지성인인 노엘 애넌은 그의 저서 『우리 시대』(Our Age)에서 이렇게 말했다. "전쟁 중에 사람들은 평등한 치료가 가진 품격을 목격했다. … 전쟁 때 그랬듯이 새치기하지 마라. 당신의 몫을 받아들여라." 국가보건서비스의 도덕적 기초는 1942년에 나온 「윌리엄 베버리지 보고서」인데 여기에서는 불결, 무지, 궁핍, 나태, 질병이라는 5대 사회악이 제시되었다. 클레멘트 애틀리와 어나이린 베번은 복지국가를 정부와 국민 사이의 쌍방계약으로 이해했다. 1950년 페이비언협회 연설에서 베번은 국가보건서비스가 새로운 책임성을 가져야 하고, 이용자들에게 책임감, 신중함, 그리고 더 큰 선의를 가지고 행동하도록 요구해야 한다고 충고했다. 그는 영국이 "선택뿐 아니라 거부할 수 있는 능력도 가진, 그래서 누가 최우선 순위이고 후순위인지 말할 수 있는 시민을 양성하지 못한다면 성숙한 문명이 될 수 없을 것"이라고 했다. 그가 말한 '성숙한 문명'은 실현되지 못했고, 시민들은 자신들의 도덕적 의무를 소홀히 했다. 그리하여 이제 정부와 시민은 공모하여 서로를 속이는 중이다. 즉 보건 분야 지출을 무한정 늘릴 수 있을 뿐 아니라 늘려야 하고, 보건서비스를 모든 이용자에게 계속 무료로 제공하는 동시에 사기업과 똑같은 선택권과 소비자서비스를 제공해야 한다고 말한다. 이것이 기만이라는 것이 지금 고통스럽게 드러나고 있는 중이다.

이넉 파월은 무료로 제공되는 국영 의료서비스가 무제한적인 수요로 귀착될 수밖에 없기에 본질적으로 결함이 있다고 믿었지만, 다른 대안에 대한 정치적, 대중적 기호가 없다는 것도 인정했다. 그는 이런 결함들이 개혁을 통해 보완할 수 있는 성질의 것이 아니라고 주장했다. 경제학자 존 주키스는 파월의 1966년 저서에 대한 서평에서 "이 서비스는 국가적인 자기기만, 즉 모든 사람에게 최고 품

질의 의료서비스를 무한정 제공할 수 있다는 믿음에 기반하고 있다"고 적었다. 대중과 정치인은 이것이 거짓말임을 내심으로 알고 있음에도 이런 소비자주의의 오류에 지속적으로 동의하고 있다.

마거릿 대처가 도입한 '내부시장'(internal market) 육성책은 두 가지 가정에 기초하고 있었다. 국가보건서비스가 획일적인 관료체제라는 첫 번째 가정은 옳았지만, 보건의료가 경쟁을 통해 좋아질 수 있다는 두 번째 가정은 틀린 것이었다. 내부시장 도입으로 관료적 행정절차가 줄기는커녕 행정비용의 증가만 가져와서 지금 국가보건서비스 연간 예산의 10퍼센트가량이 내부시장을 운영하는 데 사용되고 있다. 노동당은 처음에는 내부시장에 반대했지만 토니 블레어가 집권한 이후의 새 노동당은 이것을 오히려 확대했다. 많은 새로운 병원이 민간재정계획(private finance initiative, PFI)으로 세워졌고 그 비용은 원래 자본비용의 7배를 넘을 것으로 예측된다. PFI에 낭비된 돈은 전체 국가보건서비스의 2년 치 예산에 해당한다. 투자은행, 건설회사, 상법전문 변호사, 경영컨설턴트가 주로 이익을 가져갔다. 국가보건서비스 병원은 연간 고정예산보다는 활동한 만큼 예산을 지급받는 '재단트러스트'*가 되라는 권고를 받았다. 행정 및 처치 비용이 확실히 늘어났다. 정부와 민간영역 사이의 '회전문 현상'은 이런 모델이 번성하는 안전판이 되어주었고, 영국인들은 이

---

\* foundation trust. 트러스트는 영국 국가보건서비스에서 병원과 지역사회 보건서비스를 운영하는 조직 단위인데, 파운데이션트러스트는 일반 트러스트에 비해 행정 및 재정의 자율성이 많다. 하나의 재단트러스트가 국가보건서비스 병원 몇 개를 묶어 운영하는 경우도 흔하다.

거대한 정치적-상업적 사기의 희생양이 되었다. 영국인들은 정서적으로 국가보건서비스에 애착을 느끼면서도 동시에 염증을 내고 있다. 뭔가 변해야 한다는 것은 알고 있지만, 이 어려운 대화를 할 만큼의 정치적, 대중적 바람은 없다. 리처드 스미스는 '성숙한 문명'이라면 꼭 취해야 할 단호한 선택에 대해 이렇게 설명했다.

> 모든 나라의 정치인이 약속하는 '세계 최고의 보건의료 시스템'이란 모든 사람에게 모든 것을 제공하는 것이 아니다. 그보다는 사회가 보건의료에 지출할 수 있는 양을 먼저 결정한 후 불가능한 서비스를 요구하지 말고 명확하게 제한된, 근거에 기초한 서비스를 인간적이고 열린 형태로 제공하는 것이다.

그렇다면 최고의 보건의료 모델은 어떤 것일까? 노벨경제학상 수상자인 케네스 애로는 보통의 시장법칙이 보건의료에는 적용되지 않는다고 말했다. 1963년 『아메리칸 이코노믹 리뷰』에 발표한 논문 「의료의 불확실성과 의료복지경제학」에서 그는 다음과 같이 주장했다. "보건의료가 가진 특수한 경제적 문제는 질병 발생과 치료 효과에 존재하는 불확실성에 적응하는 데서 기인한다고 설명할 수 있다." 그의 동료 경제학자이자 역시 노벨경제학상 수상자인 폴 크루그먼은 이 문제를 좀 더 잘 표현했다.

> 보건의료에는 두 가지 독특한 측면이 있다. 첫째는 당신이 언제 의료

를 필요로 할지 모르고 아예 필요가 없을지도 모르는데, 만일 필요한 경우가 생기면 비용이 엄청나게 들어간다는 것이다. 심장동맥 우회술에는 큰돈이 들어가는데, 통상적인 외래치료로는 해결할 수 없고 극소수 사람들만이 그 비용을 바로 지불할 수 있다. 이것이 우리에게 즉시 말해주는 점은, 보건의료가 빵처럼 팔리기는 어렵다는 것이다. 어떤 형태의 보험으로든 그 대부분을 지불해야 한다. 그리고 이것은 결국 아직 환자가 아닌 사람이 무엇을 살지 결정한다는 것을 의미한다. 따라서 보건의료에 관한 한 소비자 선택이란 어불성설이다. 그리고 우리는 보험회사도 믿기 어렵다. 그들이 자신의 건강이나 당신의 건강을 위해 사업을 하는 것은 아니기 때문이다.

둘째, 보건의료는 복잡한 과제여서 예전 경험이나 비교 쇼핑에 의존할 수 없다는 것이다. ("사람들이 세인트메리 병원에서 스텐트를 정말 싸게 시술받았다고 하던데요!") 이것이 바로 의사들이 윤리규범을 따를 것이라 생각하고, 의사들에게 빵집이나 식료품점 주인보다 더 많은 것을 기대하는 이유이다. … 이상의 두 가지 요소 때문에 보건의료는 표준시장 방식으로는 작동하지 않는다.

누가 보건의료를 제공해야 하는가? 시장인가 국가인가? 예상대로 정답은 중간 어디쯤 있을 것이다. 많은 유럽 국가들은 때로는 복잡해 보이는 본인부담금 체계를 이용하여 수요를 관리한다. 프랑스의 보건의료 모델은 소득에 기준한 사회보험료로 재원을 충당하는데, 세계보건기구는 이 모델을 세계 최고의 보건의료 시스템으로 평가한다. 프랑스의 제도는 2차 세계대전 후 영국 국가보건서비스의 초석이 된 「베버리지 보고서」에서 영감을 받아 수립되었지만, 서비스 제공을 공공뿐 아니라 민간에서도 한다. 독일의 제도는 공보험과 사보험이 복잡하게 혼합되어 있다. 독일계 미국 보건경제학자인 고(故) 우베 라인하르트 교수는 독일 모델이 민간 보건의료 전달체계를 보편적 보장과 사회적 연대와 섞어서 제공하기 때문에 이상적이라고 주장했다. (라인하르트는 대만에도 새로운 보건의료 시스템을 설계해주었는데, 대만에서는 미국의 3분의 1에 불과한 GDP의 6.6퍼센트 비용으로 전체 인구를 보장한다.) 프랑스와 독일 모델 모두 영국 국가보건서비스보다는 더 많은 지출을 하지만 미국보다는 지출이 적다. 두 모델 모두 환자 만족도나 암 생존율 같은 지표에서 영국이나 미국보다 우수하다. 프랑스와 독일 시스템에도 결함이 없는 것은 아니다. 프랑스 국민은 엄청난 과잉진료를 받고 있고, 독일의 보건의료는 고도의 소비자주의로 인해 전체 경제의 4분의 1을 차지하고 있다.

나는 2014년 빈에서 열린 유럽연합 소화기학 연례회의에 마지막으로 참석했다. 이 학회에는 1만3천여 명의 소화기내과 의사가 참석하였는데 도시의 북쪽 교외에 있는 거대한 네오 브루탈리즘* 양식의 콘크리트 건축물에서 열렸다. 나를 포함한 많은 사람들이 의무 연수교육을 채우려고 참석했는데, 이 경우의 정량지표는 '외부연

---

* neo-brutalism. 무채색 노출 콘크리트와 같이 일체의 장식성을 배제하고 기능성과 단순성에만 치중한 20세기 후반의 건축 양식.

수' 시간이라 하겠다. 아일랜드 의사협회는 매년 네오 브루탈리즘 양식의 컨퍼런스센터에서 며칠간의 연수교육을 받아야만 의사 자격을 재인증해준다. 이런 종류의 컨퍼런스는 일부 학계 사람들이나 의료정치를 하는 사람들만 흥미를 느끼고, 나머지는 등록비나 내고 머릿수를 채워 연수 평점을 받는 데 의미를 둘 뿐이다. 과학 세션은 지루한 행사이지만 인류학적 관점에서 보면 흥미로운 점도 가끔 있다. 의학은 새로운 기술의 열성적 얼리어답터인데, 모든 질문은 연사의 발표가 끝난 후 스마트폰을 통해서만 할 수 있어서 나는 참여할 수 없었다. '2040년 유럽의 보건의료: 소화기 및 간 질환의 시나리오와 함의'라는 제목의 주 세션에서는 세 개의 가능한 시나리오가 발표되었다. 나는 이 프로젝트가 현대의 예언자로서 미래를 점친다고 하는 노르만파트너스 UK라는 경영컨설팅 회사('네트워크 세계를 위한 전략 컨설팅')와의 연계 하에 추진되는 것을 보고 흥미를 느꼈다. 나는 노르만파트너스의 대리석 홍보다는 내가 낸 등록비 중 얼마가 이 회사로 갔고, 어떤 운명이 임상의학의 먼지 속으로 나를 밀어 넣을지 궁금했다.

노르만파트너스는 세 가지 시나리오 또는 시대를 제시했다. 빙하시대, 실리콘시대, 황금시대가 그것이다. 빙하시대로 가면 유럽은 천연자원 고갈, 기후변화, 경제위기로 피폐해질 것이다. 유럽연합은 붕괴될 것이고 공공 보건의료도 붕괴될 것이다. 부자는 민간 의료시스템에 의해 계속 돌봄을 받겠지만 가난한 사람은 스스로 돌보도록 방치될 것이다. 실리콘시대로 가면 (비유럽 이민자로 인한)

인구 성장과 기술 성장이 같이 일어나고, 소셜미디어와 전자의학 (E-medicine)의 광범위한 이용으로 의사들은 점점 더 조언자 역할을 하게 될 것이다. 황금시대로 가면 유럽합중국이 탄생하여 보건의료에 대한 보편적 접근이 가능해지고, 전 유럽대륙에 동질적인 단일 보건의료시스템이 존재하게 될 것이다. 세련되게 꾸민 소책자에는 각각의 시나리오별 시간표가 실려 있었다. 나는 나중에 다시 이 책자를 찬찬히 살펴보았는데, (런던에 소재한) 노르만파트너스 UK는 '브렉시트'조차 예상치 못했으니 미래를 예언하는 능력을 의심할 만하다. 내가 살고 일하는 아일랜드에는 이미 빙하시대 보건의료서비스가 존재한다. 2040년까지 기다릴 필요도 없다. 영국에서는 브렉시트를 주장한 정치인들이 유럽연합에서 탈퇴하면 주(週)당 3억5천만 파운드(약 4억5천만 달러)를 국가보건서비스에 추가로 쓸 수 있다고 유권자들에게 약속했는데, 지금은 이것이 사실이 아니라고 인정하고 있다. 더 중요한 것은 영국이 유럽연합을 탈퇴하면서 보건의료 개혁을 할 수 있는 최상의 기회를 잃고 말았다는 점이다. 전략컨설턴트 말고는 아무도 황금시대를 맞이할 수 없을 것이다.

어나이린 베번은 전략 컨설턴트의 도움 없이 국가보건서비스를 설립했다. 비록 왕립의사회 의장이자 처칠의 개인 주치의였던 모란 경(Lord Moran)이 의료계와 함께 그를 위한 길을 닦아주기는 했지만 말이다. 베번은 사우스웨일스의 트레데가 지역에서 출생했고, 열세 살 때 지역 탄광에서 광부 일을 시작했다. 사우스웨일스 탄광노조가 설립한 의료지원조합(Medical Aid Society)에서 영감을 받은 베번은 무상의료를 전 국민에게 확대하는 길로 나아가게 된다. 국가 보건서비스를 출범시키면서 베번은 이렇게 말했다. "제가 하고 있는 모든 일은 트레데가 지역에서 받은 혜택을 전체 영국민에게 한 세대 또는 그 이상에 걸쳐 확대하는 것입니다. 우리는 여러분을 '트레데가화'하고자 합니다." 작가 A. J. 크로닌은 1920년대에 트레데가—그의 소설 『성채』에 나오는 애버로(Aberlaw)—에서 일반의로 일했다. 그는 광부들의 의료조합에 베번보다는 매력을 덜 느꼈다. "의료조합은 확실히 가치가 있다. 하지만 그 자체의 결함도 있는데, 가장 중요한 것은 트레데가에서는 이 조합이 의료처치 여부에 대한 전권을 가지고 있어서 사람들이 밤낮을 가리지 않고 의사를 부를 수 있다는 점이다."

이제는 소비자주의 정신이 새로운 의사-환자 관계 모델의 중심에 있다. 스코틀랜드 최고의료책임자(CMO)인 캐서린 콜더우드 박사는 "미래의 의료 모델은 능력을 가진 환자가 임상의와 공동 의사결정을 하는 데 있다"고 한다. 그녀는 '의사가 가장 잘 안다'는 가부장적 시대는 끝났고 의사-환자 관계는 반드시 변해야 한다고 주장한다. 그 제안에는 '더 많은 참여를 유도하는 멀티미디어 포맷', 상담내용의 녹음, '내비게이터'—삶의 질, 기대여명, 부작용 등에 관해 환자와 함께 중요사항을 탐색하는 조력자—의 이용 등이 포함되어 있다. "능력을 갖춘 '구글 세대'와 이러한 새로운 유형의 관계를 설정하는 것이야말로 우리의 가장 큰 과제 중 하나이다." 콜더우드 박사는 산부인과 전문의로 일했기에 그동안 만난 환자 대부분이 20대

또는 30대였다. 그녀에게 의료서비스가 가장 필요한 사람들—즉 노년층—은 '구글 세대'가 아니고 '참여를 유도하는 멀티미디어 포맷'에 관심도 없다는 점을 부드럽게 지적한 부하 공무원이 있었는지 모르겠다.

캐서린 콜더우드 같은 오늘날의 해설가들은 '가부장적'이라는 용어를 경멸적인 뜻으로만 사용한다. 그러나 『잃어버린 치유의 본질에 대하여』(*The Lost Art of Healing*, 1996)를 쓴 버나드 라운(1921~2021) 같은 나이든 의사들은, 어떤 종류의 가부장주의는 오히려 아픈 사람들에게 희망과 안도감을 주기도 한다고 믿었다. 라운은 그의 스승인 새뮤얼 러빈이 진찰을 마칠 때마다 환자의 어깨에 손을 얹으면서 환자들이 가진 문제나 예후에 상관없이 "당신은 좋아질 거예요"라고 말하는 것을 보았다. 이런 제스처와 말이 꽤 효과적이었기에 라운은 이것을 45년 의사 경력 내내 이용했다.

소비자주의는 '필요'와 '욕구'를 혼동하거나 종종 잘못된 것을 요구하는 환자들을 만들어냈으며, 의학을 전문직이 아니라 서비스업으로 여기는 의사들을 만들어냈다. 어나이린 베번은 영국인들에게 국가보건서비스와 함께 도덕적 책임감을 갖도록 하는 도전과제를 제시했다. 이런 책임감은 공익성—인구 다수에게 최대 이익을 주는—과 형평성을 포함한다. "감리교 신자인 나의 부모님은 내게 말하곤 했습니다. 아들아, '아니오'라고 말할 용기를 가져라. 물론 이것은 상당한 용기를 필요로 하는 일이지만 우리는 그럴수록 더욱 더 '아니오'라고 말해야 하는데, 왜냐하면 여러 가지 일에 더 많이 '아니오'라고 말해야만 가장 값진 일에 대해 '예'라고 말할 수 있기 때문입니다." 그러나 정치인도 대중도 이 도전에 응하지 않았다. 대처주의식(Thatcherite) 합의가 베번의 '성숙한 문명'이라는 위대한 비전을 덮어버렸기 때문이다.

# 10

# 정량화, 디지털화, 그리고
# 마음대로 사고파는 데이터

# 10

미국 부자들은 이제 새로운 형태의 초-소비자주의적 헬스케어를 받고 있는데, 의료가 어디까지 갈 수 있는지를 전 세계에 보여주는 모델이다. 바이오 분야 기업가인 크레이그 벤터는 이런 운동의 선구자이다. 그는 최초의 인간게놈 지도 완성을 위해 '셀레라'라는 회사를 만들어 프랜시스 콜린스가 이끈 공공컨소시엄과 치열한 경쟁을 벌인 것으로 유명하다. 벤터는 자기가 만든 셀레라에서 쫓겨나 지금은 인간장수회사(Human Longevity, Inc.)라는 벤처기업의 대표를 맡고 있다. 그가 개설한 '헬스 뉴클리어스'(Health Nucleus)라는 클리닉에서는 2만5천 달러를 내면 의뢰자의 게놈과 마이크로바이옴(미생물군유전체)을 분석해주고 그와 함께 전신 MRI, 골밀도 검사, 수백 가지 혈액검사, 인지기능 분석까지 해준다. 구글 엔지니어링 이사이자 미래에는 인간이 불멸의 존재가 될 거라 믿고 있는 레이 커즈와일이 인간장수회사의 자문위원 중 한 명이다. 인간장수회사의 고객층을 넓히려는 계획이 벤터에게 있기는 하지만, 당분간은 건강에 대한 약속을 최상의 사치품으로 소비하는 부자들이 이 회사의 시장이다. 인간장수회사는 이런 부자 소비자들의 데이터베이스를 차근차근 구축하면서, 그들의 게놈 정보를 2만5천 달러짜리 건강검진을 통해 얻은 다른 모든 표현형 및 임상자료와 연결하고 있다. 벤터의 장기 계획은 이런 데이터를 제약회사와 보험회사, 그리고 보건의료서비스 제공자에게 판매하여 '디지털 헬스'의 선구자로 추앙받는 것이다.

디지털 헬스는 'E-메디신' 'e헬스' '메디신 2.0' 'i메디신' '헬스 2.0' 등의 각종 캐치프레이즈로도 알려져 있는데, 새로운 테크놀로지가 주도하는 의학 발전을 포괄적으로 표현하는 용어이다. 여기에는 건강을 모니터하는 바이오센서, 디지털 매체를 통해 의료 상담을 하는 원격의료, 개인 게놈의 디지털화, 소셜미디어를 이용한 환자 커뮤니티 형성 등이 다 포함된다. 디지털 헬스는 젊은 사람이나 부자와 같이 보건의료서비스를 거의 필요로 하지 않는 사람들에게 오히려 인기가 높다. 디지털 헬스를 주도하는 이들은 자신들을 구체제의 '창조적 파괴자'라고 부르는 새로운 기술이상주의자 그룹이다. 지지자들은 디지털 헬스가 환자들의 힘을 강화하여 기존의 의료전문가가 주도하는 가부장적 질서를 끝내고 보건의료 비용을 낮출 것이라고 주장하고 있다. 디지털 헬스의 정치적 후원자들도 있다. 흔히 '오바마케어'로 불리는 미국의 '환자보호 및 부담적정보험법'(Patient Protect and Affordable Care Act)은 원격상담과 환자의 자가 모니터링을 장려하고 있다. 영국의 외과의사이자 전 보건부 차관인 아라 다르지 경은 국가보건서비스 기금에 대한 2018년 보고서에서 인터넷, 인공지능, 빅데이터 시대에 성장한 차세대는 아날로그 보건 의료서비스를 지지하지 않을 것이라고 충고했다. 다르지가 특히 매료된 것은 융합혁명(convergence revolution)인데, 이 용어는 2011년 미국 MIT에서 탄생하여 '생명과학 분야의 3차 혁명'으로 조심스럽게 발표되었다. MIT의 2016년 보고서는 "암, 치매와 노인질환, 여전히 유행하는 감염병 및 기타 보건의료 과제와의 전쟁에서 진정한 진전을 이루기 위해서는 생의학 지식을 고도의 공학기술 및 물리학, 컴퓨터공학, 수학의 전문성과 통합하는 새로운 연구 전략, 즉 융합으로 알려진 접근방식을 도입해야 한다"고 주장했다.

디지털 헬스란 기존의 '기전적' 의학에서 인체정보 생산에 초점을 맞추는 '정보' 의학으로 패러다임을 바꾸는 것이라고 한다. 기술 찬양론자들은 '신체 디지털화'라는 용어를 일상적으로 사용한다. 미국의 심장의사 에릭 토폴은 선도적인 '창조적 파괴자' 중 한 명이다. 정통 데카르트주의자인 그는 새로운 바이오-디지털 융합 모델을 제안하면서 이것을 '인간 GIS(지리정보시스템)'라고 명명하였다. 이 모델은 다양한 종류의 '체'(-ome)'로 이루어져 있는데, 발현체(phenome), 유전체(genome), 전사체(transciptome), 미생물군유전체(microbiome), 후성유전체(epigenome) 등이 그것이다. 우리는 이미 스마트폰으로 모든 종류의 생리적 변화들, 즉 심박수나 혈당수치

등을 모니터할 수 있다. 토폴은 자신이 약물보다 앱을 더 많이 처방하고 있다고 자랑한다. 그가 브랜드로 내세우는 디지털 헬스는 부끄럼 없는 소비자주의이다. 이 주제를 다룬 토폴의 베스트셀러 『청진기가 사라진 이후』(*The Patient Will See You Now*)는 환자와 의사 사이의 기존 역학관계가 뒤바뀌고 있다는 내용을 담고 있다.

디지털 헬스는 커다란 비즈니스이다. 착용식 자가추적 기기의 세계시장 규모는 2014년 32억 달러에서 2019년에는 188억 달러로 성장할 것으로 기대하고 있다. 미국 회사들은 이런 추적 장치를 직원들의 의료보험료를 낮출 수 있는 수단으로 보고 있다. 소매기업 타깃(Target)에서는 운동추적 장치인 핏비트(Fitbit) 33만5천 개를 직원들에게 제공했고 석유회사 BP(British Petroleum)도 비슷한 만큼을 제공했다. 오바마케어에서는 이런 '기업 건강프로그램'에 노동자들이 참여할 경우 회사의 의료보험료를 30퍼센트까지 감해줄 수 있도록 했다. 에릭 토폴은 회사가 직원들을 모니터링하는 것의 부정적 측면은 전혀 고려하지 않는다. "운동과 같은 좋은 습관이 재미도 있고 게임처럼 즐거우면 특별히 잘 받아들여지고 동기부여 효과도 있다는 것을 보여주는 데이터가 있다. BP와 오토데스크(Autodesk)는 착용식 센서를 직원들에게 지급하여 초기부터 운동과 수면을 추적하고 있는 기업들이다." 가까운 미래에, 특히 미국의 주요회사 직원들은 그들의 건강과 행동을 추적하는 디지털기기를 착용하도록 요구받을 것이다. 이미 이런 일이 자원자에게 다양한 인센티브를 주는 방식으로 시행되고 있지만, 머지않아 의무사항이 될 공산이 크다.

이러한 감시체제를 거부하는 사람들은 의료보험에 가입할 수 없는 새로운 건강 하층민이 될 것이다.

디지털 헬스의 또 다른 방향은 '페이션츠라이크미'(PatientsLike Me) 같은 온라인 환자 커뮤니티이다. 이런 온라인 커뮤니티는 2006년 제이미와 벤 헤이우드 형제가 또 다른 형제 스티븐이 운동신경 질환에 걸린 후 시작하였다. 에릭 토폴은 환자 커뮤니티의 열렬한 옹호자이다. "널리 진행되고 있는 데이터 공개 물결이 소비자, 환자 단체, 연구재단 및 생명과학산업 전반에 걸쳐 놀랄 만한 행동주의를 일으키고 있다." 나는 페이션츠라이크미 웹사이트를 보면서 이 커뮤니티가 만면에 미소를 띤 임원진의 사진을 내걸고 있는 '이노베이션', '컴퓨테이셔널 바이올로지' 같은 영리 기술회사들과 매우 유사하다는 것을 발견했다. 이 웹사이트는 이런 문구를 내걸고 있다. "우리의 목표는 접근 가능한 공개 데이터를 연구자와 환자에게 최대한 많이 제공하는 것이다."

페이션츠라이크미는 회원들에게 본인의 건강데이터를 기증하도록 독려하는 동시에 제약회사를 불신하는 문화에 저항하라고 촉구한다. 이 회사는 회원들로부터 얻은 건강데이터를 제약회사에 판매한다는 것을 거리낌 없이 인정한다. 2010년 페이션츠라이크미는 정보분석 미디어기업인 닐슨(Nielsen)의 데이터 수집 표적이 되었다. 페이션츠라이크미 회장 제이미 헤이우드는 『월스트리트저널』에 "우리가 하는 일 역시 사업이고, 현실에서는 누군가 들어와서 우리 것을 훔치게 마련이죠"라고 말했다. 환자들의 힘을 강화시켜주겠다고 약속하면서 정작 환자 정보를 돈으로 바꾸는 페이션츠라이크미 같은 회사와 함께 디지털 제약산업의 보이지 않는 경제가 출현하고 있음을 암시하는 말이다. 현재 많은 '질병인식 커뮤니티'가 페이스 북과 유튜브에서 활동하고 있는데, 이런 이름 없는 커뮤니티의 구 성원들은 운영자가 제약회사로부터 무슨 지원을 받고 있는지 전혀 모를 것이다.

유전체학은 디지털 헬스의 커다란 희망이다. '23앤드미'(23andMe) 같은 회사들은 이미 10년 전부터 소비자직거래 유전자 검사를 해 주고 있는데, 검사 비용도 꾸준히 내려가고 있는 중이다. 처음에 이 서비스는 고객들에게 왜 마른 귀지가 생기는지, 왜 소변에서 아스 파라거스 냄새가 나는지 설명해주는 따위의 사기성을 띠고 있었다. 그러다가 점차 진지한 정보를 제공하면서 이용자들에게 당뇨, 치매, 다양한 암의 위험에 대해 조언해주기 시작했다. 23앤드미는 미국 식약청(FDA)과 오랜 분쟁을 겪었다. 23앤드미의 방식을 심각하게 우려한 FDA가 2013년 이 회사에 타액수집 키트와 개인 게놈 서비 스를 중단하라고 명령했던 것이다. 지루한 협상 끝에 FDA는 결국 그들의 방식을 최종 승인해주었다. 이제는 23앤드미의 많은 고객들 이 검사결과에 어찌나 놀라곤 하는지(예를 들어 ApoE4 변이유전자 두 쌍을 가지고 있으면 알츠하이머 발병 위험이 60퍼센트라는 식), 이 회사의 유전자 상담사들이 서비스 수요를 따라가지 못할 정도이다.

23앤드미의 최고경영자인 앤 워치츠키는 2천5백만 고객의 DNA 정보를 가지고 데이터베이스를 구축하는 것이 자신의 꿈이라고 말한다. "학계와 제약회사가 수행하는 모든 연구에 엄청나게 값진 도구가 될 것이다." 과학저술가 찰스 세이프는 23앤드미의 장기 목표가 구글이나 페이스북과 다를 바 없다고 설명한다.

개인 게놈 서비스는 하나의 의료 수단으로 고안된 것이 아니다. 대중이 의식하지 못하는 사이에 최일선에서 광범위한 정보 수집을 하는 장치이다. 23앤드미의 개인 게놈 서비스는 의료 수단을 훨씬 뛰어넘는다. 그것은 기업들이 우리 세포의 가장 내밀한 정보에 접근할 수 있는 세계, 그리고 보험회사와 제약회사와 시장기획자가 우리 자신보다 우리를 더 잘 아는 세계로 이끄는 입구다. 그러나 23앤드미가 그 홈페이지에 경고한 대로, "당신이 타인과 공유하려는 유전 정보는 당신의 이해에 반해서 사용될 수 있다. 그러므로 당신은 타인과 유전 정보를 공유하는 것에 더 신중할 필요가 있다."

페이스북과 구글도 이와 비슷하게 소비자의 힘을 강화하고 커뮤니티 형성을 돕겠다는 수사적 표현을 내걸고 시작했다. 앤 워치츠키는 구글 창업자인 세르게이 브린의 전 부인이다. 2014년 테드 강연에서 브린과 함께 구글을 공동 창업한 래리 페이지는 이렇게 말했다. "익명의 의료기록을 모든 의학 연구자들에게 제공한다는 것은 정말 대단하지 않나요? 의료기록을 공유하면 일 년에 10만 명의 생명을 구할 수 있습니다."(그가 이 수치를 어떻게 얻었는지는 불분명하다.) 에릭 토폴은 의료소프트웨어 전문가인 멜리사 매코맥이 말한

"건강기록을 페이스북에 올려놓으면 우리 모두가 지금보다 더 좋아질 것이다"라는 제안을 긍정적으로 인용하기도 했다. '디지털 헬스' 운동이 지향하는 바를 예측하는 것은 어렵지 않다. 23앤드미 같은 회사들은 엄청난 숫자의 개인 유전체를 관리할 것이다. 이 정보는 제약회사, 의료보험회사와 생명보험회사, 예비 고용주, 정부기관에 직간접적으로 판매될 것이다. 하버드대학교의 개인게놈프로젝트 (PGP)에서는 참여자들에게 데이터 공유에 동의할 것을 요구한다. 에릭 토폴은 이 프로젝트가 "연례회의 외에도 링크드인, 페이스북 등의 온라인 포럼을 통해 과학적 소양이 없는 참가자들에게도 높은 수준의 상호교류 경험과 교육을 제공했다"고 썼다. 2014년에는 또 세계유전체보건연합(GA4GH)의 첫 회의가 열리기도 했는데, 여기에는 구글을 포함한 150개 기관이 참여했다.

조지 오웰의 디스토피아는 현재 진행 중이다. '미놈'이라는 이름의 미국 스타트업 기업은 가난한 사람들이 자신의 유전체를 제공하면 현금을 지급해준다. '이그잭트데이터'라는 회사는 성병 가진 사람들의 목록을 판매한다. '캐롤라이나스 헬스시스템'에서는 술, 담배, 그리고 기타 건강에 해로운 물품 구매 이력으로 고위험 환자를 가려내기 위해 신용카드 사용기록을 마이닝(채굴)한다. 2013년에 영국 정부는 케어닷데이터(Care.data)라는 중요한 캠페인을 시작했다. 국가보건서비스 이용자들의 의료정보를 디지털화하여 건강 및 사회복지 정보센터(HSCIC) 중앙보관소에 저장해두기 위해서다. 2014년 2월 이렇게 저장된 4천7백만 명의 환자 데이터가 보험회사에 판매되었다. 의료정보 판매는 커다란 비즈니스이다. 미국 기업 'IMS 헬스'는 데이터 중개업자로 약국과 보험회사에서 데이터를 수집한다. 제약회사에 개별 의사들의 처방 습관에 대한 정보를 판매함으로써 제약회사들로 하여금 더 정교한 마케팅을 할 수 있도록 돕는다. 화이자는 매년 IMS 같은 회사들에서 건강 데이터를 구매하는 데 1천2백만 달러를 쓴다. 또 다른 구매자들로는 제약업계에 투자하는 기관투자가와 광고회사가 있다. 의료 데이터들은 결코 익명을 보장하지 않는다. IMS와 같은 회사에서 사용하는 데이터마이닝 도구는 익명으로 되어 있는 데이터베이스와 다른 출처에서 나온 데이터를 상호 대조함으로써 가려진 부분을 쉽게 풀어낸다. IMS는 특정 개인을 밝혀낼 아무런 상업적 이유가 없다고 하지만, 다른 데이터 중개업자들은 분명 개인 데이터를 이용해 돈을 버는 방법을 찾아낼 것이다.

디지털 헬스 기술이상주의자들은 프라이버시를 업계 파트너들과의 데이터 공유를 막는 낡고 불필요한 장애물로 여긴다. 일부는 더 나아가 프라이버시를 공공의 선과 배치되는, 그냥 구식인 것만이 아니라 사회적 이익에 적극적으로 반하는 관념이라고 주장한다. 그러나 페이스북과 구글은 사용자 정보를 수집 판매하여 큰돈을 벌고 있다. 현재 이런 기술 거인들이 마이닝하고 있는 것은 작은 데이터들뿐이지만, 이들이 진짜로 관심을 가진 것은 빅데이터다. 이들의 관심은 유전체보다 훨씬 큰 것들, 다시 말해 인간 존재를 구성하는 모든 종류의 '체'(-ome) 자료들에 있다.

온라인 의료상담서비스는 이미 잘 정착되어 특히 젊은 사람들의 인기를 끌고 있다. 이 서비스에 대해서는 이미 많은 사람들이 관련 규제가 없고, 서비스 연속성이 없으며, 부적절한 처방이 내려지는 것에 대해 우려를 표명해왔다. 전통적인 의사들은 신체 진찰을 하지 않고 환자를 치료한다는 생각을 꺼림칙하게 여긴다. 그러나 신체 진찰은 그 중요성을 상실하고 있다. 의사들은 지금도 환자보다는 모니터를 보는 데 더 많은 시간을 쓴다. 미국의 의대생들과 수련의들이 의학의 기본에서 얼마나 멀어졌던지, 의사이자 소설가인 에이브러햄 버기즈(스탠퍼드 의대 근무)는 신체 진찰을 '스탠퍼드25'—25가지 기술에 의거한 신체진단법—라는 이름으로 다시 작명했다. 스탠퍼드25라는 용어가 마치 스탠퍼드 의대가 신체 진찰을 고안한 것처럼 보여서 의심이 가지만, 어쨌든 버기즈는 신체 진찰이라는 의례와 신체 접촉이 '치유'라 부르는 정량화하기 어려운 행위의 결정적 요소라는 것을 정확하게 주장했다. 미국 의료계의 다른 많은 사람들도 과거의 진료 행위를 버리고 디지털 데이터에 집착하는 것에 대해 한탄한다. 심장의사인 존 맨드롤라는 다음과 같이 말했다.

의료 수단들에 모바일 센서, 디지털 레코드, 2진수 지표 등이 포함되면서 슬프게도 사람을 돌보기 위한 일들이 '1'과 '0'을 다루는 도착적인 일들로 바뀌고 말았다. 좋은 진료란 로켓 과학처럼 어려운 일이 아니다. 그것은 디지털도 아니고, 하얀 스크린도 아니며, 폐동맥에서 얻은 수치도 아니다. 그리고 급하게 도달할 수 있는 것도 아니다. 선배 의사 옆에서 수년에 걸쳐 환자를 보는 경험이 필요하다. 내가 걱정하는 것은 우리의 눈과 귀가 환자로부터 멀어지고 있는 것이다. 우리는 '1'과 '0'으로 인해 착란을 일으키고 있고, 아마도 그것에 중독되어 있는 것 같다.

에릭 토폴은 나 같은 의사를 디지털 헬스의 주된 전문가 장애물로 본다. "미국 의사의 절반은 55세 이상이며 30대 이하의 디지털 세대와는 매우 동떨어져 있다." 그렇다면 60대 중반의 나이로 인스타그램에서 280만 팔로어가 있는 토폴은 디지털 헬스의 디스코춤 추는 아빠인 셈이다. 자신을 의료미래학자라 부르는 헝가리 의사 베르탈란 메슈코는 토폴이 이상적으로 생각하는 디지털 원주민일 것이다. "나는 열네 살부터 하루도 빠짐없이 생활의 세세한 일들을 입력해왔다. 현재 6,500일이 넘는 디지털 일기는 하루도 비어 있지 않다." 토폴과 마찬가지로 그도 "의학이라는 상아탑은 더 이상 필요치 않다"고 말한다. "이제는 의료서비스를 해킹하고 교란시킬 수 있는 환자들, 곧 e환자 또는 능력 있는 환자들로 불리는 이들을 안내하는 역할이 필요할 뿐"이라고 한다.

최근에 나왔던 디지털 만병통치약 가운데 가장 두드러진 사례로는 '테라노스'(Theranos)가 있다. 스탠퍼드대학교를 중퇴한 19세의 엘리자베스 홈스가 2003년에 세운 건강테크놀로지 회사이다. 그녀의 아이디어는 '칩 위의 실험실'이라 불리는 나노기술을 이용해서 피 한 방울로 몇 분 안에 수백 가지 검사결과를 알려주는 저렴한 혈액검사 서비스를 판매한다는 것이었다. 그녀는 이것을 '헬스케어의 아이팟'이라고 설명했다. 홈스는 준수한 용모에 카리스마를 갖춘 뛰어난 세일즈우먼이었고, 루퍼트 머독 같은 부자들을 테라노스에 투자하도록 설득해 회사 가치를 1백억 달러까지 올려놓기도 하였다. 두 명의 전직 국무장관 조지 슐츠와 헨리 키신저가 그녀의 설득으로 이사진에 참여하기도 했다. 홈스는 거대 약국 체인기업인 월그린(Walgreen)과 협상해서 전국의 8천2백 개 약국에 테라노스 코너를 만들게 했다. 그런데『월스트리트저널』탐사기자이자 퓰리처상 수상자인 존 캐리루가 한 내부고발자로부터 테라노스의 실상이 밖에서 보는 것과는 다르다는 얘기를 들었다. 취재 결과 그는 테라노스의 기술이 정밀하지 않고 독립적인 테스트를 거치지도 않았다는 것을 발견했다. 홈스와 테라노스는 '악의적'이라는 등의 말로 법적인 협박을 가했지만, 캐리루와『월스트리트저널』은 그들의 협박에 단호히 맞섰다. 테라노스의 주가는 곤두박질쳤고 월그린도 그들을 고소했다. 2018년 홈스와 그녀의 동업자인 서니 밸워니는 다수의 사기 혐의로 기소되었다. 에릭 토폴 역시 홈스에게 매료되어 "그녀는 다 이해하고 있다, 그녀는 디지털 원주민이다"라고 말한 바 있다. 토폴은 환자가 자기 혈액검사에 접근할 수 있는 것이 '기본인권'이라는 홈스의 수사학을 극찬하기도 했다. 홈스의 정체가 밝혀진 후 토폴은『청진기가 사라진 이후』에 새로 붙인 후기에서 "그 회사의 기술에 투명성이 전혀 없는 것을 나도 우려했다"고 변명조로 적었다.

디지털 헬스는 '숫자를 통한 자기 이해'를 모토로 하는 '자기 측정'(Quantified Self) 운동에서 부분적으로 유래한 것이다. 이 운동은 2007년 『와이어드』지의 케빈 켈리와 게리 울프에 의해 시작되었다. 자기 측정—그리고 디지털 헬스—은 통제력에 대한 집착이 낳은 현대의 증상들이다. 데이터와 정량지표는 실생활의 우발적 상황이나 신체 및 질병의 불확실성으로부터 멀리 떨어져 있는, 깨끗하고 예측 가능한 것으로 여겨진다. 이스라엘의 역사학자 유발 하라리는 이런 현대의 사이버종교를 설명하기 위한 용어로 (미국의 정치 평론가 데이비드 브룩스가 처음 쓴) '데이터교'(Dataism)라는 말을 유행시켰다.

> 다른 모든 종교와 마찬가지로 데이터교 역시 실천 계율을 가지고 있다. 가장 중요한 첫 번째 계율은, 교도들에게 더 많은 매체와 연결하고 더욱 더 많은 정보를 생산, 소비함으로써 데이터 유동성을 최대한으로 늘리라고 하는 것이다. 다른 성공적인 종교와 마찬가지로 데이터교 역시 전도에 열성적이다. 두 번째 계율은 연결되기를 원치 않는 이교도들까지 포함하여 모든 것을 시스템에 연결하라는 것이다.

디지털 헬스는 또한 국가가 제공하는 사회보건서비스의 쇠퇴와 함께 건강 유지를 자기 책임으로 보는 신자유주의적 가치를 향해 전 세계가 사회적 이행을 하고 있는 현실을 반영한다. 그럼에도 미국인들은 디지털 헬스를 열광적으로 받아들이고 있는데, 그 이유는 통제 불가능할 정도로 계속 늘어만 가는 보건의료비를 디지털 헬스가 줄여줄 것이라는 믿음 때문이다. 그러나 정확하게 반대 방향으로 갈 가능성이 압도적으로 높다. 역사적으로 새로운 기술은 늘 보건의료 비용을 끌어올렸기 때문이다. 이때까지 가장 이득을 본 쪽은 의산 복합체와 테크놀로지 기업들이다.

디지털 헬스는 이반 일리치가 말한 '사회적 의원병(醫原病)'—의료가 가진 헤게모니로 인해 벌어지는 (개인이 입는 피해와는 구별되는) 광범위한 사회적 피해—과 페트르 스크라바넥이 말한 '강제적인 건강주의'의 논리적 결과물이다. 디지털 헬스가 '감시사회'와 '데이터 독재'를 만들 것이라는 유발 하라리의 예측을 두 사람이 듣는다면, 자신들이 옳았다는 생각에 씁쓸한 미소를 지을 것이다. 스크라바넥은 1994년 타계 직전에 출간한 『인간적 의료의 사망』(*The Death of Humane Medicine*)에서 다음과 같이 경고했다.

의료독재 국가(헝가리 출신 정신과의사 토마스 자즈의 용어)에서는 권력이 신체의 사제와 정신의 사제에게 있다. 이곳에서는 '건강'이 최고의 덕목이고 어떤 대가를 치러서라도 유지해야 할 가치이다. 모든 사람이 미처 깨닫지도 못한 채 자신의 차트를 작성하는데, 정기적인 스크리닝에서 기준치를 벗어나는 것은 모두 기록된다. 기록에는 생활 습관, 위험 요인, 유전자 프로파일 등이 담길 것이다. 의사, 고용주, 보험회사, 경찰은 서로 연결된 컴퓨터를 통해 필요한 모든 정보를 얻고, 누군가 취업을 하거나 진료를 받거나 의료보험에 가입하거나 해외여행을 하거나 출산할 때 이 정보에 따라 평가할 것이다. 건강주의가 국가 이념이 되면 의료독재 국가의 청사진이 만들어진다. 이런 일이 점차 실현되고 있다. 이 책은 이에 대한 경고이다.

그러나 일리치와 스크라바넥은 강제력조차 필요치 않다는 것을 예상하지 못했다. 새로운 e-환자들은 기꺼이 자신의 정보를 넘겨주고 있다. 스크라바넥은 인터넷이 본격화되고 거대 테크놀로지 기업이 도래하기 전에 타계했고, 지금의 건강주의는 국가가 사회공학의 의제로 강제 설정한 것이 아니라, 의료와 헬스케어가 늘어날수록 선이라는 폭넓은 사회적 합의에 기초한 것이다. 테크놀로지 기업들과 의산 복합체들은, 스스로 디지털 사회의 능력 있는 구성원이라는 확신에 차서 아무 저항도 없이 행복한 무리를 이루고 있는 거대한 인구집단을 거느리게 될 것이다.

# 11

## 책임만 있고
## 권한은 없는 의사들

# 11

디지털 헬스와 같은 소비자운동은 의사의 힘을 줄이고 환자–의사 관계의 균형추를 환자 쪽으로 옮기겠다는 명시적 목표를 가지고 있다. 그러나 의사의 힘은 이미 수십 년간 꾸준히 약화되어 왔다. 브리스틀 병원 스캔들과 해럴드 시프먼 스캔들 이후 영국 의사들은 어떤 전문가집단보다 더 엄격한 감시와 규제 아래 놓이게 되었다. 이 새로운 규제는 보건부 장관을 지낸 앨런 밀번 같은 정치인과 재닛 스미스 같은 판사들의 명령으로 처음 시작되었는데, 영국 의학협회(GMC)와 왕립의사회도 열심히 협력했다. 나는 2001년 적기에 영국 국가보건서비스 시스템을 떠나 아일랜드로 왔다. 그러나 항상 그래왔듯이 아일랜드도 영국을 바짝 뒤따르고 있는 중이다.

내가 1983년 의사 자격을 취득했을 때 의료전문가와 의료 혁신의 황금시대는 끝나가고 있었다. 이후 수십 년간 많은 국가보건서비스 관련 스캔들이 일어났다. 1998~2008년의 10년 사이에만 브리스틀, 올더헤이, 시프먼, 스태퍼드 등 4건의 스캔들이 터졌다. 브리스틀 병원에서 심장수술을 받고 사망한 아이들을 조사하기 위해 1998년 이언 케네디를 위원장으로 하는 위원회가 구성되었다. 2001년 조사위원회 보고서가 공개되었는데, 외과의사의 업무 수행과 전문가 문화를 엄중하게 비판하는 보고서였다. 케네디 보고서는 의사에 대한 정기적인 재인증과 재평가 제도를 도입할 것을 권고했다. 브리스틀 병원의 선임 외과의 중 한 명인 제임스 위셔트와 병원 최고경영자 존 로일런스 박사가 의학협회에 의해 퇴출되었다. 그런데 브리스틀 위원회에 출석한 증인 중 한 명이 리버풀의 올더헤이 병원 병리실에 다수의 어린이 심장이 보관되어 있다는 사실을 공개했다. 이것이 2001년 또 다른 보고서로 이어졌고, 전국적인 항의 사태로 인해 결국 2004년 '인체조직법'(Human Tissue Act)이 만들어지게 되었다. 한편 2000년에는 맨체스터에서 진료를 하던 일반의 해럴드 시프먼이 15명의 환자를 사망케 한 죄로 유죄판결을 받았는데, 2001년 재닛 스미스를 위원장으로 하는 조사위원회가 구성되어 2005년에 결과 보고서가 나왔다. 이 보고서에서는 의사에 대한 더 엄격한 규제를 권고했다. 그러나 국가보건서비스 스캔들 중 가장 크게 문제가 된 것은 스태퍼드 병원의 환자 치료와 사망률이었다. 이 사건은 2007년에 터져서 의료법 전문 법정변호사*인 로버트 프랜시스를 위원장으로 하는 두 번의 조사가 이뤄졌다.

　의료전문가들의 힘과 위신이 서서히 꺼져가고 있는 것은 분명한 사실이다. 이런 상실은 자초한 측면도 있고, 뜻밖의 사건들과 사회적 변화의 결과이기도 하다. 이런 사건들에는 위의 스캔들뿐만 아니라 인터넷, 보건의료의 정치화, 상업화 등이 포함된다. 의사들은 이 모든 상황 사이를 몽유병 환자처럼 떠돌아다니며 경영자와 거대 과학 연구자들에게 주도권을 내주었다. 의료 관행의 급격하고 재앙적인 변화와 치료의 프로토콜화가 큰 저항 없이 수용되었다. 브리스틀에서부터 이어진 스캔들은 정치인과 경영진들로 하여금 판사들과 언론의 지원을 받아 국가보건서비스에서 의사들의 힘을 손쉽게 제거할 수 있도록 해주었다.

내 젊은 시절을 미화하려는 얘기가 아니다. 의사들이 1983년에는 더 나았다고 주장한다면 솔직하지 못한 일일 것이다. 그렇지 않았다. 나는 탐욕스럽고, 게으르고, 오만하고, 무능한 사람들(주로 남성) 밑에서 일했다. 동시에 나는 이타적이고, 자신이 맡은 환자들에게 헌신적이고, 후배와 학생들에게 친절한 사람들 밑에서 일하기도 했다. 나는 의사들의 지위 그 자체에는 관심이 없지만, 지위와 책임은 서로 상응해야 한다. 우리는 의사가 가졌던 힘을 넘겨주었지만 환자에 대한 책임을 넘겨주지는 못했다. 영국 총리를 지낸 스탠리볼드윈은 언론이 '(오랜 시절 매춘부들이 누려왔던 특권인) 책임을 동반하지 않은 권력'을 행사한다는 유명한 비판을 남긴 바 있다. 지금 의

---

* 영국 변호사는 법정 변론만 하는 배리스터(barrister)와 의뢰인을 상대하는 솔리시터(solicitor)로 나뉘어 있다. 객관성을 유지하기 위해서인데, 배리스터가 더 권위를 인정받는다.

사들은 이런 매춘부들과 반대의 처지가 되었다. 책임은 있으나 권력은 행사하지 못한다.

미국의 정치철학자 로널드 드워킨은 의사들이 한때 누렸던 전문가적 자율성에 대해 다음과 같이 말했다. "그들은 친절하게 굴거나 농담을 하거나 아양을 떨 필요가 없었다. 그들은 상사와 잘 지내거나 정치적으로 예민할 필요도 없었다. 그들이 가진 치유 기술만으로도 충분히 환자들을 사로잡고 편안한 삶을 유지할 수 있었다. 그들의 평생 업무는 대부분 자기 자신을 감독하는 것이었다. 그들은 환자 말고는 누구에게도 응답할 필요가 없었다." 그러나 이것 역시 변했다. 우리는 모두 판매되는 물건이 되었다. 의사들이 더 이상 존경받지 못하는 것은 아마도 스스로 존중하지 않기 때문일 것이다. 이런 것은 근무복 같은 사소한 부분에서도 드러난다. 대부분의 병원들은 '팔꿈치 아래가 드러나는 복장' 정책을 채택하고 있는데, 의사들이 항생제내성균(MRSA) 같은 병원 감염을 환자에게 옮기지 못하게 하겠다는 취지에서다. 하지만 이런 감염을 뒷받침하는 증거는 거의 없다. 또한 국가보건서비스는 2008년부터 의사들의 흰 가운 착용을 금지했는데, 이것은 병원 감염에 대한 대중의 우려에 맞춘 본질적으로 정치적인 제스처였다. 이런 싸구려 속임수는 과밀, 일인실과 격리실 부족, 청소 외주, 인력 부족과 같은 병원 감염의 진짜 원인으로부터 대중의 관심을 돌리려고 의도한 것이다. 흰 가운 금지는 의사 권력의 낡은 상징이던 것을 제거하려는 일종의 정치적 조치이다. 흰 가운은 황금시대의 유물로서 전문가적 능력, 과학적 진보, 그리고 (역설적으로) 청결을 연상시킨다. 환자들은 의사처럼 보이는 의사를 더 신뢰할 가능성이 높다. 흰 가운은 의사들에게 자긍심과 명예를 부여하는 복장이었고, 환자들이 의사를 바로 알아보는 효과도 있었다.

의학의 퇴보와 변질은 직업적이고 과학적인 측면만큼이나 심미적이고 지적인 측면에서도 일어났다. 임상 귀족들은 봉건적인 의료계 피라미드의 정상을 차지하고 있는 금권정치가 비슷했지만, 어쨌든 그들은 지도자 역할을 했고 이 제도에 대한 기억을 전수하는 이들이었다. 많은 의사들이 자신의 스타일이 있었고 '뚝심'(bottom)—인격적 내실성과 진실성의 조합으로 이루어진 신비한 특성—을 가지고 있었다. 지금 의료인들은 이 '뚝심'의 위기를 겪고 있는 것으로 보인다. 의사들은 여전히 대중 앞에서는 그들의 직업을 사랑한다고 말한다. 하지만 통계상으로는 은퇴자 증가 등 말과는 다른 양상이 펼쳐지고 있다. 경영진의 괴롭힘, 환자의 위협, 늘어만 가는 감독기구의 규제 등이 그것들인데, 사실은 우리가 그런 일이 벌어지게 한 것이다. 의사로 살아가는 동안 나는 의료팀이 해체되고, 간호직이 보완역이 아니라 경쟁자가 되고, 전문의 수련과정이 조각나고 단축되어 능력이 부족한 전문의를 배출하고, 행정직들이 경영자가 되어 병원을 장악하는 것을 지켜보았다. 의사들이 권한을 잃어갈수록—정확하게는 스스로 포기할수록—, 그들은 환자에게 돌봄을 제공하는 다학제(多學際) 팀의 구성원일 뿐이라는 현대의 교리를 수용할 수밖에 없다. 이 교리에서는 팀의 누구도 우위를 점하거나 횡포를 부려서는 안 되고, 모든 결정은 행복한 합의를 통해 이루어져야 한다. 그러나 뭔가 잘못되면 팀은 사라져버리고, 어떤 끔찍한 일도 의사가 전부 책임(처벌)을 져야 한다. 공중보건학자로 뉴캐슬대학교 보건사회연구소 소장인 앨리슨 폴록의 표현에 따르면, 의사는 "일할 때는 팀이지만 비난받을 때는 개인"이다.

정치인과 경영자들은 의사에 대한 규제와 의무 기준을 높이는 임무를 위해 1980년대와 90년대에 걸쳐 등장한 생명윤리학자라는 새로운 집단의 도움을 받았다. 이 집단의 전형적 인물은 이언 케네디 경인데, 그는 학문 변호사로서 브리스틀 조사위원회 위원장이었다. 케네디는 1980년 BBC 라디오의 리스 강좌(Reith Lectures)에서 강의를 한 적이 있는데 주제가 '가면을 벗은 의학'이었다. 그는 의료인들에 대해 다소 좌파적인 비판을 가하면서 환자 권리의 강화를 주장했는데, 역설적으로 의료전문직과 국가보건서비스를 소비자주의적으로 개혁하려는 마거릿 대처의 계획에 호응하는 것이었다. 교육, 지방정부, 사회복지서비스도 비슷한 개혁을 요구받고 '감사위원회'(Audit Society)라고 하는 것을 만들게 될 터였다. 케네디는 전형적인 의료 비정부기구 활동가가 되었다. 브리스틀에 관련된 그의 여러 권고사항 가운데 하나가 외부감사제도 확립이었고, 이 권고가 2004년 의료감사위원회(Commision for Healthcare Audit and Inspection, CHAI) 발족으로 이어졌다. CHAI는 병원 재단들에 엄청난 양의 자료 제출을 요구했다. 『랜싯』은 CHAI가 "직장 내에서 편견, 불안, 사직을 조장하는 환경을 만들고 있다"고 비판했다. 도덕철학자 오노라 오닐은 2002년 리스 강좌 '신뢰의 문제'에서, 의사와 같은 전문가집단의 책임과 규제 강화를 목표로 하는 제도는 역설적으로 그것을 통해 바로잡으려는 불신을 오히려 심화시키는 효과가 있다고 주장했다. CHAI가 2008년 폐지되었을 때 케네디는 규제가 해결책이 아닌 문제의 일부로 여겨졌다고 한탄했다. 그러나 이런 규제가 가끔 출현하는 해럴드 시프먼과 같은 악당을 예방하지 못한다는 것을 대부분의 사람이 인정함에도, 해럴드 시프먼의 사례는 의사에 대한 가혹한 신종 규제를 정당화하는 데 이용되었다. 감사위원회와 함께 새로 등장한 전문가 엘리트는 자신들은 결코 감수할 필요가 없는 책임을 지고 있는 의사들에게 위계적인 지배력을 행사하고 있다.

임상 귀족들의 권력이 몰락한 후 그 공백을 경영자와 '임상 디렉터'라 부르는 새로운 집단이 채웠는데, 이들은 관리주의적 프리즘으로 자신의 역할을 이해하는 사람들이었다. 임상 디렉터는 동료 의사들로부터는 불신을 받았고 경영자들에게는 조종 대상이 되어 임상 귀족의 위상에는 이르지 못했다. 의료계의 권력은 병원을 벗어나서 위원회와 대학으로 갔다. 새로운 유형의 교수들은 거대과학 브라만들과 학회·전문가기구·의과대학 등에서 명성을 추구하는 위원회 인물들로 구성되었다. 임상 업무는 야심 없는 사람들에게만 맡겨졌다. 이 모든 일들이 병원을 지도자 부재 상태로 내몰았다. 경영자와 임상 디렉터가 명목상 책임을 지고 있지만 이들은 그저 목표와 수치에 의해 움직이는 사람들이었고, 한때 병원을 하나로 엮었던 '보이지 않는 접착제' 역할에는 관심이 없었다. 간호사 사회와 의사 사회 모두에 찾아온 리더십 부재 사태는 혼란과 비겁한 상황을 만드는 데 크게 기여했고, 결국 스태퍼드 스캔들 같은 사건으로 이어졌다. 의사들은 '내 분야' 질병과 서비스를 둘러싼 당파 싸움과 홍보전으로 분열되었고, 더 이상 공동의 선을 추구하는 응집력 있는 전문가집단으로 기능하지 못하고 있다. 우리 스스로 우리의 직능과 전통의 우물에 독을 타버린 것이다.

병원 전문의를 잘 차려입은 거만한 사람들로 보는 고정관념은 오늘날의 의사들이 당면해 있는 우울한 현실에도 불구하고 놀랍도록 지속되고 있다. 그러나 의사들은 지금 글로벌 비즈니스에 저당 잡혀 있다는 점에서는 그들의 환자와 다를 바 없다. 『공감 선언』(*The Empathy Instinct*)의 저자 피터 바잘게트는 야비하고 착취적인 빅브라더를 다룬 네덜란드 리얼리티 쇼를 영국 판으로 만들어 유명해진 프로듀서인데, 의사들이 그의 TV쇼에 나오는 '하우스메이트'처럼 현실과는 동떨어진 환경에서 일한다고 믿는다. 그는 "의사들이 과대망상과 전능함을 추구하는 경향이 있다"고 한탄하며, 그 예로 〈집안의 의사〉(Doctor in the House)라는 TV 시리즈물에 나왔던 가공의 외과의 랜슬롯 스프랫 경—명배우 제임스 로버트슨 저스티스가 연기—을 든다. 7부로 된 이 시리즈물은 1954년부터 1970년까지 방영되었다. 바잘게트는 스프랫이 "매우 과장되고 공격적이고 과대망상적인 의사로 … 간호사를 희롱하고 후배 의사들을 겁먹게 하고 환자들을 불행한 농노처럼 다룬다"고 적고 있다.

그러나 대부분의 역사에서 의사들은 그리 높은 존경을 받지 못했고, 황금시대에 누렸던 전문가적 지위도 역사적으로 단기간 지속된 예외적 경우라 할 수 있다. 몰리에르에서 버나드 쇼에 이르기까지 의사들은 거만하고 무지하고 탐욕스럽고 무용한 존재들로 그려졌다. 이반 일리치는 프랑스혁명 이전까지는 의사들도 장인으로서 생계를 유지했다고 말했다. 일리치 역시 의료전문가들에 대해 높이 평가하지 않았고, 그들이 환자의 건강보다는 수입과 사회적 지위에 더 관심이 있다고 여겼다. "의사들은 어느 전문직보다 더 그들이 좋아하는 곳에 있으려고 하는데, 기후가 좋고 물이 깨끗하고 취업률이 높아 사람들이 진료비를 내기 좋은 곳에 모여드는 경향이 있다." 미국과 캐나다의 의학교육에 대한 획기적 개선 방안을 담은 『플렉스너 보고서』(1910)도 놀랄 정도로 수준이 낮은 당시 의학교육에 대해 보고하고 있다. 1937년 출간된 A. J. 크로닌의 베스트셀러 소설 『성채』 역시 양차 대전 사이 영국 의료에 대한 한탄스런 자화상을 담고 있다. 지난 30년간 지위가 손상되었다고는 하나 의사들은 그저 원래의 역사적 위치로 돌아간 것뿐이고, 여전히 그들은 행복하지 않다. 영국 의학협회에 접수된 의사들에 대한 불만 제기는 2007년에서 2012년 사이 두 배로 늘었다. 국가보건서비스는 2015~16년에 의료과실 소송을 해결하는 데 14억 파운드(약 2조3천억 원)를 지불했는데, 이 금액은 10년 사이 두 배로 많아진 것이다. 의사들이 중과실치사 혐의로 기소되어 세간의 주목을 받은 사건도 몇 번 있었다. 런던의 외과의사인 데이비드 셀루는 항소심에서 판결이 뒤집히기까지 15개월을 감옥에서 보냈다. 수련이 끝나가던 소아과전공의

하디자 바와-가바는 잭 애드콕이라는 여섯 살 사내아이가 사망한 일 때문에 2016년 중과실치사 혐의로 기소되었다. 원래 수련의들에게 자기점검을 위해 쓰라고 권고하는 그녀의 성찰일지는 본인에게 불리한 증거로 사용되었다. 영국 의사들은 두 사람에 대한 조치에 격분했지만, 쥐들이 여전히 소란을 피우는 정도로 받아들여졌다.

의료계와 가족들 말고 누가 의사들의 행복과 사기에 관심이 있겠느냐고 할 수도 있지만, 이런 주장은 정치인, 경영자, 언론의 시각이기도 하다. 그러나 의사 집단의 탄탄한 지원 없이 보건의료 체계가 제대로 작동하기는 어렵다. 의사들, 특히 일반의들이 조기 은퇴하는 경우도 많다. 내 친구 한 명은 40대 중반에 국가보건서비스 일을 그만두었는데, 그냥 많은 환자들의 행동을 더 이상 견디기 어려웠기 때문이다. 존중이 사라진 자리에 빠르게 무례함이 찾아왔다. 의사들은 종종 그들이 겪는 고통의 원인으로 정치인, 경영자, 언론인, 변호사 탓을 한다. 이런 집단들이 의사들에 대해 우호적이지 않다는 것은 사실이지만 잘못은 주로 우리 탓이다. 우리는 우리 자신을 막을 수 없는 외부 힘의 희생자로 생각하지만, 이것은 틀렸다. 현실 안주와 집단적 비겁함이 우리를 현재의 처지에 있게 했다.

의사들이 일상적으로 내리던 결정을 법원으로 가져가는 경우도 이제 흔하다. 영국 언론에 널리 보도된 찰리 가드, 아이제이아 하스트럽, 앨피 에번스 사건은 크게 보면 모두 비슷한 사건이다. 세 남자 아기는 모두 치명적이고 회복 불가능한 뇌 손상을 입어서 집중치료실 안에서만 생명을 유지할 수 있었다. 담당 의사들은 부모들에게 더 이상의 집중치료는 무의미하고 아이들에게 (진부하지만 공식적인 언어로서) '존엄한' 죽음을 허용해야 한다는 지극히 이성적인 충고를 건넸다. 세 경우 모두 부모들은 동의하지 않고 의사와 병원을 상대로 모든 가능한 법정 소송을 진행하였고, 신문과 소셜미디어를 통한 홍보전도 병행했다. 법원은 세 사건 모두에서 병원 입장을 지지하는 판결을 내렸고, 이후 세 아기는 짧은 생을 마감했다.

언론은 이 사건들을 윤리적 딜레마로 다뤘지만, 어떤 경우도 딜레마는 아니었다. 딜레마는 2개 이상의 대안 가운데 최선이나 차악을 어쩔 수 없이 선택하는 것을 말한다. 하지만 어린 찰리 가드가 살아남아 그레이트오먼드스트리트 병원의 중환자실 밖에서의 삶을 누릴 수 있는 대체 시나리오는 존재하지 않았다. 문제는 윤리적인 것이 아니라 권위와 전문성에 관련된 것이었다. 병원은 항상 중증의 뇌 손상 어린이와 부모들을 다뤄왔다. 각 사례는 여전히 개인의 비극이다. 의사와 간호사는 할 수 있는 한 최선을 다했고 결정의 순간이 다가왔을 때 부모에게 이제는 보내야 할 때라고 말했다. 변한 것은 오늘날의 젊은 부모들이 의사들의 말을 듣거나 그들의 권위와 경험을 받아들이려 하지 않는다는 것이다. 왜 이런 일이 벌어지고 있을까? 몇 가지 이유가 있다. 전문가와 권위 있는 인물에 대한 존경심이 점차 사라지고 있는 것, 인터넷을 통한 지식의 민주화, '전문가'에 대한 새로운 불신, 소셜미디어의 선동 효과가 그런 것들이다.

의사들은 이 모든 것들에 발을 잘못 내디뎠다. 소통기술이 이 모든 문제를 해결해줄 거라는 통설은 공허한 환상으로 드러났다. 어린 찰리를 치료했던 의사들과 간호사들 중 상당수가 살해 위협을 받았고, 환자 가족 응원자들은 침을 뱉었으며, 의료진 일부는 현장으로 돌아오지 못했다. 아일랜드의 법정변호사이자 전 법무부 장관 마이클 맥다월은 의사와 병원이 그들 스스로 처리해야 할 사건을 법정으로 가져갔다고 비판했다. 소송이라는 경로를 쉽게 택함으로써 자신들이 더 이상 이런 어려운 결정을 할 권위—'뚝심'—가 없음을 암암리에 인정했다는 것이다. 의사들은 무엇을 두려워하는 것일까? 지금은 이런 갈등이 너무 흔해 전문적인 중재자까지 등장했다. 크리스 댄버리는 잉글랜드 레딩 지역의 중환자실 전문의인데, 지금은 공인 중재자로서 병원과 정기적으로 계약을 맺고 환자 보호자들과 협상하는 일을 담당하고 있다. 그는 자신이 어떤 도전과제를 맞고 있는지 우리에게 일러준다.

이 사례는 20대 초반의 젊은 아빠의 경우로, 그는 치료가 불가능하고 병이 진행 중이어서 결국 사망에 이르게 될 퇴행성신경질환을 앓는 사람이었다. 그는 지역의 신경의학센터에서 지역 병원으로 다시 전원되었다. 센터는 완치 가능성이 없어서 완화치료를 위해 보낸다고 지역 병원에 말했지만, 가족에게는 집에서 가까운 병원에 전원하는 것뿐이라고 했다. 지역 병원의 중환자실 의사를 처음 만난 자리에서 가족은 완화치료라는 말을 듣고 격분했고, 신경센터에서는 한 번도 그런 말을 들은 적이 없다고 했다. 내가 병원을 방문했을 때는 2만 9천 명이 치료를 계속해달라는 청원에 서명한 상태였다. 병원 앞에는

250명이 피켓을 들고 있었다.

의사들을 만난 다음 나는 가족들에게 대화를 요청했다. 그들은 처음에는 내 요청에 강한 거부감을 보였지만 마지막에는 동의했다. 그 다음으로는 경찰이나 보안요원 없이 가족과 대화하게 해달라고 병원을 설득해야 했다. 결국 나는 18명의 가족 측 사람들과 대면했다. 처음에는 어려운 고비가 있었지만 그들과 3시간 동안 얘기를 나눴다. 그 다음 주에는 항소법원 판사가 사건을 법정에 가져오지 않고 해결할 수 있는지 물어왔다. 병원재단 측 변호사의 반대에도 불구하고 다른 두 명의 법정변호사는 합의를 시도해볼 만하다고 생각했다. 사건을 맡은 전문가의 한 사람으로서 나는 보호자와 임상 팀이 함께한 자리에서 8시간에 걸친 대화를 나눴다. 날이 지날수록 양측의 거리가 좁혀지는 것이 명백해졌다. 마지막에는 모든 사람이 합의에 이르렀다. 치료는 계속하지만 심폐소생술 같은 과도한 처치는 하지 않기로 했다. 결과적으로 환자는 2년을 더 살 수 있었다.

비록 내가 크리스 댄버리처럼 성자 같은 인내력을 가진 것은 아니지만, 나도 비슷한 종류의 갈등을 경험한 적이 있다. 그것 때문에 2012년 거의 전부를 두 가족과 씨름하며 보내야 했다. 이 다툼은 예상했던 대로 두 환자 모두 손쓸 여지도 없이 사망함으로써 종료되었다. 지치고 낙담스런 경험이었으나 나는 그 짐을 나를 지지해준 분별력 있고 용기 있는 동료들과 나눔으로써 이겨낼 수 있었다. 병원에는 이런 다툼을 처리할 공식 절차가 없어서 우리는 고립무원의 처지에 빠져 있었다. 임상리스크 관리팀은 계속해서 또 한 번의 미팅을 해보라는 선의의 조언을 했다. 그들 입장에서는 '또 한 번의 미팅'과 '효과적 소통기술'이라 부르는 방법으로는 이런 어려움을 극복할 수 없다는 것이 잘 상상이 안 되는 듯 보였다. 그러나 그레이트오먼드스트리트 병원(찰리 가드 사건), 킹스칼리지 병원(아이제이아 하스트럽 사건), 올더헤이 병원(앨피 에번스 사건)의 의사들도 알게 되었듯이, 미팅, 중재, 소통기술에는 한계가 있다.

환자와 의사 사이에 불문율로 통하던 사회적 계약은 파기되었고 이제는 새로운 계약이 필요한 시점이다. 그러나 사회가 의사들에게 원하는 게 무엇인지는 여전히 불분명한 상태다. 환자들은 의사들이 결단력이 있으면서도 겸손하기를, 지식이 많지만 잘난 척하지는 않기를, 이해심 많고 인내력 있기를, 그리고 (신체적으로만이 아니라 정신적으로도) 항상 이용가능하기를 원한다. 하지만 이런 자질을 모두 갖춘 의사를 찾아내기란 불가능하기에 우리는 늘 뭔가 부족하다는 느낌을 가질 수밖에 없다. 그렇다면 현재 우리가 질병 인식개선 운동에 쏟는 에너지 일부를 환자와 대화하는 데 돌리는 방법도 있을 것이다.

2001년 『영국의학저널』 편집인으로 있던 리처드 스미스는 '가짜 계약'에 대해 쓴 적이 있다. 가짜 계약이란 오늘날의 의학이 놀랄 만한 일을 해낼 수 있다는 환자들의 믿음에 바탕을 둔 것인데, 의사들이 아픈 이유를 쉽게 진단할 수 있고, 알아야 할 모든 것을 알고 있고, 사회적 문제를 포함한 모든 문제를 해결할 수 있다고 믿고 치료를 전적으로 맡기는 것을 말한다. 의사들은 이런 믿음이 유아적인 것이고, 계약이 가짜라는 것을 알고 있다. 의사들은 현대 의학이 제한된 능력만을 가지고 있고, 때로는 위험하며, 사회적 문제를 해결할 수도 없고, 모든 것을 알고 있지도 않다는 것을 인지하고 있다. 그들이 확실하게 알고 있는 유일한 것은, 많은 일들이 얼마나 어려운지와 환자에게 도움이 되는 일과 해가 되는 일 사이의 차이가 아주 미세하다는 것뿐이다. 가짜 계약은 수십 년에 걸친 우리 삶의 의료화가 낳은 필연적 결과이다. 내가 의사로 일하는 동안만 해도 의학은 노화, 약물남용, 어린이행동 등을 의료의 영역으로 끌어들였다. 위대한 의료사학자인 고(故) 로이 포터는 『인류 최대의 혜택: 인류 의료사』(1997)라는 저서에서 "의학에 대한 오늘날의 복잡하고 혼란스러운 태도는 지난 한 세기 동안 치료 환경이 좋아지고 사회의 의료화가 널리 진행된 데 따른 누적 반응이라 할 수 있다"라고 썼다. 리처드 스미스가 가짜 계약에 대해 쓴 이후 17년 동안 의사의 불행은 심화되기만 했고 사회적 지위는 계속 내려앉고 있다. 아마도 우리는 "의학은 제한된 능력만을 가지고 있다", "죽음을 피할 수는 없다", "노화는 질병이 아니다"라는 구호로 인식개선 캠페인을 다시 시작해야 하리라.

이 문제를 해결하는 것은 모두의 관심사이다. 그러나 문제를 풀기 위해서는 몇 가지 일들을 함께 처리할 필요가 있기에 해결을 낙관할 수만은 없다. 임상의들은 경영자들로부터 권한을 되찾아야 한다. 간호직과는 새로운 협력관계에 대해 협의해야 한다. 의료소송은 비적대적인 무과실 보상 모델로 바뀌어야 한다. 영국 의학협회 같은 감독기구는 근본적으로 개혁되어야 한다. 책임은 권한과 함께 가야 한다. 의료인은 의학이 할 수 있는 것과 할 수 없는 것에 대하여 환자, 사회, 정치인, 언론과 대화를 시작해야 한다. 이러한 개혁들이 어떻게 이뤄질 수 있겠는가? 나는 일선의 의료인들이 갑자기 들고일어나서 족쇄를 던져버릴 수 있을 거라 낙관하지 않는다. 전문가 조직은 경직되어 있고 그들의 유일한 관심은 자신의 존재를 유지하는 것이다. 경영자들도 자발적으로 권한을 넘겨주지는 않을 것이고, 그들로부터 빼앗아 와야 할 것이다. 그들에게는 현 시스템을 유지하는 데 따른 인센티브들이 개혁에서 얻는 인센티브들보다 훨씬 크다는 것을 알아야 한다. 무엇보다 의학은 자기만 아는 미덕의 과시보다 리더십이 필요하다. 이것이 어디에서 오는지 알기는 쉽지 않다. 아마도 이것은 다음 세대가 풀어야 할 문제일 것이다.

　나는 다음 세대를 가르친다. 최근에 마지막 학기의 의대생들을 가르친 병동이 1984년 내가 인턴으로 일하던 때의 병동과 같다는 것을 퍼뜩 깨달은 적이 있다. 나는 학생들에게, 인류가 타락하기 전의 에덴동산에서는 내 담당 환자들이 병원 전체와 응급실 카트(환자 운반대)에 흩어져 있지 않고 한 병동에 모여 있었다고 말해주었다. 내 지도교수는 간호사들과 함께 병동 회진을 돌고 나서 간호사실에서 차 한 잔을 마시곤 했다는 얘기를 들려주었다. 오랜 시간이 지나면서 내 기억이 장밋빛으로 변했는지도 모르는 일이지만, 지금에 비하면 과거의 회진은 천국처럼 보인다. 나는 지난 주말 일반내과

당직에 이어 병원 전체 15곳에 흩어져 있는 50명의 환자를 돌봐야 했다. 야간당직을 맡은 수련의가 오전 9시에 퇴근할 수 있도록 7시부터 업무를 시작했다. 회진은 응급실에서부터 시작했는데 10명의 환자가 있었다. 4명은 칸막이 커튼을 친 침상에, 6명은 복도의 카트에 누워 있었다. 너무 이른 아침이라 복도는 어두웠고 환자들은 잠들어 있었다. 카트에 있는 나이든 환자를 진찰하는 것은 매우 힘들었는데, 소란스럽고 프라이버시도 지킬 수 없고 사람들이 지나다니는 어수선한 상황에서 그를 진찰해야 했다.

각 환자마다 밟는 통상적 절차는 동일하다. 환자를 입원시킨 수련의로부터 간단한 요약 보고를 받는데, 수련의의 근무시간이 일찍 끝나서 이미 퇴근해 버린 경우도 종종 있다. 나는 환자를 보고 그들이 아픈지 안 아픈지를 판단한다. 의무기록지에 간단한 기록을 남기는데, 내 판단이 환자를 입원시킨 수련의와 다른 경우도 종종 있다. 처방 목록도 점검한다. 항생제가 필요 없는 환자 여러 명이 패혈증과 정맥혈전색전증 프로토콜 때문에 정맥주사로 항생제를 맞고 있고, 거의 모든 환자가 항응고제를 맞고 있다. 응급실에서 본 남자 환자는 심한 위출혈 증세를 보이고 있는데, 그는 응급으로 내시경을 해야 하지만 병상이 배정되기 전까지는 할 수 없다. 음주로 인한 간경화를 앓는 22세 남자가 황달과 복수로 입원해 있다. 그는 일 년 이내에 사망할 것이다. 중증치매로 장기간 정신과 치료를 받던 남자가 흉부 감염으로 왔다. 그는 뭔가를 삼킬 때마다 기침을 하고 컥컥거리기 때문에(이것은 오래된 증상이다) 간호사들은 언어치료사들에게 평가를 의뢰했고, 삼키는 데 장애가 있으니 음식이나 음료를 주면 안 된다는 오더를 받았다. 나는 이 오더를 변경해서 환자를 편하게 해주었고 치료사들을 난처하게 만들었다. 환자들을 회진하는 데는 몇 시간이 걸리는데, 그 이유 중 하나는 그들이 흩어져 있기 때문이다. 그래서 이 회진을 '사파리 회진'이라고 부른다. 대부분의 병동에서는 간호사들이 함께 회진을 돌지 않는다. 그로 인해 핵심적인 정보들은 사라지고 인계되지도 않는다. 주말이 지나면 임상 감독 및 간호 관리직과 전화 회의를 해야 한다. 의논 내용 대부분은 응급실 카트에 수용되어 있는 환자들의 처리에 관한 것이다.

응급실에서 시작해서 5시간 30분에 걸친 회진은 12시 30분에 마침내 끝난다. 내 환자 대부분은 노인이고 요양원에서 왔다. 다수가 여러 개의 약물을 장기복용하고 있는데, 어떤 환자는 20개의 약물을 복용한다. 이 모든 것은 일반의들이 지침에 따라 좋은 의도로 처방한 것이다. 일부 환자는 부분적으로는 약물 부작용 때문에 나의 치료를 받고 있다. 업무 부하가 많은 날이지만 그래도 회진을 해야 하는 주된 이유는 임상적 판단을 하기 위해서다. 내 역할은 분류가 되어 있지 않은 환자들을 확인하고, 입원 진단명이 부정확하거나 적절한 치료를 받고 있지 않은 사람을 골라내는 것이다. 이런 판단은 프로토콜화된 근거기반의학의 세계에서는 높이 평가받지 못한다. 이 모든 지저분하고 혼란스럽고 산만하고 소통 부족한 상황에도 불구하고 모든 책임은 오로지 내 몫이다.

수련의와 간호사는 프로토콜을 따라야 한다. 간호사들은 '조기경

고점수'(early warning score)가 높게 나오면 의사에게 긴급 연락을 해야 하는데 대부분은 잘못된 경보이다. 수련의는 프로토콜에 따라 항생제와 항응고제를 처방하는데, 상당수는 이를 필요로 하지 않는 사람들이고 오히려 해를 입을 수 있다. 이 모든 것들은 지루하고 허무한 감정을 느끼게 한다. 연구실험실은 병동 회진과는 동떨어진 채 돌아가고, 이런 프로토콜을 번성하게 한 근거기반의학은 퉁명스럽게 올러대는 존재가 되었다. 우리가 돌봐야 할 환자들은 더 이상 사람이 아니라 비정상적 생리 수치, 연구실 계측치, 고장 난 장기가 되었고, 이반 일리치가 말한 '한 다발의 진단 뭉치'가 되었다. 의사, 간호사, 기타 의료전문가들은 이 모든 일들을 정확하게, 프로토콜에 따라 수행한다. 의산 복합체는 아픈 사람을 고장 난 기계처럼 보는 것과 똑같이, 의사를 표준화되고 프로토콜화된 기능인으로 본다. 환자는 병원의 컨베이어 벨트에서 처리해야 하는 문제이다. 환자가 아무도 자신을 책임지는 사람이 없고 자신을 한 사람의 개인으로 치료하는 사람이 없다고 느끼는 것도 전혀 놀라운 일이 아니다. 우리 병원 역시 '진료 흐름' 계획을 자랑스럽게 내세우고 있는데, 이것은 병원이 보건의료의 공장식 모델을 제도적으로 승인하고 브랜드화하고 있음을 명확히 보여주는 것이다. 이곳에서 아픈 사람은 정량화된 입력물이 되어 출력물로 가는 절차를 밟아야 하고, 회전속도가 짧을수록 좋다. 우리는 환자를 '처리'하고 있지 '치유'하고 있는 것이 아니다.

회진 후에 나는 샌드위치를 가지고 방으로 가서 이메일을 체크한다. '이실직고'에 대한 워크숍 초청 메일이 와있는데, 이것은 책임을 처음부터 인정하는 정책으로서 의료사고의 파장을 감소시키려는 계획이다. 이 워크숍의 진행자 4명 가운데 의사는 아무도 없다. 환자나 가족에게 내가 실수했다고 말할 필요가 없는 사람들이다. 다른 이메일은 손씻기 교육을 의무적으로 받아야 한다고 알려주는 메일이다. 또 다른 이메일은 의료전문 배상 기구에서 온 것인데, 환자에 대한 골치 아픈 대응법과 공동결정 방법을 배우는 워크숍에 참석하라는 메일이다. 학회에서 온 메시지는 '임상의를 위한 리더십' 세미나에 참석하라고 초청하는 것이다. 다른 의사들에게 리더가 되는 방법을 가르치면서 정작 자신은 임상 최일선의 스트레스에서 벗어나 있는 저 약삭빠른 의사들의 역설에 대해 생각해본다.

# 맥나마라 오류

# 12

의사들과 병원 경영진 사이의 주된 이념적 차이는, 보건의료가 비즈니스처럼 운영될 수 있고 데이터가 성공의 열쇠라고 경영진이 믿는다는 것이다. 그들은 '데이터교도들'이다. 세금으로 운영되는 국가보건서비스와 같은 시스템에서 정치인들은 '납세자'라는 가상의 존재들에 대해 책임을 지고 설명할 수 있는 서비스를 제공할 의무가 있다. 불합리하다고 할 수 없는 이런 의무가 우리로 하여금 측정 가능한 정량지표에 수십 년간 강박적으로 매달리게 만들었다. 바로 이런 열띤 편집증이 암적인 목표지상주의 문화를 국가보건서비스에 널리 퍼지게 한 것이다.

정량지표에 대한 지나친 강조를 흔히 '맥나마라 오류'(McNamara fallacy)라고 부른다. 로버트 스트레인지 맥나마라(1916~2009)는 존 F. 케네디와 린든 존슨 대통령 재임기인 1961~68년에 미국 국방장관을 지냈다. 그의 경력은 어떤 기준으로 봐도 화려하다. UC버클리에서 경제학을 전공한 후 하버드 경영대학원에서 MBA를 받았고 24세에 최연소 교수가 되었다. 2차 세계대전 중에는 미 국방부 통계 부서에서 근무했는데, 하버드에서 배운 통계방법론을 폭격 계획을 짜고 수행하는 데 적용하여 극적인 효율성 개선을 이뤄냈다. 이후 맥나마라는 유럽과 극동에서 근무하면서 커티스 르메이 대장이 하룻밤에 10만 명을 살상한 도쿄대공습 계획을 짜는 것을 돕기도 했다. 전쟁이 끝난 후에는 포드자동차의 통계관리 부서에서 '신동'이라고 부르는 똑똑한 젊은이들을 뽑았는데 맥나마라도 그 한 명이었다. 한때 위대했던 회사가 길을 잃고 큰 적자를 보던 때였다. 맥나마라와 신동들은 이 병든 거인이 안고 있는 문제에 대해 합리적인 통계분석기술을 적용함으로써 커다란 성과를 내고 포드를 다시 흑자 기업으로 만들었다. 1960년 44세의 나이로 그는 포드자동차 사장이 되었다. 포드 가문이 아닌 인물로는 처음 이 자리에 오른 사람이었다. 자리에 앉은 지 두 달이 채 안 되었을 때 그는 대통령으로 선출된 케네디로부터 장관 자리를 제안 받았다. 처음에는 재무장관 자리를 제안 받았으나 이 자리를 맡을 자격이 충분치 않다고 생각해서 거절했다. 하지만 국방장관 자리는 수락했다.

맥나마라는 포드에서 원가를 줄이고 효율성을 높였던 엄밀한 시스템 분석법을 펜타곤에도 적용했다. 베트남에서 충돌이 격화되던 1960년대 초반 이 정량적 접근법을 사용해서 전쟁을 수행코자 했다. 그는 적군 사상자가 미군 사상자보다 많기만 하면 전쟁에서 결국 승리할 것이라고 믿었다. "계산할 수 있는 것은 모두 계산해야 하고, 사상자 수도 그중 하나이다." 그는 적군 사상자가 25만 명이 되면 북베트남이 더 이상 새로운 군대로 사상자를 메울 수 없는 교차점에 이른다고 보았다. 그래서 1967년까지 미국은 지상군을 대규모로 늘리고 북베트남에 대한 대대적 공습을 감행했다. 그러나 전쟁은 끝날 조짐을 보이지 않았고, 전쟁에 대한 대중의 반대도 커지기 시작했다. 심지어 당시 스탠퍼드 학생이던 맥나마라의 아들 크레이그까지 반전 시위에 참가할 정도였다. 맥나마라는 이 전쟁에서 승리할 수 없다는 결론을 내리고 존슨 대통령과 합참의장에게 전쟁의 수위를 낮추고 평화협상을 시작해야 한다는 권고를 담은 메모를 전달했다. 하지만 존슨은 메모에 답하지 않았고 1967년 말 맥나마라를 장관직에서 물러나게 했다. 맥나마라는 나중에 이것을 두고 "내가 사임한 것인지 아니면 해임된 것인지 잘 모르겠다"고 말하기도 했다. 그는 1968년 4월 세계은행 총재가 된 후 1981년까지 재직했다. 맥나마라에 이어 국방장관이 된 클라크 클리퍼드는 이렇게 말했다.

베트남은 경영 문제가 아니었다. 그것은 전쟁이었고 전쟁은 죽고 사는 문제로 분석할 수 없는 보이지 않는 문제들로 가득 차 있다. 맥나마라는 전쟁을 치러본 적이 없었고, 따라서 처음에는 전쟁의 멍청한 낭비와 비이성적인 감정들과 사람들이 죽어갈 때의 팩트와 진실의 흐릿한 경계 등을 충분히 이해하지 못했다. 그리고 전쟁의 정치적 뿌리에 대해서 충분히 깨달았을 때는 이미 너무 늦었다. 그의 괄목할 만한 경력에서 그래왔듯이 순수한 지성과 뛰어난 분석기술을 이용해 전쟁을 통제하려고 시도했으나 베트남은 이런 분석을 거부했다.

맥나마라가 사임하고 3년 후에 사회학자이자 여론분석가인 대니얼 얀켈로비치(1924~2017)는 '맥나마라 오류'(the McNamara Fallacy)라는 용어를 만들었다. (영국계 아일랜드 작가인 찰스 핸디가 1994년 『텅 빈 레인코트*The Empty Raincoat*』라는 책에서 이 용어를 유행시킨 후 그것의 원조로 잘못 인용되곤 한다.)

첫 번째 단계는 측정할 수 있는 것은 모두 측정하는 것이다. 여기까지는 문제가 없다. 두 번째 단계는 쉽게 측정할 수 없는 것은 무시하거나 임의의 수치를 매기는 것이다. 이것은 인위적이고 잘못되기 쉽다. 세 번째 단계는 측정할 수 없는 것은 정말로 중요한 것이 아니라고 가정하는 것이다. 이것은 맹목이다. 네 번째 단계는 쉽게 측정할 수 없는 것은 실제 존재하지 않는 것이라고 말하는 것이다. 이것은 거의 자살행위이다.

의학은 늘 혼란스럽고 부정확하고 불확실한 상태에 있고, 그런 상태로 지내왔다. 맥나마라 오류는 이 모든 복잡성을 수치 분석으로 풀어낼 수 있다는 망상이다. 이런 생각은 병원사망률 같은 조악한 정량지표에 대한 지나친 신뢰와 자의적 목표 설정으로 이어지곤 하는데, 이 목표들 대부분은 환자 치료를 개선하지 못할뿐더러 일부는 오히려 해를 끼치기까지 한다. 그러는 사이 치료의 연속성이나 연민 같은 측정 불가능한 속성들은 무시된다.

브라이언 자먼 교수는 영국 의료계의 로버트 맥나마라였다. 1990년대에 그는 '병원표준화사망비'(Hospital Standardized Mortality Ratio, HSMR)라는 새로운 지표를 개발했다. 이 지표는 역사상 최악의 국가보건서비스 스캔들이라고 할 수 있는 스태퍼드 병원 스캔들을 촉발한 가장 큰 요인이었다. '스태퍼드'라는 이름 자체가 영국 병원 진료의 잘못된 모든 것을 지칭하는 용어로 사용될 정도였다. 이 스캔들은 맥나마라 오류, 목표 지향적 문화, 관리통제주의, 정치인과 언론의 기회주의, 일상의 불친절 등이 독특한 형태로 융합되어 발생했다. 자먼의 병원표준화사망비는 병원에서 일어나는 '피할 수 있는 사망'을 측정한 것이라는 오해를 널리 일으켰다. '피할 수 있는 사망'이란 부실한 진료가 직접적 원인이 되어 일어난 사망을 가리킨다. 스태퍼드 스캔들에 대한 공식적인 조사가 몇 차례 있었는데, 그중 두 번은 칙선변호사(Queen's Counsel, QC)인 로버트 프랜시스 경이 이끌었다. 2013년에는 국가보건서비스 의학담당 이사인 브루스 케오 교수의 주도로 병원표준화사망비가 높은 14개 병원에 대한 추가조사가 실시되었다. 브라이언 자먼과 병원표준화사망비를 둘러싼 이야기는 정량지표가 어떻게 의학을 잘못 이끌 수 있는지 보여주는 진정한 경고 사례라 할 수 있다.

자먼은 처음에는 런던에서 일반의로 일했으나 학계로 옮겨서

1984년 세인트메리 병원의 일차보건의료(Primary Health Care, PHC) 교수가 되었고, 나중에는 임페리얼 칼리지의 같은 부서 책임자가 되었다. 그는 영국 의료계의 저명한 일원이 되어 1998년에는 기사 작위를 받았고, 2003년에는 영국의사회(BMA) 회장으로 선출되기도 했다. 자먼은 통계와 의료정보학에 정통했고 '자먼 지표'라 부르는 빈곤지역점수(Underprivileged Area Score) 같은 사회경제적 지표를 개발하기도 했다. 1990년대 들어서는 병원사망률에 관심을 돌려 '병원표준화사망비'를 개발하기에 이르렀다. HSMR를 구하는 공식은 'HSMR = (실제사망자수/기대사망자수) × 100'이다. 예컨대 HSMR가 100이면 실제사망자수와 기대사망자수가 일치한다는 뜻이다. 사망 원인은 퇴원기록지의 진단명에서 취했는데, 환자가 사망하면 병원 의무기록사는 의무기록지를 검토해서 주요 진단명 내지 일차 진단명 코드를 부여하고 다른 동반질환 코드를 입력한다. 이 숫자 코드는 국제질병분류(ICD)에 근거한 것이다. 이러한 코드 부여가 항상 정확한 것은 아니고 진료기록의 명확성이나 의무기록사의 신중함에 따라 달라진다. 의료정보학 전문가인 폴 테일러는 병원표준화사망비 산출 방법을 다음과 같이 설명했다.

실제 사망 데이터는 HES(Hospital Episode Statistics)라는 병원 통계에서 얻는데, 병원 내에서 사망한 사례에 한정한 것이다. 전체 사망의 80퍼센트 이상을 차지하는 가장 흔한 사망원인 50가지에 대해 성별, 나이, 입원방법(예약 또는 응급), 환자 거주지의 사회경제적 결핍

지수, 진단/처치 세부분류, 동반질환, 과거 응급입원 횟수, 퇴원 연도, 입원 달과 입원 경로, 완화치료를 위한 ICD(국제질병분류) 코드 사용 등을 고려하여 사망 위험을 로지스틱 회귀분석으로 계산한다. 각 병원에서 구한 이런 요소들이 혼합된 데이터를 이용해 기대사망률을 계산하는 것이다.

1999년에 자먼은 브리스틀 병원의 소아심장외과를 조사하는 케네디 조사위원회에 위원으로 참여했다. 이 스캔들은 영국 국가보건서비스의 역사적 전환점이 되었고, 이후 영국 의학은 결코 이전으로 돌아갈 수 없게 되었다. 이 사건은 병원의 마취과의사인 스티브 볼신이 심장수술을 받은 아동들의 높은 사망률에 대해 우려를 나타내면서 시작되었다. 언론에서는 무능한 의사들이 아이들을 죽였다는 단순한 이야기로 보도했다. 진실은 보다 복잡하면서 동시에 평범했다. 외과의사들이 다른 곳에 보냈어야 할 환자들을 수술했고, 심장외과 팀에 인력과 예산이 부족한 것이 문제였다. 그러나 케네디 조사위원회의 권고사항 중 하나는 병원사망률을 더욱 폭넓게 적용해야 한다는 것이었다. 자먼이 브리스틀 조사위원회에 참여한 바로 그해에 그와 임페리얼 칼리지의 동료는 『영국의학저널』에 「통상적인 수집 데이터를 이용한 영국의 병원사망률 차이에 대한 설명」이라는 제목의 논문을 발표했다. 이 논문은 브리스틀 스캔들이 진행되던 중간에 발표되어 뜨거운 주목을 받았다. 이 논문에서는 병원표준화사망비의 통계적 방법론을 요약하고, 영국에서 각 병원의 사망률이 왜 다양하게 나타나는지에 대해 보고했다. 이 논문은 정치적 메시지를 담고 있었고, 병원사망률과 인구수 대비 의사 비율(병원의사와 일반의 모두) 사이에 강한 연관관계가 있다는 것을 보여주었다.

자먼은 당시 보건부 장관이던 프랭크 돕슨에게 영국 병원들의 병원표준화사망비를 공표해도 되는지 문의하였다. 돕슨은 거절하였다. 2000년 9월 자먼은 두 명의 기자, 『선데이타임스』의 팀 켈시와 『파이낸셜타임스』의 로저 테일러를 만났다. 이 신문들은 모두 브리스틀 사건을 다루고 있었고, 자먼의 병원표준화사망비에서 숨겨진 상업적 잠재력을 보았다. 두 명의 기자는 닥터포스터인텔리전스(DFI) 재단을 공동 설립하고, 2001년 '좋은병원 가이드'(Good Hospital Guide)를 처음 선보였다. DFI는 상업적 기업으로 설립되어 '좋은병원 가이드'(병원표준화사망비와 병원 순위 공표)와 그 서비스를 병원 재단들에 판매하여 수익을 얻고자 했다. DFI는 이렇게 주장한다. "우리는 다양한 보건의료기관 분석과 임상적 벤치마킹 솔루션 제공의 세계적 선두주자이다." 돕슨에 이어 보건부 장관이 된 앨런 밀번이 열성적 지지자로 나서서 병원들에게 싫건 좋건 DFI와 협력하도록 요청했다. 밀번의 후임자인 퍼트리샤 휴잇은 2006년 정부로 하여금 이 회사를 경쟁입찰 없이 1천2백만 파운드(약 2백억 원)에 매입케 했다. 로저 테일러는 지금도 닥터포스터의 연구 책임자로 있으면서 자신을 기업가, 언론인, 작가로 소개하고 있는데, 열거된 경력에 통계학자는 없는 것이 눈에 띈다. 팀 켈시는 현재 '오스트레일리아 디지털헬스에이전시'라는 회사의 최고경영자로 일하고 있다. 두 사람은 자신들에게 상업적 기회를 선사한 자먼에게 매우 감사해야 한다. 이상하게도 자먼이 임페리얼 칼리지에서 운영하는 연구부서 이름이 닥터포스터유닛(DFU)이다. 자먼은 DFU가 DFI와는 완전히 독립된 기관이라고 항상 주장했지만, 로버트 프랜시스가 이끈 두 번째 조사위원회 때 DFI가 DFU 예산의 47퍼센트를 제공한 사실을 인정했다.

2007년 DFI의 '좋은병원 가이드'는 미드스태퍼드셔 국가보건서비스 트러스트*에 병원표준화사망비 127점을 부여했는데 이것은 전국에서 네 번째로 높은 것이었다. 병원재단은 병원표준화사망비 점수가 높은 이유가 진단코드 부여를 잘못했기 때문이라고 생각해서 진료기록을 재검토하고 몇몇 사례에 코드를 다시 부여했다. 그리고 버밍엄대학교의 리처드 릴퍼드 교수와 M. A. 모하메드 박사 등 2명의 역학자에게 병원표준화사망비를 계산하는 데 사용한 통계적 방법을 검토해달라고 의뢰했다. 릴퍼드와 모하메드는 병원표준화사망비의 비판자로 알려져 있다. 그들은 이 지표가 갖가지 편향들에서 영향 받기 쉽다고 주장했다. 예를 들어 코드 부여의 정확성, 지역 일반의의 진료 수준, 전체 입원자 중 응급 입원자의 비율, 호스피스 병상의 지역 수용능력 등이 그런 편향으로 작용할 수 있다는 것이다. 그들은 이 방법으로는 '피할 수 있는 사망'을 측정할

---

* Mid Staffordshire NHS Trust. 미드스태퍼드셔 지역에서 2개의 병원을 운영하는 재단트러스트(foundation trust)로, 그중 하나가 스태퍼드 병원이다.

수 없기에 의료의 질도 평가할 수 없다고 결론지었다. 다른 많은 통계학자와 의료정보학 전문가들도 그들 의견에 동의했다.

사실 스태퍼드 병원과 이 병원의 병원표준화사망비는 줄리 베일리라는 여성이 없었으면 지역에서만 우려하는 문제로 남았을 것이다. 86세인 그녀의 어머니 벨라는 염증성 탈장으로 입원하여 8주간 치료받은 후 2007년 11월 8일 병원에서 사망했다. 베일리의 가족은 병원의 간호서비스가 형편없다는 데 충격을 받았다. 베일리는 병원 최고경영자인 마틴 예이츠에게 항의했지만 아무런 답을 듣지 못했다. 그녀는 지역 신문에 이 문제를 기고하는 한편, 비슷한 일을 겪은 몇몇 다른 가족들과 접촉했다. 이런 경험을 통해 베일리는 '국가보건서비스 치료하기'(Cure the NHS)라는 이름의 지역 압력단체를 조직했다. 이 단체는 스태퍼드 병원에서 가족이나 친척이 사망한 사람들로 구성되었고, 2007년 12월 베일리가 운영하는 카페에서 첫 모임을 가졌다.

그러는 사이 스태퍼드 병원의 병원표준화사망비가 높다는 것을 인지하고 있던 보건의료위원회(Healthcare Commission)에서는 2008년 3~10월에 조사를 실시, 2009년 3월에 보고서를 발표했다. 위원회는 높은 병원표준화사망비가 일차적으로 코드 부여를 잘못한 결과라는 병원의 설명을 받아들이지 않았다. 이 보고서의 상세한 내용이 발표 이전에 언론에 전달되었는데, 그 안에는 10년 이상에 걸쳐 4백 명에서 1천2백 명에 이르는 초과사망(피할 수 있는 사망)이 발생했다는 내용이 들어있었다. 이 수치는 최종 발표자료에는 없었지만 이미 언론에 유출되어 헤드라인으로 실렸고, 지금까지도 증거로 제시된다. 이 위원회의 보고서가 발표되었을 때 고든 브라운 총리와 앨런 존슨 보건부 장관은 이 병원에서 부실한 치료를 받은 환자와 가족들에게 사과했다. 병원 최고경영자 마틴 예이츠의 직무가 정지되었고, 이사회 의장 토니 브리스비는 사임하였다. 보건부 장관도 2009년 6월 5일 앤디 버넘으로 바뀌었는데, 버넘은 2009년 7월 21일 스태퍼드 병원에 대한 독립적인 추가조사(로버트 프랜시스가 위원장을 맡은)를 실시하겠다고 발표하였다. 추가조사 보고서는 2010년 2월에 발표되었다.

이 조사는 병원사망률을 조사하는 데 많은 시간을 할애하였는데, 프랜시스는 자먼의 증거에 크게 의존했다. 이 보고서는 이제는 유명해진 '1996년부터 2008년까지 스태퍼드 병원의 병원표준화사망비 표'를 담고 있는데, 기대사망자수 대비 초과사망자수를 1,197명으로 제시하고 있다. 프랜시스는 미드스태퍼드셔 재단트러스트의 수치가 나중에 "놀랄 정도로 회복"되었음을 지적하면서 병원표준화사망비 통계에 대한 의구심을 표명하기도 했다. 2008/9년의 병원표준화사망비는 89.6으로 낮아졌고 2009년 '좋은병원 가이드'에 따르면 스태퍼드는 14등 안에 들었다. 프랜시스는 브라이언 자먼의 평판과 명성을 인정하면서도 병원표준화사망비 같은 통계치는 DFI 같은 상업적 기업이 아니라 정부가 지원하는 독립적인 기관이 산출해야 한다고 제안했다. 그러나 자먼은 모든 '초과사망'이 반드시 '피할 수 있는 사망'은 아니라는 점을 조사위원회에서 조심스럽게 지적했다.

> 우리는 사망률 경고와 병원표준화사망비가 병원의 실패를 확인하는
> 직접적 수단으로 사용될 수 없다는 것을 인지하고 있다. … 이 데이터
> 가 하는 일은 질문을 제기하는 것이다. 즉 그 달에 특정 진단이나 처
> 치에서 사망률이 높게 나와 경고가 떴을 때 그 이유가 무엇이냐는 질
> 문 말이다. 우리는 재단에 보내는 경고편지에서 이 수치가 의미하는
> 바에 대한 결론을 미리 내리지 않는다는 점을 명백하게 밝혔다.

프랜시스도 최종적으로 병원표준화사망비 수치로부터 어떤 결론도 도출할 수 없다고 결론지었다.

> 이 조사에 대하여 (두 명의 독립된 전문가로부터 받은 보고서를 포함
> 한) 다양한 의견을 종합해보면, 이 수치로부터 재단 소속 병원에서 생
> 긴 피할 수 있거나 필연적이지 않은 사망자수가 얼마인지 추론하는
> 것은 안전하지 않다고 결론 내렸다.

이 이야기와 로버트 프랜시스는 여기서 끝나지 않는다. 2010년 6월 새로 집권한 보수당의 보건부 장관이 된 앤드류 랜슬리가 또 다른 공식조사가 있을 것이라고 발표했는데, 이 조사위원회 역시 프랜시스가 위원장을 맡았다. '국가보건서비스 치료하기'는 첫 번째 조사가 공개적으로 이루어지지 않았다는 불만을 제기했고, 프랜시

스 자신도 조사 범위가 너무 협소했다고 생각했다. 프랜시스는 2010년 11월에 일을 다시 시작했고 또 하나의 보고서가 2013년에 발표되었다. 그는 자먼의 증거에 대해 다시 청취했는데, 자먼은 이 단계에서는 프랜시스의 인내심을 시험하는 것처럼 보였다. 조사위원회는 자먼으로부터 많은 양의 상세한 증거를 전달받았다. 프랜시스의 두 번째 조사는 지금은 불명예스러운 이름이 된 '브라이언 자먼 교수 제공, 1996년부터 2009년까지 스태퍼드 병원의 병원표준화사망비 표'가 보여주듯 첫 번째 조사와 유사한 영역을 다루었다. 브루스 케오 교수는 병원표준화사망비에 대한 심각한 우려를 표명했다.

잠재적으로 '피할 수 있는' 사망을 사전에 정할 수는 없다. 병원표준화사망비 같은 순수 통계적 측정법의 민감도와 특성을 평가하는 황금기준이란 있을 수 없기 때문이다. 즉 어떤 단일한 측정법으로도 병원이 제공하는 진료의 질적 측면 모두를 측정할 수는 없다. … 따라서 나는 이토록 단순화된 병원표준화사망비 성적표를 발표하는 것에 동의할 수 없다.

브리스틀 조사위원회를 이끌었던 이언 케네디 역시 병원표준화사망비를 비판했다. 그는 조사위원회에 "당시 병원표준화사망비가 위험이나 저성과를 예측하는 지표로 널리 받아들여지고 있었던 것은 아니다"라고 말했다. 프랜시스는 병원표준화사망비 방법론을 둘러싼 지루한 줄다리기를 그리 즐기지 않은 게 틀림없다. 보고서에는 "통계학자가 아닌 사람에게는", "만일 내가 정확하게 이해했다면" 같은 문구들이 어지럽게 흩어져 있었다. 그는 첫 번째 조사 때 그랬던 것처럼 다소 진이 빠진 채로 이렇게 결론지었다. "현재까지 비교 수치를 산출할 수 있는 일반적으로 인정되는 방법이 없음에도, 정당화할 수 없는 결론에 의거해 병원 사망자수로부터 피할수 있는 사망자수를 도출하는 일이 지속되고 있다." 언론과 정치인들은 783,710개 단어로 된 프랜시스 보고서를 대충 훑어볼 수밖에 없었고, 여전히 1천2백 명의 '피할 수 있는' 사망자가 스태퍼드에서 나왔다는 자신들의 믿음을 버리지 않았다. 『가디언』만이 유일하게 2015년이 되어서야 이 숫자를 전혀 믿을 수 없고 숫자를 보도하는 것이 옳지 않았다고 인정했다.

스태퍼드 병원은 아마 다른 많은 국가보건서비스 병원보다 더 좋지도 더 나쁘지도 않았을 것이다. 많은 지역 주민들이 줄리 베일리의 캠페인에 대해 분노했다. 그녀는 익명의 혐오 메일을 받았고 어머니의 묘가 파괴되는 일까지 있었다. 그녀는 2013년 두 번째 프랜시스 보고서가 나온 후 스태퍼드를 떠났다. 스태퍼드 병원은 다른 많은 병원들처럼 사기가 떨어진 부족한 인력과 시설, 목표에 대한 압박, 나이든 노약 인구의 점증하는 요구들로 인해 악전고투하고 있었다. 증인들의 진술이 마음 아프지만, 스태퍼드가 정말로 썩은 사과이고 열외자인가? 나는 국가보건서비스에서 일했던 14년 동안 '탁월함의 표본'으로 여겨지던 병원들에서 스태퍼드보다 더 끔찍하고 부주의한 사례들이 일어나는 것을 목격했다. 스태퍼드에서 일어난 일들은 다른 많은 국가보건서비스 병원에서도 일어났고 지금도 일어나고 있는데, 수십 년에 걸친 관리주의적 전체주의, 부족한 인력, 의사/간호사 전문성의 꾸준한 하락 등이 악성 결합한 결과이다. 로버트 프랜시스는 명성이 있고 이성적인 다감함을 갖추고 있었지만, 급성 환자를 다루는 병동이 혼란의 최전선에서 인력 부족과 지휘 공백 상태를 지속적으로 겪고 있다는 것을 이해하지 못했다. 침상 대부분을 거동 불편한 나이든 환자들이 점하고 있고, 경험 있는 선임 간호사들은 힘든 병동 업무보다 편한 역할만을 맡으려 하고, 서류 작성과 체크리스트 점검이 환자를 돌보는 일보다 우선순위에 있는 상황 말이다. 두 번에 걸친 프랜시스의 조사는 가짜 통계 때문에 시작되었는데, 그는 브라이언 자먼과 같은 저명한 교수가 만든 방법으로 산출한 통계치가 엉터리일 수 있다는 것을 믿기 어려웠던 것 같다.

프랜시스의 두 번째 보고서가 나오기 3주 전에 브루스 케오 경은 스태퍼드처럼 병원표준화사망비 점수가 높은 14개 병원에 초점을 맞춰 국가보건서비스의 응급 및 긴급 치료에 대한 검토를 수행하고 있다고 발표했다. 그의 보고서는 2013년 7월에 발표되었다. 그는 보건부 장관 제러미 헌트에게 보내는 보고서에 "아무리 매력적으로 보일지라도 병원표준화사망비 같은 통계 수치를 '피할 수 있는 사망자수'를 정량화하는 데 사용하는 것은 임상적으로 의미 없고 학술적으로 부주의하다"고 썼다. 케오 교수는 헌트에게 진짜 문제가 어디에 있는지 말했는데, "일부 병원 재단들은 지리적이거나 학문적으로 고립된 상태로 운영된다. … 최일선 임상의, 특히 수련간호사와 수련의들은 대가도 지원도 없이 일하고 있으며, … 지원과 개선보다는 책임을 묻고 탓을 돌리는 데 투명성을 이용하는 불균형 상태에 처해 있다"고 했다.

케오는 병원표준화사망비와 '피할 수 있는 사망' 사이의 관계를 검토하는 책임도 맡았는데, 검토 작업을 수행한 이들은 의료서비스 조사 전문가인 닉 블랙 교수와 아라 다르지 경이었다. 이들의 검토 결과는 2015년 『영국의학저널』에 발표되었다. 그들은 무작위로 34개 병원에서 1백 건의 사망을 선택해 조사했는데, 그중 '피할 수 있는 사망'의 비율이 3.6퍼센트로 낮았고 병원표준화사망비와는 유의한 상관성이 없다는 것을 발견했다. 스태퍼드 병원 사망자들에 대해서도 작은 규모이지만 비슷한 외부 검토가 이루어졌는데, 미드스태퍼드셔 국가보건서비스 재단의 의뢰로 뉴캐슬대학교의 마이크 레이커 박사가 2009년에 수행했다. 그는 120건의 사례를 검토하고 50개 가족을 인터뷰했다. 그는 치료가 잘못되어 직접 사망으로 이어진 것이 "아마도 한 사례 정도" 있는 듯하다고 결론지었다.

케오가 헌트에게 보낸 보고서는 2013년 7월 16일에 작성되었다. 그 이틀 전에 『선데이 텔레그래프』는 「병원사망률에 대한 노동당의 '기계적 부인'」이라는 제목의 기사를 실었다.

> 런던 임페리얼 칼리지 교수인 브라인 자먼 경은 정부가 의뢰한 검토 작업을 하고 있는데, 2005년 이후 14개 병원에서 1만3천 명에 이르

는 '초과사망'이 있었다는 것을 이번 주에 보여줄 예정이다. … 한편 브루스 케오 교수는 각 병원이 어떻게 부실한 치료, 의료 과실, 관리 실패로 환자들을 죽음에 이르게 했는지 설명할 예정이며, 1천2백 명의 환자를 불필요하게 사망케 한 스태퍼드 병원 스캔들이 단 한 번만 일어난 사건이 아님을 보여줄 것이다.

언론은 자먼을 좋아하는 게 틀림없었다. 2014년 『가디언』에 실린 인물평에는 "언제나 기자의 전화를 받을 준비가 되어 있고, 어떠한 경우에든 인용을 허락하며, 여든 살이 되도록 기자와 친구처럼 지낸다. 그는 또한 자신의 발명품인 병원표준화사망비에 대해서는 대쪽 같은 옹호자이기도 하다"고 나와 있다. 케오 보고서가 발표되고 한 달 후 데이비드 스피겔할터 경이 『영국의학저널』에 논평을 실었다. 스피겔할터는 뛰어난 통계학자로, 캠브리지대학교에서 위험에 대한 공공 이해도를 가르치는 교수이고 왕립학회 회원이자 통계학회 회장이다. 그는 병원 사망에 대한 언론의 분노를 조사했다.

1만3천 명이라는 숫자는 어디서 온 것일까? 이 숫자는 2005년부터 2012년까지 14개 병원의 기대사망자수와 실제사망자수의 차이이다. 『텔레그래프』는 이 숫자가 케오 교수팀의 일원인 브라이언 자먼 교수의 연구에 근거를 두고 있다고 주장했고, 자먼의 웹사이트에 공개된 병원표준화사망비 데이터에서 구할 수 있다고 했다. 기자들에 대한 이런 브리핑이 잘못된 보도로 이어지리라는 것을 충분히 예측했어야 했다. … 이런 종류의 통계에서는 평균값을 벗어나는 우연한 변수로 인해 모든 병원의 절반에서 '기대치보다 높은' 사망률이 나올 것으로 예상할 수 있다. … 실제사망자수와 기대사망자수의 차이를 '초과사망'이라고 부르는데, 이 용어는 브리스틀 왕립병원 조사 때 사용된 용어이다. 통계팀 책임자로서 나는 이 용어가 무지 때문이든 고의적 거짓 때문이든 '불필요한 사망'으로 손쉽게 번역되는 것을 보고, 이 용어를 사용한 것을 후회하고 있다. 스태퍼드의 1천2백 명처럼 1만3천 명은 '좀비 통계치'가 되어 아무리 없애려 해도 사라지지 않을 것이다.

스피겔할터가 '초과사망'이라는 용어를 섣불리 사용한 것에 대해 후회한다고 한 말은 시사하는 바가 크다. 반면에 브라이언 자먼은 공식적인 후회 같은 것은 하지 않는다. 그의 통계 결과에 대한 브루스 케오와 다른 많은 사람들의 호된 비판에도 아랑곳하지 않는다. 오히려 그 비판들이 그의 결의만 다져주었을 뿐이다. 2017년 9월 『메일온선데이』 신문에는 「1만9천 명의 '의심스러운 사망'에 대한 국가보건서비스의 은폐」라는 제목의 기사가 게재되었다. "영국 전역의 수십 개 병원이 '잠재적으로 위험'하다는 충격적 주장이 나온 가운데 전문가들이 '피할 수 있는 사망'에 대한 긴급 조사를 요구하다"라는 요약문이 붙은 기사였다.

브라이언 자먼 교수는, 높은 사망률 때문에 조사를 받아야 할 '잠재적으로 위험한' 병원이 수십 개 있지만 이 문제가 간과되고 있다는 것을 그의 충격적 발견이 보여준다고 말한다. 그는 지난 5년간 32,810명의 '기대치 못한' 사망자가 영국 병원에서 발생했다고 계산한다. 그러나 국가보건서비스가 선호하는 방법을 사용하면 13,267명만이 그렇게 분류된다. 19,183명의 차이가 나는 셈이다.

자먼은 영국 의료계에서 점하고 있는 높은 위상 덕분에, 정기적인 기자 브리핑을 통해 일반 대중을 겁주는 공적 플랫폼을 가질 수 있었다. 프랜시스는 그를 다 받아주었고 그가 저명하다는 이유 하나로 직접적인 비판을 삼갔다. 그렇다고 해서 자먼이 스스로 잘못되었다고 인정하기에도 때가 늦어버렸다. 자신의 전체 경력과 학문적 신뢰성을 병원표준화사망비에 모두 투자했기 때문이다.

그와 달리 로버트 맥나마라는 노년에 그가 틀렸다는 것을 인정할 만큼 위대했다. 백악관을 나온 후 오랜 기간에 걸쳐 그는 반복적으로 베트남 경험을 반추함으로써 교훈을 얻고자 했다. 85세 때의 인터뷰에서 그는 다음과 같이 말했다. "지금 나는 과거를 돌아보고 나의 행동에서 어떤 결론을 이끌어낼 수 있는 나이에 있다. 내 원칙은 다음과 같다. 배우려고 노력하라. 어떤 일이 일어났는지 이해하려고 노력하라. 교훈을 찾아내서 그것을 전달하라." 그는 말년을 그런 일을 하는 데 바쳤다. 북베트남 장군 보응우옌잡을 만났고, 미국이 적을 이해하는 데 실패했다는 것을 깨달았다. "우리는 베트남을 냉전의 한 부분으로만 보았지 내전이라는 점을 보지 못했다." 맥나마라는 자신의 실패가 "베트남 사람들의 역사, 문화, 정치 및 그 지도자들의 인격과 습관에 대해 심히 무지했던 결과"라는 것을 인정했다. 2009년 그가 사망했을 때 『이코노미스트』는 부고 기사에 이렇게 썼다. "그는 모든 객관적 설정과 평가, 신중한 계산과 비용 대비 효과 분석 한가운데에 평범한 사람이 있다는 생각에 이르렀다. 그들은 예측 불가능하게 행동했다."

맥나마라의 이력은 20세기 후반 들어 비즈니스뿐 아니라 보건의료, 교육, 정부를 포함해 인간 행동의 수많은 영역을 지배하게 된 관리통제주의 문화를 전형적으로 보여준다. 맥나마라는 새로운 관리자 유형의 대표적인 예라고 할 수 있다. "그는 경영과학의 훈련된 전문가로서, 하나의 기술적 영역에서 다른 영역으로 쉽게 이동할 수 있는 제너럴리스트였다." 로버트 헤이스와 윌리엄 애버네시는 『하버드 비즈니스 리뷰』 기고에서 관리통제주의가 (적어도 부분적으로는) 미국 경제를 쇠퇴시킨 원인이라고 비난했다.

학술 분야에서와 마찬가지로 재계에서 그간 발전한 것을 꼽자면, 전문 관리자라는 그릇되고 얄팍한 개념에 열중해온 것을 들 수 있겠다. 전문가라고 하지만 실제로는 '가짜 전문가'인 이 개인들은 어떤 산업 내지 기술 분야에도 특별한 전문성이 없으면서도, 익숙지 않은 회사에 들어가 엄격한 재무관리와 포트폴리오 개념과 시장주도 전략으로 회사를 성공으로 이끌려고 한다.

의학에서 정량지표에 집착하는 이유는 부분적으로는 관리통제주의 때문이라 할 수 있다. 일반적인 비즈니스 방법을 보건의료라는 복잡계에 쉽게 적용할 수 있다는 망상이 게리 로빈슨 같은 (기업가이자 방송인으로) 유명한 관리통제주의자들에 의해 계속 이어져 왔다. 로버트 프랜시스의 두 번째 보고서가 발표되고 두 주가 안 되었을 때 그는 『데일리텔레그래프』에 「그렇다, 우리는 국가보건서비스를 바로잡을 수 있다」라는 칼럼을 썼다.

레스터에 있는 맥도널드 매장을 상상해보자. 일이 잘못 돌아가고 있는 곳 말이다. 치킨 너겟 개수를 잘못 세어 주거나 화장실에 비누가 없거나 할 것이다. 이런 문제들은 매장 성과를 전국의 다른 맥도널드 매장과 비교해보는 주간보고 시스템이 있다면 바로 드러날 것이다. 우리는 선임 관리자를 투입해 며칠 안에 문제를 바로잡을 수 있을 것이다.

정량지표에 근거해서 일하는 관리통제주의자가 볼 때는 국가보건서비스를 운영하는 일이 수많은 맥도널드 매장에서 동일한 고객 경험을 보장하는 일과 본질적으로 다르지 않은 것이다.

스태퍼드 사태에는 목표지상주의 문화도 부분적 책임이 있다. 독립적 운영이 보장되는 재단트러스트가 되기 위한 재정적 목표 때문에 병원은 150명의 직원을 해고했고 전체의 18퍼센트에 해당하는 100개 병상을 폐쇄했다. 결국 스태퍼드는 전국에서 가장 낮은 비율의 병동 간호사를 두게 되었고 간호직 120명이 부족한 상태가 되었다. 보건의료위원회는, 수련의를 병동에서 빼내서 응급실에 배치하는 일이 일상적으로 있었고 덕분에 4시간 목표(응급실 환자를 4시간 이내에 진료해서 입원시키거나 퇴원시키는 목표)를 위반하지 않을 수 있었다는 것을 발견했다. 이로 인해 일반 병동은 인력이 부족해지고 위험해졌다. 스태퍼드 사태에 대해 충격과 분노를 표명한 정치인들이야말로 이런 목표를 부여한 사람들이었다. 비록 존 메이저 총리의 보수당 정부가 1990년대 초반에 환자헌장과 함께 이런 과정을 시작했지만, 이 목표를 진정으로 수용한 것은 토니 블레어의 노동당 정부였다. 이 목표는 처음에는 대기시간, 청결도, 평균 재원기간 같은 지표에 집중되어 있었다. 너필드 재단트러스트의 의료서비스 분석가인 이언 블런트는 다음과 같이 말했다. "목표들이 가진 근본적 문제는 정말 중요한 것이 아닌 계산할 수 있는 것만을 측정한다는 것이다. 이것은 목표(사소한 단편적 활동)가 질(치료과정과 상호작용의 복잡한 배치로부터 나오는 결과)을 평가하기 위해 사용되는 경우에 특히 문제가 된다."

블런트는, 국가보건서비스가 처음 도입되었을 때는 꾸준한 재정 투입과 중앙의 지원 덕분에 목표를 대체로 달성할 수 있었다고 한다. 그러나 목표는 불가피하게 하강국면을 맞게 되어 있다. "경영자가 떠날 위험성을 증가시키는 공개적 손가락질이나 망신주기와 같은 관리 방법은 결국 데이터 주무르기, 단기성과주의, 악의적이고 강박적인 점검 및 확인 행위와 같은 역기능 행동을 낳을 뿐이다." 잘 선택된 몇 개 영역에서만 목표를 세우고 추가적인 자원을 지원한다면, 목표주의도 좋은 성과를 낼 수 있다. 그러다가 더 많은 목표를 닥치는 대로 추가하게 되면 목표의 우선순위에 대한 혼선이 병원에 일어난다. 목표란 원래 좋은 진료를 이끌고 촉진하기 위한 것인데, 그 자체가 목적이 되어 원래 의도와는 터무니없이 다르게 바뀌는 것이다.

국가보건서비스 의사들은 가벼운 질병 환자에 대한 선택적 수술 목표를 채우기 위해 다른 환자의 중요 수술이 취소되는 사례를 흔히 접한다. 경영자들이 4시간 내 응급진료 목표를 달성하기 위해 채택하는 책략을 냉소적으로 바라보거나, 때로는 기이하게 느끼곤 한다. 스코틀랜드 왕립의과대학 아카데미는 2015년에 발간한 「스코틀랜드에서 지속가능한 국가보건서비스 구축」이라는 문건에서 국가보건서비스의 문제에 대해 많은 것을 지적했다. "국가적 목표와 기준치를 설정하고 결과를 보고하는 현재의 방식은 초기에는 실질적 개선을 가져왔으나 지금은 국가보건서비스에 만연된 지속불가능한 문화를 만들어내고 있다. 이 방식은 종종 임상적 우선순위를 왜곡하고 자원을 낭비하며 너무 많은 잘못된 일들에 에너지를 쏟게 한다." 국가보건서비스 목표에 전통적으로 큰 지지를 보내던 정치인조차 유보적 입장을 취하기 시작했다. 스코틀랜드보수당은 2016년 ('사랑하는 사람을 위한 세계 수준의 보건의료 시스템'이라는 제목의) 선거 공약에서 이런 의구심을 표명했다. "우리는 의사들이 설정된 목표를 달성하기 위해 서비스를 제공하기보다는 성공적 결과를 위해 최선의 의학적 결정을 내리기를 원한다." 하지만 1년이 채 안 된 2017년 2월에 동일한 스코틀랜드보수당은 외래환자 대기시간 단축 목표를 달성하는 데 실패했다면서 스코틀랜드민족당 정부를 공격 했다.

2015년에 닥터포스터인텔리전스(DFI)는 「보건의료에 있어 성과 데이터의 이용과 오용」이라는 보고서를 발표했다. DFI의 공동설립 자인 로저 테일러가 세 명의 저자 중 한 명이었는데, 이 가운데 누구 도 통계나 역학에 전문적 지식을 가지고 있지 않았다. 보건의료 정 량지표가 유일한 존재 이유인 DFI 같은 기관이 정량지표의 한계를 논하는 보고서를 발표할 때는 자세히 살펴봐야 한다. 그들은 DFI의 설립 이유인 정량지표에 대한 집착을 비판하는 문건을 만들면서 전 혀 모순을 느끼지 않았다. 이 문건은 목표가 의도치 않게 일으킨 역 효과들을 다음과 같이 기술하고 있다.

(1) 터널 시야: 측정된 임상 성과에만 초점을 맞추고 측정되지 않 은 것은 무시. (2) 불공평: 예를 들어 외과의는 심각한 위중증 환자 의 수술을 회피할 가능성이 있는데, 이 환자들의 결과가 나빠지면 그 의사의 수술 사망률을 높일 수 있기 때문. (3) 괴롭히기. (4) 자신 감 상실: 직업적 동기부여의 약화. (5) 천장 효과: 목표보다 더 향상 할 수 있는 여지를 제거. (6) 데이터 주무르기. (7) 주의 분산: 성과 미 달을 보여주는 데이터에 대해 이의를 제기하거나 해석을 애매하게 만들거나 부인하기.

DFI는 데이터 오용을 줄일 수 있는 몇 가지 조치를 제안하고 있는데, 데이터 질을 높이고 데이터 주무르기의 가능성에 대해 주의를 기울이라는 것이다. 심장외과의사인 스티븐 웨스터비 교수도 『스펙테이터』에 의사의 환자 사망률 공개가 역선택으로 이어질 수 있다는 내용의 글을 발표했다.

> 사망률 자료를 공개한 것은 성급한 일이었다. 의사는 '손가락질과 망신'을 당했으며, 같은 문구가 국가보건서비스 역사에 고스란히 남을 터였다. 이로 인해 의사의 주안점이 환자 치료에서 자기 보신으로 매우 빠르게 이동했다. 그토록 많은 사람이 수술 환자의 회복에 관심을 보이고 있으니, 레이더에 걸리지 않는 가장 간단한 방법은 가장 위중한 환자를 피하는 것이다. 위험부담 낮추기가 낮은 사망률로 전이된 셈이다.

그렇다면 왜 DFI 보고서의 세 저자인 로저 테일러, 조앤 쇼, 케이티 딕스 같은 가짜 전문가가 스티븐 웨스터비 같은 전문가보다 더 많은 영향력을 보건의료정책에 행사하는가? 부분적으로는 전문가에 대한 오늘날의 불신에 책임이 있다. 1980년대 후반 대처의 개혁 이래 국가보건서비스는 정치인들의 관심을 끄는 유행이라면 그게 무엇이든 그것들부터 상업적 가능성을 캐내는 데 열심인 경영컨설턴트들과 다른 기회주의자들에게 풍족한 돈벌이 기회를 제공해 왔다. 현대의 정치인들은 외과 교수나 왕립학회 회원보다 비즈니스맨이나 경영컨설턴트나 언론인을 더 편안하게 느낀다. 현직을 떠난 후에는 같은 비즈니스맨, 언론인, 경영컨설턴트와 함께 일하리라는 것을 알기 때문이다. 정부부처와 민간영역 사이의 '회전문 현상'이 이제는 세상의 당연한 이치인 양 받아들여지고 있다. DFI를 열심히 지지했던 앨런 밀번은 2003년 보건부 장관에서 물러난 뒤 브리지포인트 캐피털의 자문역을 맡았는데, 이 회사는 국가보건서비스를 위한 민간금융 계획에 자금을 조달하는 벤처캐피털이다. 스태퍼드 병원에 대해 충격과 분노를 표명했던 정치인들과 언론인들은 늘 그랬듯이 자리를 옮겼고, 병원만이 좀비처럼 되살아나는 이야기와 좀비 통계에 영영 발이 묶인 채로 더럽혀진 이름을 안고 어떻게든 버텨내야 한다.

의료에서 정량지표가 하는 역할이 전혀 없다고 주장하는 것도 어리석은 일이지만, 이런 지표에 대한 과도한 강조는 현대 의료를 원래의 목적에서 멀어지게 한다. 숫자는 우리의 도구이지 폭군이 되어서는 안 된다. 사회가 의료계에 대해 주로 우려하는 점은 연민*이 부족하다는 것이다. 이런 우려는 스태퍼드 스캔들이 보여주듯 정당한 것이고, 많은 의사와 간호사들은 이런 우려를 현대 보건의료의 가장 중대한 도전과제로 보고 있다. 친절함, 용기, 능력, '뚝심' 등과 같이 연민을 구성하는 요소는 모두 정량화하기 어려운 것들이다.

* empathy(공감)와 compassion(연민)은 한국어 번역어에서는 의미 차이가 분명치 않으나, 영어사전의 풀이에 의하면 전자는 '타인의 감정을 이해하거나 공유하는 능력', 후자는 '타인의 불행과 고통을 도우려는 감정'으로 도덕심의 유무에서 다소 차이가 있다. 예컨대 사이코패스도 타인의 감정을 간파하고 이용하는 empathy를 가질 수 있지만 compassion은 없다는 점에서 둘을 구분할 수 있다.

보이지 않는 접착제—한때 국가보건서비스 같은 기구를 하나로 묶어주었던 선의—가 사라져가고 있다.

# 13

# 공감이라는 거짓말

# 13

스태퍼드의 사망자 숫자 때문에 정작 이 스캔들에서 가장 충격적이었던 병원의 방치와 학대 문화는 주목을 받지 못했다. 첫 번째 프랜시스 조사에서 증인들은 고령의 환자들이 자신의 배설물 위에 누운 채 방치되어 있는 등 인간 존엄이 병원 전체에 상실되어 있었다고 진술했다. 이 스캔들은 스태퍼드에서 어떤 교훈을 얻어야 하는지를 묻는 학회의 많은 성명들처럼 의료계의 뻔한 반응을 이끌어냈다. 많은 이들이 진짜 문제는 공감의 부족이라고 단언했고, 특히 병동과 응급실에서 멀리 떨어져 있는 사람들이 그렇게 말했다. 현재 아마존 서점에는 제목에 '공감'(empathy)이라는 단어를 넣은 책이 1천5백 종 넘게 있다. 정부에서부터 보건의료와 교육에 이르기까지 공감은 모든 사회적 고민거리에 대한 해결책인 양 언급된다. 『공감선언』의 저자 피터 바잘게트 같은 평론가는 국가보건서비스 하에서 일하는 의사와 간호사들 모두 공식적인 공감 훈련을 받아야 한다고 제안한다. 이런 훈련은 이미 미국의 의학수련과정에 포함되어 있는데, 공감은 미국 전공의교육인증위원회(ACGME)에서 인증을 받아야 하는 기술 중 하나이다. 이렇듯 공감은 지금 의학교육이라는 거대 비즈니스(의산 복합체의 새 구성원)에서 활발히 거래되고 있는 아이템이다. 학술지들에는 어떻게 공감을 가르쳐야 하는지에 관한 진지한 논문이 정기적으로 게재되고 있다. 2014년 『BMC 메디컬에듀케이션』에 실린 체계적 문헌연구에서는 공감을 다룬 논문이 1천 4백 편 넘게 나와 있음을 확인했다. 한 연구에서는 의대생들에게 서로 번갈아 생리식염수를 주사하도록 하여 주사를 맞는 환자에 대한 공감을 구축하게 하는 경우도 있었다. 다른 연구에서는 역할극과 성찰일지를 이용했다. 위 고찰 논문의 저자들은 이런 황당한 노력을 열심히 격려하고 있었지만, 그들도 이 연구들 대다수에 엄격한 연구 설계가 결여되어 있다는 것을 인정했다.

거대과학도 여기에 끼어들고 있다. 공감은 뇌의 기능적 자기공명영상(fMRI)를 이용한 신경과학 연구의 대상이 되었다. '기능적' 자기공명영상은 기존의 표준적 자기공명영상과 달리 뇌의 특정 영역에서 일어나는 산소 소모량을 표시해주는데, 이것을 통해 대사 곧 신경활동을 측정할 수 있다고 한다. fMRI는 인상적인 색상 변화로 산소 소모량의 차이를 알려준다. 가령 뇌의 한 영역이 특정 활동을 하는 동안 밝게 표시되면, 그 활동이 해당 부위에서 일어나고 있다고 가정하는 것이다. 사회학자 스콧 브레코는 이타심, 경계성 인격장애, 범죄행동, 의사결정, 공포, 직감, 희망, 충동성, 판단력, 사랑, 동기유발, 신경증, 도박중독, 인종편견, 자살, 신뢰감, 폭력, 지혜, 열의 등을 열거하면서 이 모든 것이 fMRI에 근거한 신경생물학적 설명의 대상이 되고 있다고 지적한다. 많은 논평자가 이런 부류의 신경과학을 골상학의 현대판 버전이라 부른다. 두개골 형태에 대한 조사로 인격과 지적 능력을 판별할 수 있다고 주장하여 19세기 대중의 상상력을 사로잡았던 저 괴이한 믿음 말이다. 골상학은 결국 소멸되었는데, 그럴듯한 과학적 기반이 없었고 인종주의에 거짓된 과학적 신뢰성을 부여하는 데 이용되었기 때문이다. 비판자들은 fMRI에 근거한 이 현대판 골상학을 신경학적 헛소리라는 뜻의 '뉴로발록스'(neurobollocks)라 부른다. 뉴로발록스는 경제학, 범죄행동학, 신학, 문학비평, 교육, 사회학, 정치학 등 침투해 들어가지 않은 곳이 없다. 미국의 사회비평가 매슈 크로퍼드는 fMRI를 "인간의 주요 능력을 녹여내는 속효성 용매"라고 표현했다. 하지만 이런 비판이 아니더라도 좀 더 신중한 과학자들은 그 한계를 충분히 인지하고 있다. 예컨대 신경과학자인 데이비드 퓌펠은 "우리는 아직 직선과 같이 단순한 것조차 뇌가 어떻게 인지하는지 잘 모르고 있다"고 지적한 바 있다. fMRI 촬영은 거대과학의 재현성 위기를 보여주는 데 기여하기도 했는데, 소문이 자자한 '죽은 연어' 연구가 그 좋은 예다. 캘리포니아대학교(샌터바버라)의 심리학자 크레이그 베넷은 fMRI 촬영에서 그럴듯한 거짓양성 결과를 보여주곤 하는 '무작위 잡음'에 대해 관심을 가졌다. 그래서 무작위 잡음을 조사하기 위해 생선가게에서 죽은 연어를 구입해 fMRI 촬영을 해보았다. 촬영대에서 연어는 일련의 영상을 보여주었는데, 사람에서 특정 감정 상태를 나타내는 영상이었다. 알고 보니 연어의 뇌 안에 몇 개의 활성화된 복셀이 집단으로 자리하고 있었던 것이다. (fMRI의 3차원 영상을 'voxel'이라 부르는데, 뇌 조직을 이루는 작은 입방체 단위들을 말한다.)

fMRI에 근거한 신경해부학 연구가 필수가 된 것처럼 공감에 대한 오늘날의 논의에서는 '거울신경'(mirror neurons)에 대한 설명도 빠지지 않는다. '신경과학에서 가장 허황된 개념'으로 불리곤 하는 이 용어는 1990년대에 이탈리아의 신경과학자 자코모 리졸라티가 처음 사용한 것이다. 리졸라티는 마카크원숭이를 연구하면서 원숭이의 쾌락 중추가 사람이 즐거운 행동(땅콩을 먹는 등의)을 하는 것을 볼 때마다 활성화되는 것을 발견했다. 그는 또한 움직임을 제어하는 데 관여하는 다른 운동신경도 타인(인간 또는 원숭이)이 동일한 운동을 할 때마다 활성화되는 것을 발견했다. 이후 이 신경세포에 대한 기이한 주장이 제시되었는데, 특히 인도 출신 미국인 신경과학자인 V. S. 라마찬드란은 이 신경세포가 공감, 언어, 심지어 문명을 낳게 한 원인이라고 믿었다. 그러던 중 영국의 신경과학자 제임스 킬너와 로저 레몬이 거울신경에 대해 정신이 번쩍 드는 체계적 문헌연구를 2013년 『현대 생물학』(Current Biology) 지에 발표했다. 결론은 원숭이에게서 발견한 것을 인간에게 외삽할 수는 없다는 것이었다. 이런 세포들이 인간에게 존재하는지도 확실히 장담할 수 없고, 만일 있다 하더라도 기능이 뭔지 확실히 알 수 없다는 것이다. 이런 의심들이 계속 이어졌지만, 거울신경이 우리를 인간답게 만들고 공감하게 만든다는 이 대중과학의 주장이 새로운 정통학설로 확립되는 것까지 막지는 못했다. 이 '뉴로발록스'는 실험실을 벗어나 조나 레러, 말콤 글래드웰 같은 인기 있거나 인기영합적인 작가들이 쓴 책의 터무니없는 근거가 되었다. 영국의 문화평론가 스티븐 풀은 2012년 『뉴스테이츠먼』에 기고한 글에서 이런 현상을 '지적 역병'이라고 표현했는데, 무슨 말을 하건 '신경'(neuro-)이라는 접두어를 붙이면 마치 과학적 근거가 있는 것처럼 받아들이는 풍조를 일컫는 말이다.

최근에 나온 몇몇 책들은 공감의 신경과학을 숨이 차도록 소개하고 있는데, 다음은 피터 바잘게트의 『공감 선언』에 나오는 한 구절이다.

> 1994년 사이먼 배런코언은 또 다른 공감 회로 영역을 발견했는데 안와전두피질(orbitofrontal cortex, 眼窩前頭皮質)이다. 그리고 2013년 독일 막스플랑크연구소의 타니아 싱어와 동료들도 또 다른 퍼즐 조각을 찾았다. 대뇌에 있는 이랑의 하나인 우측 모서리위이랑(right supramarginal gyrus)이 우리의 공감 대상이 처해 있는 상황으로부터 우리 자신의 감정을 분리하도록 돕는 역할을 한다는 것이다.

바잘게트는 과학 연구의 작동 방식에 대해 피상적인 이해밖에 없었지만 전혀 개의치 않고 이런 신경해부학적 지식이 조만간 치료에 적용될 것이라고 결론지었다. "통상적인 fMRI 스캔으로 사이코패스라든지 특별한 관심이 필요한 공감결핍자들을 확인할 수 있을 것이다. 그리고 이들 뇌의 오작동 부위를 수리하는 프로그램도 나올 것이다." 그는 또 이렇게 제안한다. "환자 돌봄의 최일선에서 일하는 모든 사람에 대해 뇌 스크리닝을 해야 한다는 주장이 있다. 그렇게 하려면 감정지능과 공감능력을 검사하는 새로운 방법을 개발할 필요가 있다." 바잘게트는 가까운 미래에 의사가 되려는 사람이라면 안와전두피질과 우측 모서리위이랑 부위의 fMRI 검사를 받아야 한다고 제안하는 듯하다.

하버드 의대의 정신의학 교수 헬렌 리스는 공감을 가르치는 전문가이다. 공감 수련에 사용하는 불확실하고 설득력 없는 신경과학적 수단(fMRI와 거울신경에 관한 표준지표 따위)을 처음 개발한 이후 '엠퍼세틱스'라는 영리 목적의 회사를 설립했다. ('엠퍼세틱스 empathetics'라는 단어는 마취학을 뜻하는 '애너세틱스anaesthetics'와 비슷한 형태여서 마치 의학의 새로운 분야 같은 인상을 준다.) 이 회사에서는 의대생, 간호사, 의사 등을 대상으로 공감 훈련을 제공한다. 리스는 자신이 개발한 훈련과정을 거친 의사들이 환자들로부터 '더 공감적'이라는 평가를 받았음을 보여주는 연구 결과를 발표하기까지 했다. 광고를 연구라고 속이는 새로운 경향의 좋은 예이다. 엠퍼세틱스는 컬럼비아대학교의 리타 샤론 교수가 주도하는 미국의 또 다른 의료운동인 '서사의학'(Narrative Medicine)과 밀접하게 연관되어 있다. 소비자주의가 의학의 주된 기풍을 이루고 있는 미국에서 서사의학과 엠퍼세틱스 모두가 뿌리를 내리고 번성하는 것은 결코 우연이 아니다. 의사들은 정말로 밖으로 보이는 공감—눈 맞추기, '올바른' 구두 조언 등—을 가진 것처럼 훈련될 수 있다. 이것은 연기와 비슷하고, 실제로 이런 훈련에서 배우를 고용해 환자 역을 맡기는 일도 많다. 레슬리 제이미슨이 2014년 출간한 에세이집 『공감 연습』(The Empathy Exams)은 의료 배우로서 의대생 교육을 위해 '표준 환자'가 되었던 경험을 담은 것이다. 표준 환자란 환자를 연기하면서 학생들의 수행을 평가하는 사람이다.

체크리스트의 31번 항목은 일반적으로 가장 중요하다고 꼽는 부분인데, '환자의 상태 및 문제에 대한 공감을 말로 표현하기'라는 항목이다. 우리 배우들은 학생이 '말'로 표현하는지가 중요하다는 사전 지침을 받았다. 공감하는 태도를 보이거나 걱정스런 톤으로 말하는 것만으로는 충분치 않다. 학생들은 연민(compassion) 점수를 잘 받기 위해서는 '적절한' 단어를 말해야 했다.

제이미슨은 일부 학생의 경우 이 뻔뻔스런 제스처 놀이를 냉소적으로 대하는 것을 볼 수 있었다. "나는 학생들의 정형화된 위로에 숨어있는 공격적으로 느껴지는 언급들에 점차 익숙해졌다." 그녀의 글은 매정하고 지루한 유아론적 특징이 있지만, 그녀의 오빠에게 안면마비 증상이 생긴 뒤 자신의 얼굴에도 같은 증상이 있는지 강박적으로 확인하기 시작하면서 깨달음을 얻는다. "나의 공감이란

게 항상 이런 것이었는지 나는 궁금해졌다. 다른 사람에게 투영된 한바탕의 가상적인 자기 연민 말이다."

의료인문학(medical humanities)이라는 새로운 학문 역시 의대생과 의사들이 공감력을 키워야 한다고 주장한다. 이 학문은 1970년대에 의료윤리학과 의료사 같은 기초학문이 필요하다는 소박한 목표를 가지고 시작했다. 그러다 위대한 문학 작품으로 관심을 돌렸는데, 문학이 환자의 투병과 의사 업무에 대해 뭔가를 가르칠 수 있다는 기대감 때문이었다. 예컨대 톨스토이의 소설 『이반 일리치의 죽음』은 현대 호스피스 의료의 선구자 시슬리 손더스가 '총체적 고통'—일부 죽어가는 사람이 경험하는 극단적인 실존적 고통—이라 부른 것을 학생들에게 가르칠 때 자주 사용된다. 어떤 학생들은 그것이 유용하다고 생각했고 다른 학생들은 그렇지 않다고 생각했다. 초기에 의료인문학 과정은 문학과 역사와 윤리에 우연히 관심을 갖게 된 의사들이 가르쳤다. 그러나 이 과목은 점차로 인문학 전문연구자들에게로 넘어갔는데, 이 분야가 웰컴트러스트 같은 기관들로부터 상당한 액수의 자금을 지원받았기 때문이다. 의학이 기회를 엿보는 다른 전문분야에 의해 얼마나 쉽게 지배당할 수 있는지 보여주는 또 하나의 사례이다.

의과대학은 1960년대에 시작된 인문학 분야의 지각변동에 대해 잘 알지 못했다. 객관적 진실 따위는 없고 과학논문을 포함한 모든 저작물은 저자의 문화적, 경제적 환경에 영향을 받은 '이야기'라는 포스트모더니스트들의 주장에 의사와 의대생들이 현혹되었다. 미셸 푸코나 자크 데리다와 같은 포스트모더니즘의 대제사장들은 또한 공격적인 반-과학주의자들이기도 했다. 이 학자들은 그들의 백성에게 포스트모더니즘의 이런 세계관을 이해 불가능한 전문용어들과 함께 전해주었다. 다음은 2011년 『의료인문학』(*Medical Humanities*) 지에 실린 「서양 문명의 표현으로서 의료인문학」이라는 논문에 나오는 전형적인 문장이다. "특정한 학문 분야를 주장하는 행위는 물론이고 심지어 학제간 학문을 주장하는 행위 역시 자기를 서술하려는 어떤 목적론적 충동으로부터 추진력을 얻음으로써 자신을 둘러싼 청중과의 관계 속에서 일관되거나 집중된 형태의 자기 존재 이유를 만들어낸다." 이 구절은 유명한 1996년의 '소칼 사기'(Sokal hoax) 사건에서 지적한 문제의 잔재이다. 유명 물리학자인 앨런 소칼은 당시 『소셜 텍스트』(*Social Text*)라는 학술지에 「경계를 넘어서: 양자 중력의 변형적 해석학을 위하여」라는 제목의 논문을 투고했다. 이 논문은 포스트모더니즘의 이해할 수 없는 표현을 의도적으로 패러디한 것임에도 곧 채택되고 출판되었다. 의료인문학을 다루는 새로운 학술지는 소수의 고도 전문화된 학계 독자들만이 읽을 수 있고, 또 그런 의도를 가지고 있다. 나는 『BMJ 의료인문학』의 최근호를 보면서 아상블라주(assemblage), 하이브리디티(hybridity), 컨코퍼리얼리티(concorporeality), 듀러티브(durative), 앤스로포거니(anthropogony), 포스트컨벤셔널(postconventional), 자아나 물질 등에 '체현된'(embodied), 그리고 물론 '서사'(narrative)라는 단어도 발견했다. 이런 의료인문학 분야의 특수 전문용어들은 개념

예술과 놀랍도록 유사해서 문화비평가인 조너선 메디스는 이 용어들을 "훈련받은 거짓말쟁이의 전문적인 가짜 언어이자, 초심자는 이해할 수 없게 만든 배제의 언어"라고 했다.

'서사의학'은 미덕의 과시, 유사성서적 언어, 그리고 사회정의 의제의 끈끈한 결합으로 의료인문학 안에서 의심할 수 없는 정통학설이 되었다. 도덕철학자 로빈 다우니는 서사에 대한 집착을 한탄하면서 예전에도 늘 의사들은 환자들의 이야기를 들었다고 지적한 바 있다. 환자병력 청취가 바로 그것이다. 그러나 서사의학 집단에서는 환자들이 기계적이고 비인간적인 의료계로부터 잘못된 취급을 받고 있다고 줄기차게 믿고 있다. 노인의학 교수이자 철학자인 레이먼드 텔리스는 그의 저서 『히포크라테스 선서』(2004)에서 다음과 같이 썼다. "인문학 훈련을 받았지만 정확한 진단을 내리고 치료하는 책임에서 멀리 떨어져 있는 비평가들은 그런 진단들 사이의 격투나 긴장을, 전능한 의사들이 각자 생각하는 대로 환자들을 주무르려는 해석학적 권력 투쟁으로 본다." 어떤 학생들은 실제와는 유리된 이런 학문이 의료인의 인생과 아프고 죽어가는 사람을 다루는 과정에서 마주치는 문제들에 대해 무엇을 알려줄 수 있는지 반문하곤 한다. 영국의 4개 의과대학 학생들은 『임상 교사』(*Clinical Teacher*)지에 실린 「내 손을 어루만지면서 나를 오진한 당신」이라는 제목의 글에서 의대 교과과정이 의료지식 대신 연성 기술에 지나치게 관심을 가지고 있다고 주장했다.

가장 자주 내세우는 연성 기술은 '소통'이다. 많은 교육자들이, 특히 진짜 환자를 한 번도 경험하지 못한 사람들이 소통을 가르칠 수 있다고 진심으로 믿는다. 하지만 실제로 진료하는 사람들은 그렇게 확신하지 못한다. 리처드 애셔는 1955년 영국의 심리학회 연설에서 청중들이 가장 소중하게 생각하는 신뢰 조항인 이 개념을 맹비난했다.

우리가 환자를 다루는 방식, 특히 그들에게 어떻게 이야기하는가는 우리 직업의 가장 중요한 부분입니다. 그러나 이것이 가르칠 수 있는 성질의 것일까요? 저는 회의적입니다. 그것은 경험을 통해 배울 수 있고 어느 정도까지는 뛰어난 의사가 환자를 다루는 것을 지켜보면서 얻을 수 있지만, 약리학 배우듯이 배울 수 있는 것이 아닙니다. 그 어떤 말과 글의 권능으로도, 그리고 어떤 교과서와 강의로도 의사들이 언제 따져 묻고, 언제 말하고, 언제 침묵해야 하는지에 대한 지식은 결코 가르칠 수 없습니다. 그것은 의사와 환자 사이에 있을 수 있는 수백만 가지 인격적 조합 하나하나마다 각기 다른 해결책을 써야 하는 사적이고 신비스러운 부분입니다.

더럼대학교의 의료인문학 교수 제인 맥노턴은 널리 인용되는 2009년 『랜싯』 에세이에서 공감은 바람직하지도 않고 가르칠 수 있는 것도 아니라고 했다.

우리가 다른 사람이 느끼는 것을 정말 느낄 수 있다고 가정하는 것은 위험할뿐더러 확실히 비현실적이다. 그것이 위험한 이유는, 문학 속에서는 가공의 환자가 느끼는 것을 직접 체험하는 것이 가능하지만, 실제 상황에서는 환자의 머릿속에서 벌어지는 생각에 직접 접근할 수 없기 때문이다. 환자의 고통에 대해 '당신이 어떻게 느끼는지 나도 이해한다'라는 식으로 반응하는 의사들은 환자의 분노를 살 수 있고 스스로를 속이고 있는 것이다.

공감은 다른 도덕적 고려사항과 충돌할 수 있고 우리를 다수보다는 소수의 필요 쪽으로 기울게 한다. 보건의료비 지출에서 이런 현상을 볼 수 있다. 공감과 인식개선 캠페인은 밀접하게 연결되어 있고 똑같이 허구적이다. 보건경제학자인 앤서니 맥도널은 『아이리시 타임스』에 쓴 글에서 환자 1명을 1년간 치료하는 데 10만 파운드(약 1억6천만 원)가 소요되는 오르캄비(Orkambi)라는 낭포성섬유증 치료 약물을 지원키로 한 아일랜드 정부의 결정을 예로 들었다. '아일랜드 낭포성섬유증'는 강력한 환자지원 단체인데, 이 질환을 가진 많은 환자들은 언변이 좋고 언론을 잘 다룬다. 맥도널은 이렇게 썼다. "보건의료 시스템을 유지하기 위해 분투하고 있는 이 시점에서, 우리는 어떻게 하면 자신의 이야기가 슬프게 들릴지 아는 사람들보다는 가능한 한 최대의 사람들을 돌보는 데 우리가 가진 자원을 집중해야 한다."

연민(compassion)과 공감(empathy)은 종종 구분 없이 사용되지만 완전히 다른 특성이 있다. 연민이 없는데도 공감할 수는 있다. 사이코패스와 남을 괴롭히는 사람은 사람의 감정을 간파하는 재능을 가진 경우가 많다. 이와 비슷하게 공감 없이도 연민을 느낄 수 있는데, 좋은 의사들이 종종 그러하다. 공감은 의사들이 일할 때 방해요소가 될 수 있다. 환자의 고통에 대한 지나친 동일시는 의사로 하여금 환자의 고통을 경감해주는 것과는 다른 길로 나아가게 할 수 있다. 나이가 있고 냉철한 환자들은 능력, 정직, 존중 같은 다른 특성을 더 값지게 여긴다. 심리학자 폴 블룸은 그의 논쟁적인 저서 『공감의 배신』(*Against Empathy*, 2016)을 쓰면서 한 외과의사를 인터뷰했다.

크리스틴 몬트로스는 공감이 위험하다는 쪽에 무게를 두는 외과의사이다. 그는 이렇게 말한다. "시체안치실에 있는 아들의 시신을 견딜수 없을 만치 생생하게 전하는 슬픈 어머니의 얘기를 들으면서 내 아들이 그곳에 있다고 상상한다면, 나는 아무것도 못하는 상태가 될 것이다. 환자의 정신과적 필요를 처리하는 능력은 나 자신의 압도적인 슬픔으로 인해 사라져버릴 것이다. 비슷하게 만일 내가 앰뷸런스를타고 응급외상센터에 실려 와서 목숨이 달린 응급수술을 받아야 할 상황이라면, 콜을 받고 달려온 외상전문의가 나의 통증과 고통에 공감하느라 잠시 멈추는 것을 바라지 않을 것이다."

조엘 살리나스 박사의 회고록 『거울 촉각: 환자의 고통을 함께 느낄 수 있는 의사의 이야기』(*Mirror Touch: Notes from a Doctor who can feel your pain*)는 슈퍼 공감자의 고백을 담고 있지만. 의도치 않게 의사가 가진 공감의 위험성을 코믹하게 경고하고 있다. 살리나스는 보스턴에서 일하는 30대 중반의 신경과의사로 '다발성공감각증'(polysynesthesia)이라는 병으로 고통을 받았다고 주장한다. 이런 증상 중에는 소리를 색깔로 경험하는 크로모공감각증(Chromo-synesthesia)이 잘 알려져 있다. 살리나스는 다양한 형태의 공감각증을 가지고 있는데 그 가운데 '거울 촉각'은 다른 사람이 경험하는 통증을 자신도 느끼는 것이다. 웨스 앤더슨 감독의 영화 〈로얄 테넌바움〉에서 신경과의사이자 작가로 나오는 롤리 세인트클레어(올리버 색스의 책에서 착안했고 빌 머레이가 연기한 인물)는 더들리 헤인스버겐이라는 사춘기 전 소년을 연구했는데, 소년은 '기억상실, 난독증, 색맹과 예민한 청력'이 나타나는 희귀한 신경과 증상을 가지고 있었다. 세인트클레어는 더들리를 의과대학과 병원들에 순회 공개하고 『더들리의 세계』라는 베스트셀러를 저술했다. 조엘 살리나스는 이 더들리의 공감 버전이라 할 수 있다. 살리나스의 회고록은 오늘날의 의료분야 회고록이 가진 핵심적 요소를 모두 보여주고 있다. "나는 일찍부터 내가 남과 다르다는 것을 알았지만 어떻게 왜 다른지는 몰랐다. … 엄마에게 왜 나 같은 사람은 없냐고 물어보았던 기억이 있다." 그는 샌디에이고에 있는 V. S. 라마찬드란(거울신경 연구로 명성을 얻은)의 실험실을 방문해서 일련의 정신측정학 검사를 받은 후에 '거울 촉각 공감각증'을 가지고 있다는 말을 듣는다. 그는 런던에서 열린 영국 공감각증학회 모임에 참석해서 런던대학교의 신경과학자인 마이클 배니시의 실험실을 방문할 기회를 얻게 되는데 추가적인 검사를 통해 확진을 받게 된다.

다발성공감각증 보유자가 의사가 되는 것은 기이한 선택이라고 생각할 것이다. 그러나 살리나스는 마이애미 의과대학에 입학했다. 그는 인도 구자라트 주에서 한동안 지냈는데, 거기서 산부인과 수술을 처음 목격하고는 별로 경과가 좋지 않았다. "산부인과 의사가 외음부절개를 하는 것을 보는데 외과용 수술 가위가 여성의 살을 자르고 있었고, 나는 내 골반 가로막을 잡아당겨 거의 자르는 느낌을 받았다. 신체가 훼손된다고 느꼈고 무력해지는 느낌이었다. 그러나 아무도 알아채거나 돌봐주지 않았는데, 심지어 방금 출산한 여성도 돌봄을 받지 못했다." (나는 외음부절개술로 아기를 방금 출산한 산모가 그것을 메스꺼워하는 의대생보다는 훨씬 더 많은 것을 느꼈을 것이라고 생각한다.) 그는 내과전공의 수련을 시작한 첫 주에 심장마비 환자를 봐달라는 호출을 받았다. "내 몸에서 느껴지는 감각은 심장마비 환자가 느끼는 감각을 거울처럼 비추었다. 환자 가슴에 연이어 실시하는 심장압박을 내 가슴도 받고 있었다." 이 책은 이런 경험들로 가득 차 있다. 환자가 요추천자를 받고 있을 때 살리나스는 주사바늘이 자신의 등을 찌르고 들어오는 것을 느꼈다. 외상 환자가 복부 수술을 받을 때 수술용 메스가 자신의 배를 째는 느낌을 받았고, 조증 환자를 다룰 때는 그도 조증 상태를 느꼈다. "나는 에스프레소 몇 잔을 마신 것 같은 신체적 느낌이 들었다." 살리나스는 심지어 죽음에도 공감했다.

환자가 죽을 때마다 나도 죽는 것처럼 느낀다. 이 느낌은 결코 사라지지 않았다. 나는 여러 차례 죽음을 맞이했다. 사망하는 환자를 볼 때마다 내 몸도 사망 직전의 신체 상태를 체험하는 것이다. … 성경의 나사로처럼 나는 정기적으로 죽음의 경계에 서서 신의 뜻을 충분히 느낄 수 있을 만큼의 시간 동안 제단을 바라보곤 했다.

그는 자신이 공감 연구를 하도록 이끌리고 있다는 것을 알았고, "거울신경 체계가 뇌의 작동 방식에 있어 일반적으로 받아들여지는 이론"임을 확신하고 있다고 한다. 만일 〈로얄 테넌바움〉의 세인트 클레어가 『조엘의 세계』라는 책을 썼다면, 살리나스의 증상을 유아론, 협잡, 그리고 끊임없는 자기자랑 같은 특성을 가진 희귀한 신경과 질환으로 기술했을 것이다. 살리나스는 시대정신을 이루고 있는 최신의 유행을 따르면서, 1950년대와 60년대에 영국 의학을 지배했던 전설적 악당들 같은 혐오감을 그만의 방식으로 주고 있다. 내가 의사 일을 시작했을 때 의학은 이런 악당들을 용인하고 있었는데, 지금은 기절 잘하는 공감자들을 위한 장을 제공하고 있다.

스태퍼드 병원 스캔들이 발생하고 10여 년 동안 국가보건서비스는 연민이 부족한 기관이라는 비난을 정기적으로 받고 있다. 그러나 스태퍼드 사태는 새로운 사례도 아니고 유일한 사례도 아니다. 웨일스의 엘리 병원에서 환자를 비인간적으로 잔인하게 다룬 사건이 1967년에 발생하여 제프리 하우가 이끈 조사위원회의 보고서가 1969년에 발표된 적이 있다. 엘리 스캔들과 스태퍼드 스캔들 사이에도 몇 번의 공식적인 조사가 실시되어 여러 국가보건서비스 병원의 부실한 환자 돌봄을 다룬 바 있다. 의사와 간호사 순위를 매겨보면 언제나 게으르고 불친절한 사람이 몇 명은 나오게 마련이다. 혹시 이 소수의 사람을 확인해서 채용과정에서 배제할 수 있다고 믿는다면 그것은 착각이다. 엘리와 스태퍼드 사이에 변한 것이라면, 연민의 의욕을 일으키는 요소가 의도치 않게 예상 못한 방식으로 어긋나버렸다는 것이다. 목표 지향적 문화는 많은 종류의 의도치 않은 결과들과 잘못된 인센티브 제도를 낳았고, 임상적 우선순위를 왜곡시켜서 의료진을 연민 어린 돌봄이라는 본래 사명에서 멀어지게 만들었다. 정량지표가 환자보다 더 중요해졌다. 병동을 담당하던 경험 많은 선임 간호사들은 그 일을 견딜 수 없어 그만두고 스트레스가 적은 전문 분야 간호사나 관리자 지위로 옮겨가고 있다. 병동에 남은 이들에게는 아무런 인센티브—경력 상의 인센티브나 경제적 인센티브—도 주어지지 않는다. 이로 인해 리더십이 가장 필요한 곳에 공백이 생기고 말았다.

데이비드 웨더럴 경은 1994년 『영국의학저널』에 「비인간적인 의학」이라는 제목의 에세이를 발표했는데, 이 글을 통해 연민을 저해하는 직업적이고 제도적인 요인에 대한 관심을 이끌어냈다. "의사라는 직업을 선택해서 은퇴할 때까지 의사들 대다수는 과도한 부담을 안고 살아가는데, 이제는 그들에게 요구하는 게 너무 많아져서 때로는 그들이 일을 하는 핵심 이유인 환자의 안녕마저 잊어버릴 지경이 되었다." 이런 문제에 대해 무엇을 할 수 있는가? '레게의 공리'(Legge's Axioms)가 도움이 될 수 있다. 토머스 레게 경 (1863~1932)는 영국 최초의 공장 의사였다. 그는 사후 출간된 『산업 질병』(*Industrial Maladies*)이라는 책에서 직업성 납 중독을 예방할 수 있는 4가지 공리를 제시한 것으로 유명하다. 처음의 두 공리는 이러하다. (1) "고용주가 모든 일—모든 일이란 상당히 많은 일을 의미—을 다하지 않거나 아직 마치지 않은 한, 근로자는 아무리 자신이 맡은 일을 기꺼이 할 용의가 있어도 자신을 보호하기 위해서는 거의 아무것도 할 수가 없다." (2) "당신이 근로자에게 외적인 영향을 줄 수 있다면 당신은 성공할 것이다. 당신이 그렇게 할 수 없거나 하지 않는다면 당신은 성공하지 못할 것이다." 다른 말로 하자면, 제도나 조직이 먼저 변화하는 것이 개인들의 행동을 변화시키려는 시도보다 성공할 확률이 훨씬 높다는 것이다. 연민은 교육을 위한 워크숍이나 의사와 간호사에 대한 기왕의 숨 막히는 통제를 더 늘린다고 해서 만들어지는 것이 아니다. 이런 방식은 오히려 문제를 악화시킨다. 레게의 표현을 빌리면, 평균적인 의사와 간호사는 "자신이 맡은 일을 기꺼이 할 용의가 있다." 우리는 그보다는 연민을 갖춘 돌봄에 장애물로 작용하는 제도와 조직 단위의 왜곡된 인센티브를 제거하는 것이 낫다.

공감은 쉽지만 쓸모없는 감정이며, 자신을 훌륭한 사람으로 느끼고 싶거나 자신의 미덕을 과시하려는 공감자의 욕구만 만족시킬 뿐이다. 의학은 공감이 아니라 연민을 필요로 한다. 연민은 쉽지 않다. 연민에는 단순한 인간적 친절함 이상의 것이 필요하기 때문이다.

연민은 용기와 역량과 '뚝심'을 필요로 한다. 연민이란 고통과 통증을 인지하는 것뿐 아니라 그것을 완화할 수 있는 일을 한다는 것을 의미한다. 엠퍼세틱스와 컬럼비아대학교의 '서사의학 프로그램'은 의대생과 의사들에게 고객 응대술과 얄팍한 보살핌의 외피를 가르칠 수 있을지 모른다. 그러나 병원에서 연민을 회복하기 위해서는 현재의 보건의료 문화에 더 근본적인 변화가 일어나야 한다.

# 14

# 진보라는 신기루

# 14

의산 복합체의 핵심적인 신념은 연민보다는 '진보'라는 개념이다. 철학자 존 그레이는 이렇게 썼다. "21세기를 시작하는 이 시점에서 진보의 관념에 의문을 던지는 것은 빅토리아 시대에 신의 존재에 의문을 던지는 것과 비슷하다." 진보에 대한 믿음은 과학의 힘으로 우리 삶을 바꿀 수 있다는 생각을 반영하고 있다. 지난 한 세기 동안 수명은 극적으로 늘어났고, 백신은 수백만 명의 목숨을 앗아가던 질병을 줄이거나 박멸했다. 과학이 주는 혜택이 너무나 자명한 나머지 그 혜택이나 진보의 관념에 의문을 제기하는 사람은 바보나 미친 사람처럼 보인다. 그러나 과학이 이 모든 혜택을 주기는 했지만 핵폭탄과 네이팜탄을 준 것도 사실이다. 기술이 이 세상을 인간이 거주할 수 없는 곳으로 만들 가능성은 충분히 있다. 그렇게 되면 진보도 멈출 것이다. 존 그레이는 과학의 진보와 그것이 가져다 준 혜택을 부정하지 않았지만, 과학적 지식이 세대를 거치며 아무리 증가한다 해도 윤리와 정치에서 얻은 경험을 잃기는 더 쉽다고 일관되게 주장해왔다. "이런 경험들은 매 세대마다 새롭게 배워야 한다."

의학에서 일어난 모든 새로운 '발전'은 호리병에 다시 가둘 수 없는 마법사 지니와 같다. 거대과학이 갑자기 사려 깊고 학구적인 작은 과학이 되려고 하지는 않을 것이다. 제약회사들이 이제 와서 새삼 사회적 양심을 키우려 하지는 않을 것이다. 잘못된 의학정보로 인한 혼란은 배수가 안 되어 악취 나는 늪처럼 계속 남을 것이다. 한때 가난했던 나라들이 발전하고 부유해지면 각종 일상재에 대한 서구적 취향도 확대되는데, 특히 의료서비스가 그러하다. 예를 들어 부유한 인도인들은 생의 마지막 단계가 되면 최악의 미국식 과잉 의료서비스를 받는다. 오늘날 의학의 '진보'는 자립성 상실과 만성질환에 시달릴 때까지 우리를 충분히 오래 살게 해주겠다는, 터무니없이 비싸고 미심쩍은 선물을 우리에게 선사해주고 있다. 우리는 늙어서 노쇠할 때까지 생존하는 것보다는 좀 더 나은, 더 고귀한 포부를 가져야 한다. 우리는 그저 한 사람의 호모 에코노미쿠스(*homo economicus*, 경제적 인간)이거나 호모 인피르무스(*homo infirmus*, 병약한 인간)라는 진단서 뭉치가 아니다. 의료는 교육의 기회를 빼앗고, 적당히 살아갈 만한 집을 빼앗고, 예술을 향유할 기회를 빼앗고, 좋은 대중교통을 빼앗아가는 악당이다. 의료에 대한 지출을 계속 늘린다고 해서 우리에게 더 큰 위안과 기쁨이 오는 것도 아니다.

우리는 의료를 개혁할 필요가 있다. 하지만 어떻게 그것을 해낼 수 있을까? 너무 많은 사람이 기존 의료체계를 유지하는 데서 기득권을 누리고 있기에, 사회적 합의를 통해 의료 개혁을 이루기란 매우 어렵다. 그것을 하기 위해서는 강제가 필요하다. 무엇이 우리를 강제할 수 있을까? 가장 가능성이 높은 사건은 기후변화와 세계화에 의한 지구 자원 고갈로 경제가 붕괴하고, 치료 불가능한 신종 전염병이 세계적 팬데믹으로 번지는 것이다. 이런 시나리오가 벌어지면 의료는 팬데믹 피해자를 치료하거나, 예방접종, 외상치료, 산과(産科) 진료 등의 기본적인 처치를 제공하는 것으로 축소될 수밖에 없다. 이런 시나리오가 벌어질 가능성은 생각보다 높다. 영국 왕립 천문학자 마틴 리스는 2003년 『인간생존확률 50:50』(*Our Final Hour*)이라는 책에서 이렇게 예측했다. "우리 문명이 금세기 말까지 살아남을 확률은 50퍼센트 이하이다. … 모든 나라가 현재의 기술 수준 위에서 위험도가 낮고 지속가능한 정책을 채택하지 않는다면 말이다." 지속가능성과 환경 문제를 연구하는 스톡홀름복원력센터(Stockholm Resilience Centre)에서는 문명의 지속적인 번영을 위해 지켜야 할 아홉 가지 한계선을 설정한 바 있다. 그런데 이 가운데 다섯 가지는 이미 한계를 넘어버렸다. 멸종률, 기후변화, 인과 질소 순환, 토지이용 변화, 그리고 해양 산성화이다. 감염병 학자인 톰 코흐는 10년 안에 새로운 감염병 팬데믹이 올 거라고 하면서, 이로 인해 전 세계 인구의 60퍼센트가 감염되고 감염자의 30~35퍼센트가 사망할 것이라고 예측했다.

미생물학자들은 항생제 내성이 꾸준히 증가하고 있다고 수년간 경고해왔다. 예전에는 우려할 수준이었다면 지금은 위기라는 것이다. 이 문제는 페니실린을 발견한 알렉산더 플레밍 경이 1945년에 이미 예측한 것이다. "대중들 모두가 이 약을 원할 것이고, 남용의 시대가 열릴 것이다." 그와 달리 새로운 항생제 개발은 여전히 지지부진한 상태인데, 그 주된 이유는 항생제가 제약회사에 충분한 이익을 가져다주지 않기 때문이다. 제약회사는 수십 년 동안 복용하는 스타틴 같은 블록버스터 약물에 주로 관심이 있지, 일주일치만 처방하는 항생제에는 관심이 없다. 런던 보건경제국은 새로운 항생제의 순 경제가치는 5천만 달러밖에 안 되지만, 만성 신경근육질환을 치료하는 데 쓰는 약물은 10억 달러 가치가 있다고 추산한다. 새로운 암치료제와 비교할 때 항생제는 거대 제약회사가 신경 쓰기에는 가격이 너무 낮다. 그러는 사이 항생제 남용으로 기존의 항생제 대부분에 내성이 생겨서 통상적인 수술이 불가능해지고 패혈증도 치료 불가능해질 가능성이 있다. 항생제 남용에는 패혈증 인식개선 캠페인도 상당한 기여를 하고 있다. 역설적으로 이 캠페인이 패혈증 치료가 불가능한 미래를 만들고 있는지도 모른다.

의학의 황금시대가 거둔 성취는 여러 사건들과 과학과 우연이 절묘하게 겹쳐서 생긴 놀라운 일로, 인류 역사상 다시 나타나기 어려운 것이다. 그때 이후로 데이터 생산이 기하급수적으로 증가해서 마당에는 벽돌이 가득 차게 되었다. 하지만 그 벽돌들로 저택을 완공하기는커녕 오히려 지은 것마저 무너지고 있는 상황이다. 매년 의학 연구에 투자되는 2천5백억 달러의 연구비는 마당을 벽돌로 채우는 데 거의 낭비되고 있을 뿐 건물을 올리는 데는 쓰이지 못하고 있다. 그러는 동안 사람들은 언제나 그랬듯이 나이 들고, 병들고, 죽어간다. 진보의 속도가 20세기 중반처럼 유지된다 해도 우리에게 최상의 혜택을 가져다주지는 못할 것이다. 수백만 명이 될 100세 노인에 비해 그들을 부양할 젊은 세대는 계속 감소하고 있기 때문이다. 만일 우리가 암과의 전쟁에서 승리하고 치매를 되돌릴 수 있다면 어떤 일이 일어날까? 그러면 우리는 무슨 병으로 죽게 될까? 예전처럼 '노화'가 사망진단서의 '사망원인'으로 다시 기재될까? 현대의 동화인 '질병압축설'은 과연 실현될 수 있을까?

'질병압축'(compression of morbidity)이라는 개념은 스탠퍼드 의대 교수인 제임스 프리스가 1980년 처음 제시한 것이다. 수명이 꾸준히 늘어난 것처럼, 노년에도 건강을 유지할 수 있는 기간이 꾸준히 늘어나고 사망 전 질병을 앓는 기간이 계속 줄어들 것이라는 주장이다. 마라톤을 뛰는 100세 노인의 이미지 세례를 받은 미국의 베이비붐 세대는 이런 동화에 막대한 투자를 해왔고, 그것이 실현되기를 간절히 바라고 있다. 그러나 불행히도 결과는 그렇지 못하다. 서던캘리포니아대학교(USC) 노년학대학의 에일린 크리민스와 벨트란-산체스는 2010년 미국의 사망과 장애 추이를 검토한 뒤 다음과 같은 결론을 내렸다. "질병압축은 매력적인 생각이다. 사람들은 좋은 건강 상태로 끝까지 삶을 향유하기를 바라고, 고통이나 질병이나 기능상실 없이 좋은 죽음을 맞기를 원한다. 그러나 질병압축은 영생만큼이나 환상에 가깝다. 질병, 기능상실, 장애를 겪지 않고 죽음을 맞이하는 세상으로 우리가 가고 있는 듯 보이지는 않는다."

프랑스 출신의 미국 미생물학자이자 환경론자인 르네 뒤보(1901~82)는 제임스 프리스가 질병압축 개념을 생각해내기 20년 전에 쓴 『건강 유토피아』(*Mirage of Health*, 1959)라는 책에서 이런 환상이 고대부터 우리에게 있었다는 데 주목했다.

고대 그리스의 서사시인 헤시오도스는 『일과 나날』에서 사람들이 즐겁게 축제를 즐기다가 고통 없이 잠드는 것처럼 죽는 황금시대에 대해 썼다. 중국어로 쓰인 가장 오래된 의학서도 행복했던 과거의 건강 상태에 대해 언급하고 있다. 기원전 4세기경에 나온 『황제내경』에 따르면, "고대에는 사람들이 100세까지 살면서도 여전히 활력을 유지했고 행동에 노쇠한 기운이 없었다"고 한다.

마르키 드 콩도르세(1743~94)는 진보라는 새로운 종교에서 가장 먼저 떠오르는 계몽주의 시대 인물인데, 미래가 오면 "인간은 질병과 노화에서 해방될 것이고 죽음도 무한정 연기될 것이다"라고 예견했다. 18세기 후반에 이 주제를 다룬 책으로는 몇 권이 더 있는데, C. W. 후펠란트의 『수명 연장의 기술』(*The Art of Prolonging Life*)과 요한 페터 프랑크의 『의료행정 대계』(*A Complete System of Medical Policy*) 등이 그것이다. 종교적 미신을 폐기한 계몽주의 시대는 사람의 신체가 기계론적이고 결정론적인 법칙의 지배를 받는 기계라는 새로운 믿음(새로운 형태의 노예상태)을 창조해냈다. 뒤보의 『건강 유토피아』는 의외로 의학의 황금시대가 절정일 때 출간된 책이다. 황금시대의 가장 위대한 성취인 항생제 개발에 기여한 뒤보는 책의 첫 장에서부터 자신이 참여했던 위대한 프로젝트에 대해 의문을 표했다.

> 질병과 고통으로부터의 완전한 자유는 삶의 과정과 병존할 수 없다. 삶의 과정 자체는 개인과 환경 사이의 연속적인 상호작용인데, 종종 손상이나 질병을 가져오는 투쟁의 형태로 나타난다. … 질병으로부터의 완전하고 지속적인 자유는 인간 복락을 위해 설계된 에덴동산이라는 상상으로부터 나온 꿈에 불과하다. … 인간의 영혼이 전력을 다해 지혜와 관용을 발휘하는 것보다는 과학의 정신으로 자연의 회복력을 발휘케 하는 것이 더 쉽다. … 질병의 문제를 해결한다고 해서 건강과 행복이 찾아오는 것은 아니다.

뒤보는 토머스 매키언 등이 말했던 것처럼, 공중보건과 인간 수명의 획기적 향상은 의학 연구의 황금시대 훨씬 전부터 있었던 일이고 위생과 영양의 개선을 통해 달성되었다고 주장했다. 그는 의학이 어떻게 이런 공로를 가로채게 되었는지를 위트 있는 말로 표현했다. "조수가 해변에서 밀려날 때는 양동이로 물을 퍼내서 바닷물을 비울 수 있다는 착각을 하기 쉽다."

인류는 언제나 유토피아를 열망했지만, 이런 열망이 의료적으로 실현되리라고 본 것은 오로지 우리 시대뿐이다. 2차 세계대전이 막

끝난 1946년에 설립된 세계보건기구(WHO)는 그 헌장에서 건강을 "단지 질병이 없거나 허약하지 않은 상태만을 말하는 것이 아니라 신체적, 정신적, 사회적으로 온전히 안녕을 누리는 상태"라고 정의했다. 페트르 스크라바넥은 농담하기를, 보통사람들은 이런 종류의 느낌을 "오르가즘이나 약물을 했을 때나 느낄 것"이라고 했다. 1975년 WHO 사무총장으로 있던 덴마크인 할프단 말러는 '2000년까지 모든 이에게 건강을!'이라는 연설을 했다. 이런 우스운 슬로건이 1970년대와 80년대 WHO 사명선언문으로 채택되었는데, 새로운 세기가 와도 말러가 말한 유토피아는 오지 않았다. 말러만 그랬던 것이 아니다. 1987년 아일랜드의 저명한 심장전문의인 리스티어드 멀케이는 『아이리시 타임스』에 "2000년까지 심장병, 중풍, 호흡기질환, 암과 같은 가장 흔한 사망원인이 사라질 것이다"라고 말했다.

하지만 부유한 나라에 사는 많은 사람들은 건강에 대한 WHO의 정의를 믿고 싶어 한다. 인생에서 불가피한 역경을 겪고 있거나, 그래서 잠깐이라도 '신체적, 정신적, 사회적으로 온전히 안녕을 누리는 상태'가 아닌 것을 발견하면, WHO가 인류 모두의 천부적 권리라고 약속한 지고의 복된 상태를 회복하기 위해 의사를 찾아간다. 이렇듯 고통을 참지 못하게 된 데는 항우울제와 항불안제의 처방이 기하급수적으로 늘어난 것에도 부분적 이유가 있다. 영국 일반의들이 우울증을 진단하는 데 사용하는 현재 기준은 너무 허술해서, 불면증을 동반하는 우울감이 2주간만 지속되면 '주요우울증에피소드'로 진단할 정도이다. 그러나 인구의 50퍼센트 정도는 살아가는 동안 한 번쯤은 이런 사건을 경험할 것이다. 그러는 사이 정작 중증의 지속적 우울증―'멜랑콜리'라고 부르던 증상―을 가진 환자들은 정신과 서비스를 받기 위해 애를 먹어야 한다. 마찬가지로 주의력 결핍과잉행동장애(ADHD), 자폐증, 양극성장애의 진단도 크게 늘어나고 있는데, 이것을 해당 질병의 유병률 증가 때문이라고 설명하기는 어렵다. 종교나 철학에서는 인생이 반드시 행복해야 한다고 주장하지 않는데, WHO는 그렇게 한다.

고대 그리스의 의학에는 아스클레피오스와 히기에이아\*라는 경쟁하는 두 전통이 있었다. 이제 고인이 된 일반의 이언 테이트는 아스클레피오스 전통을 두고 '제발 뭐라도 해봐' 학파라고 부르기도 했는데, 지금은 이 학파가 의학을 지배하게 되었다. 이 모델이 질병의 개별 병인에 집중하는 반면, 히기에이아 전통에서는 자신과 주변 환경이 조화를 이룬 상태를 건강이라고 본다. 히기에이아주의자들은 올바른 생활을 유지하고 자신의 건강을 스스로 책임지라고 권고하는 반면, 아스클레피오스주의자들은 그보다는 의사를 찾으라고 권고한다. 뒤보는 이렇게 썼다. "아스클레피오스가 루터가 말한 '신의 형상을 닮은 자'에게만 내려오는 존재라면, 그리스 대리석 조각에 나타나 있는 히기에이아의 잔잔한 사랑스러움은 언젠가 자신에게서 주변 세계와의 조화로운 상태를 이룰 수 있을 거라는 인간

---

\*  아스클레피오스(Aesclepius)는 아폴론의 아들로 흔히 '의술의 신'이라 불리며, 죽은 사람도 되살리는 능력이 있었다고 한다. 히기에이아(Hygieia)는 아스클레피오스의 딸로 '건강과 위생'을 주관하는 신이다.

의 고결한 희망을 상징한다." 아스클레피오스적 사고는 질병마다 마법의 탄환이 있다는 개념에 이르게 된다. 르네 뒤보는 아스클레피오스주의자들의 이런 질병관을 '특정병인 교리'라고 불렀다. "그들은 질병을 정확한 원인—미생물 침입자, 생화학적 이상, 정신적 스트레스 등—에서 비롯된 결과와 동일시한다. 특정병인 교리는 건강을 균형 잡힌 상태로 보는 철학적 관점을 무력화하고 전통 의학을 구식으로 만들어버린다."

특정병인 교리는 불확실한 과학적 근거 위에 서있다. 예를 들어 결핵은 결핵균에 의해 생긴다고 가정되는데, 수백만 명의 사람들이 이 균을 지니고 있지만 결핵으로 발전하지는 않는다. 결핵균 외에 빈곤, 영양결핍 등이 있어야 결핵이 발생한다. 비슷하게 헬리코박터 파일로리 균은 위궤양과 십이지장궤양의 '원인'이지만, 이 세균에 감염된 수많은 사람에게 다 궤양이 생기지는 않는다. 이 병은 헬리코박터가 원인으로 밝혀지기 오래전부터 이미 급격하게 감소하기 시작했다. 아스클레피오스적 사고는 아마도 거대과학—진보를 달성하겠다고 하는 새로운 유전학과 정밀의학—이 지금까지 범해온 실패에 대한 설명이 될 수 있을 것이다. 『영국의학저널』의 전 편집인 리처드 스미스는 이렇게 말했다. "명백한 한계에도 불구하고 마법의 탄환 모델은 유전학과 맞춤의학 시대에도 잘 살아남았다. 제약회사는 마법의 탄환을 파는 상인으로 이런 환상을 유지하는 데 매우 열성적이다. 그것은 대중에게도 매우 매력적인데, 알약 하나로 자신의 문제를 해결할 수 있다는 환상을 심어주기 때문이다." 인간과 인간 질병은 우리가 상상하는 것보다 무한대로 복잡하다. 위대한 암 생물학자인 로버트 와인버그는 겸손하게 이 점을 인정했다. 우리는 이미 우리가 성취하고자 하는 대부분의 의학적 진보를 달성했고, 어떤 영역—항생제 내성 같은—에서는 오히려 퇴보하고 있다. 우리가 현재 보유하고 있고 이미 알고 있는 모든 과학적 지식을 균일하게, 공평하게, 그리고 합리적으로 적용하기만 해도 의학과 보건 수준이 크게 변화할 것이라고 많은 사람이 주장한다.

사람들은 항상 기적에 대한 기대감에 사로잡히곤 했다. 신에 대한 믿음이 사라진 후 우리는 과학에 눈을 돌리게 되었다. 르네 뒤보와 이반 일리치는 의학이 서구사회에서 종교의 역할을 대신하게 되었다고 주장했다. 우리는 지금 의학과 국가가 파트너십을 맺고 우리의 건강을 돌봐주기를 기대한다. 그러나 뒤보는 이런 협정에는 대가가 따른다고 말했다.

> 정책입안자의 목표는 질병 없는 상태에 해당하는 회색의 보편적 건강 상태이지, 즐겁고 창조적인 삶으로 인도하는 적극적 의미의 건강이 아닌 경우가 너무나 많다. 이런 종류의 건강은 또 다른 형태의 병을 막지 못하며 심지어 그런 병을 일으킬 수도 있는데, 가령 예측하지 못하는 것은 하나도 없는 삶에 가해지는 벌칙인 지루함이 그런 것이다.

의학은 지금 인간을 기계로 보고 물질적 위안과 극단적으로 긴 생존에만 관심을 갖는 매우 빈약한 철학에 의해 지배되고 있다. 르네 뒤보가 보기에 이런 철학은 개미나 암소에 적용할 수 있는 것이지 인간에 적용할 수 있는 것이 아니다. 우리는 분투하고 위험을 받아들이도록 만들어졌다. 우리는 그냥 편안하기만 한 상태 너머의 것에 가치를 부여한다. "인간이 가장 갈망하는 만족과 인간 삶에 가장 깊은 상처를 남기는 고통은 신체나 이성적인 능력에만 귀속되지는 않는 결정요인들을 가지고 있다. 과학 법칙으로는 그것들을 완전히 설명할 수 없다." 진보에 대한 우리의 믿음과 과학이 그것을 가져다줄 거라는 생각은, 건강과 행복을 최대화하는 방향으로 사회를 계획할 수 있다는 환상을 지속시킨다. 이런 믿음은 무신론자인 버트런드 러셀이 뜻밖에 쓴 표현인 '우주적 불경'의 한 형태이다. 우리는 환경을 약탈해왔고 머지않아 막대한 대가를 치르리라는 것을 알고 있다. 우리는 인간의 삶, 예술, 종교, 영성, 사랑이 노화와 죽음이라는 변치 않는 진리에 기반하고 있음을 알고 있으면서도, 이런 진리에 맞서 싸워야 한다는 생각에 여전히 투자하고 있다. 이것은 승리할 수 있는 싸움이 아니며, 우리는 승리할 수 없을뿐더러 승리해서도 안 된다.

이반 일리치는 그리스 신화에 나오는 프로메테우스와 에피메테우스 형제를 예로 든다. 프로메테우스는 신에게서 불을 훔쳤고 신들에 도전한 대가로 매일 독수리에게 간을 쪼아 먹히는 영원한 형벌을 받게 되었다. (이 이야기는 간 전문의들이 간의 놀라운 재생능력을 강의할 때 써먹는 단골 메뉴이기도 하다.) 에피메테우스는 아내 판도라가 온갖 역병과 재앙이 들어있는 상자를 여는 것을 방관했지만 희망만은 잡아둘 수 있었다. 일리치는 '기대'를 이야기하는 프로메테우스적 정신보다는 '희망'으로 이끄는 정신을 뜻하는 에피메테우스형 인간의 재탄생을 요청한다.* 에피메테우스형 인간은 자연과 창조주에 대한 겸손하고도 예속적인 관계를 상징한다. 반면 프로메테우스형 인간은 제도, 규율, 예견의 능력 등으로 자신의 운명을 통제할 수 있기를 기대하며 자연을 정복하려 한다.

의학은 자신이 무엇을 위해서 존재하는지 더 이상 모른다. 모든 질병을 제거하는 것이 의학 연구의 궁극적 목표인가? 그렇다면 의학은 인간을 불사의 존재로 만드는 것을 지향하고 있는 것이다. 설령 그것이 가능하다고 하더라도(물론 불가능하다) 우리는 정말로 그것을 원하는가? 성인 인구 전체를 대상으로 더욱 많은 질병을 스크리닝해서 지속적인 감시 하에 두는 것이 현재 임상의학의 목표인가? 수명 연장이 다른 모든 고려사항보다 우선인가? 의학(특히 의학 연구)은 경제적, 도덕적 진공상태에서 일하면서, 엄청난 비용이 들지만 효과는 미미한 암 치료법이나 정밀의학이 사회적으로 갖는 의미를 무시한다. 우리는 또 세계화의 이점은 누리면서 의무는 받아들이지 않는다. 가난한 나라에서는 적은 예산만으로도 예방과 치료가 가능한 질병 때문에 사람들이 죽어가고 있는데, 부유한 나라에

---

* 일리치는 인위적으로 계획한 것에 따라 결과를 예측하는 것을 기대(expectation), 예측 불가능하지만 자연과 인간의 가능성을 믿는 것은 희망(hope)이라 구분한다. 미래라는 것은 의미가 없고, 오로지 우리의 의지로 만들어갈 세계에 대한 믿음만이 있다는 것이다.

사는 우리는 약간의 성과만 볼 수 있는 일에 막대한 예산을 지속적으로 투여한다. 가난한 나라 사람들은 적절한 통증 경감이나 완화 치료도 받지 못하고 죽어간다. 『랜싯』의 '완화치료 및 통증 경감에 관한 접근성 제고 위원회'(2017)는 극심한 건강 관련 고통을 겪고 있는 사람이 세계적으로 6천1백만 명에 이른다고 설명하면서, 그중 80퍼센트가 저소득 및 중위소득 국가에 산다고 기술하고 있다. 또 매년 사망하는 사람의 45퍼센트는 심각한 고통을 겪으면서 사망하고, 그중 어린이가 250만 명이라고 한다. 『랜싯』의 편집인 리처드 호턴은 거의 이반 일리치의 글처럼 보이는 특별 논평을 썼는데, 그 글에서 '고통의 바다'에 대한 책임이 의산 복합체에 있다고 비난했다.

의학은 고통을 경감하는 일을 자신의 임무로 여기지 않는다. 완화치료는 환자를 완치하는 데 실패했다는 것을 뜻한다고 여긴다. 현대 의학의 교만은 이런 실패를 직시하지 못한다. 생의학만이 유일하게 인간 생존에 기여하는 학문인 것처럼 신격화하는 태도가 이렇듯 반인간적이고 유사 신정주의적인 보건과학을 만들어온 것이다.

리처드 스미스 같은 이들은 불평등만을 늘리는 값비싼 새 치료법을 개발하기보다는 당장 치료에 접근하지 못하는 사람들을 치료받게 하는 데 노력을 집중해야 한다고 주장했다. 줄리언 튜더 하트(1927~2018)는 건강 불평등에 맞서는 캠페인을 벌인 영국 일반의인데, 1971년 '의료의 반비례 법칙'(Inverse Care Law)이라는 용어를 만들었다. "양질의 의료서비스를 받을 가능성은 인구집단 내의 수요에 반비례하는 경향이 있다"는 법칙이다. 다시 말해 의료서비스의 필요가 큰 지역일수록 의료 자원이 오히려 적게 할당되는 현상이 있다는 것이다. 예를 들어 북아메리카에서는 의료적 부담이 전 세계의 2퍼센트인데 보건의료 인력의 25퍼센트가 몰려있고, 아프리카에서는 부담이 25퍼센트인데 보건 인력의 2퍼센트만이 일하고 있다. 21세기 보건의료의 주요 결정요인은 소득과 생활환경이지 의학이 아니다.

참호전은 그것을 지속해온 문명이 탈진하거나 붕괴하면 결국 끝나게 되어 있다. 로널드 라이트는 『진보의 함정』(*A Short History of Progress*)이라는 저서에서 (수메르, 로마, 마야 같은) 다양한 문명들이 역사적으로 어떻게 붕괴했는지를 서술했는데, 주로 문명을 지탱하는 환경이 파괴되면서 붕괴했다고 한다. 8세기경 이스터 섬에 정착한 폴리네시아인들도 그러했다. 조상숭배가 이들 정착민들의 주요 종교행사였고, 각 부족은 조상을 기리기 위해 저마다 석상을 만들었다. 석상을 세우는 데는 많은 양의 목재, 밧줄, 인력이 필요했는데, 석상의 크기가 계속 커졌다. 섬의 목재가 나무의 자체 성장으로 조달할 수 있는 양보다 더 빠르게 베어졌고, 결국 땅이 황폐해지고 말았다. 황폐해진 땅은 희소한 자원을 차지하기 위한 전쟁으로 이어져서 마침내 인구집단의 붕괴를 초래했다. 로널드 라이트는 이렇게 썼다. "사람들은 광증으로 변하는 진보의 어떤 종류에 유혹되곤 하는데, 일부 인류학자들은 이것을 '이념적 병리'라고 부른다. 유럽인들이 18세기에 이 섬에 당도했을 때 최악의 전쟁은 끝났고, 섬에는 석상 하나 당 한두 명에 지나지 않는 사람들만 살고 있는 것을 보았다. 쿡 선장은 이 안쓰러운 생존자들을 '작고 마르고 수줍고 불쌍한 존재들'이라고 표현했다."

이스터 섬의 석상 숭배는 이념적 병리이다. 모든 질병을 박멸하거나 예방하겠다는 의학의 아스클레피오스/데카르트적 목표 역시 이에 맞먹는 자기 파괴적 광증이라 할 수 있다. 이것이 얼마나 당치 않은 짓인지는 우리 생각보다 훨씬 빨리 입증될 것이다. 과밀한 초연결 세상은 새로운 감염병의 이상적 배양 환경이 되고 있고 현재의 항생제는 무력화될 것이다. 인류학자이자 역사학자인 조지프 테인터는 이렇게 경고했다. "만일 붕괴가 다시 온다면 이번에는 지구적인 규모일 것이다. … 세계 문명 전체가 해체될 것이다."

위대한 의료통계학자 메이저 그린우드는 1929년부터 1945년까지 런던 보건대학원 역학 교수로 있었고 오스틴 브래드퍼드 힐을 지도했다. 그린우드는 1931년 왕립예술학회(정식 명칭은 '왕립 예술·제조·상업학회')에서 행한 연설에서 학회의 정신에 대한 생각을 피력했다. "이 학회가 가져야 할 포부는 모든 사람들의 영적 안식처가 되는 것입니다. 인종이 다르고 교육과 현실적 야망도 다 다르지만, 우리 모두는 어디에서나 인간의 삶을 조금 더 견딜 만한 것으로 만드는 데 자신의 역할을 다하기를 열망합니다." 오히려 감동적인 것은 그린우드의 겸손한 열망이다. 그는 '모든 병을 치료하거나 암을 격퇴하겠다'고 약속하지 않았다. 아마도 오늘날의 의학이 해야 할 일은

"모든 인간의 삶의 조건을 어디에서나 좀 더 견딜 만한 것으로 만드는" 사명을 받아들이는 것이리라. 이것이 의학의 존재 이유이다.

## 에필로그

　의학의 황금시대를 거치면서 의과학은 커다란 명성을 얻었고, 인간의 삶과 죽음은 의료화되었다. 그러나 이런 전 지구적 지배에도 불구하고 의산 복합체는 우리에게 그 막대한 비용에 비해 빈약하고도 미미한 위안만을 주고 있다. 의산 복합체의 주된 관심사는 자신의 생존과 지속적인 지배력이며, 그 기풍은 황금시대의 과학적 이상을 배신하는 것이다. 임상진료 또한 방대한 산업으로 변해서 주로 퇴행성질환과 노화에 관심을 두고 (종합검진, 질병 인식개선, 질병팔이, 예방적 처방 등을 통해서) 전체 인구집단을 환자로 몰아가고 있다.

　환자들은 의료에 대해 점점 더 불만스러워하고 있다. 그것에 대해 너무 많은 것을 기대하기 때문이다. 또한 내 어머니 연배의 사람들만이 의학의 황금시대 이전에 진짜 아프다는 게 어떤 것이었는지 기억하기 때문이다. 의사들 역시 똑같이 불만스러워하고 있다, 권한

이 제한되어 있다는 것을 내심으로 알고 있는데, 점점 더 많은 책임과 요구가 문 앞에 날아들고 있기 때문이다. 병원은 노인 처리소가 되었고, 이제는 인간 행동과 감정의 정상적인 변이까지 약물 치료의 대상이 되고 있다. 피할 수 없는 삶의 실존적 문제가 의사들이 풀어야 할 문제가 되고 있다. 의사들이 무엇을 할 수 있을까? 의료는 유사 종교가 되고 있다. 우리는 환자들이 이 종교를 배교하고 포기하도록 친절히 격려해야 한다. 조지 버나드 쇼는 자기 독자들에게 조언하기를, 건강을 다 써버리고 그 이상 오래 살지 말라고 했다. 우리도 그와 비슷하게 환자들에게 제임스 매코믹이 말한 '적당한 쾌락주의의 삶'을 누리도록 격려해야 한다. "그래서 그들이 자신의 삶을, 피해야 할 위험이 가득한 여행으로 보기보다는 누구나 가질 수 있는 단 하나의 인생으로 충분히 누릴 수 있게 해야 한다." 의사들은 그들이 가진 지식을 너무 높게 평가했고 환자들에게도 너무 많이 약속했다는 것을 인정해야 한다. 또한 죽음과의 전쟁에서 절대 이길 수 없다는 것을 인정하고, 이미 알고 있고 가지고 있는 것을 공평하게 나누는 일에 에너지를 돌려서 치유와 통증완화에 가치를 두는 새로운 의학으로 나아가야 한다.

대성당 같은 수련병원과 생의학 연구가 정점에 있고 지역사회와 호스피스 의료는 바닥에 있는 현행 의학의 우선순위도 반대로 뒤바꿔야 한다. 나는 이런 변화가 쉽게 일어날 것이라고 낙관하지 않는다. 강한 사회적 힘이 현 체제를 지속시키려 할 것이다. 이런 사회적 힘에는 모든 인간 삶의 상업화, 거대 다국적기업의 오만한 힘, 정치와 전문직의 쇠락, 순응과 통제의 고착, 안전의 물신화, 인터넷과 소셜미디어의 자기몰입 등이 포함되고, 이 모두에 앞서 우리를 지속적 감시와 유지가 필요한 디지털 기계로 축소시키는 이 시대의 영적인 왜소화가 포함된다. 의산 복합체라는 것이 무슨 방대하고 조직적인, 의도적으로 짠 음모 같은 것은 아니다. 그것을 만든 사람들만큼이나 오류투성이이고 너저분하고 비이성적이다. 하지만 의산복합체가 너무 강대해진 나머지 의료는 이제 이반 일리치가 말한 티핑포인트를 지나서 사람들에게 도움보다는 해를 더 많이 끼치는 지경에 이르고 말았다. 의학에서 어떤 새로운 발전이나 치료법이나 패러다임이 나왔다고 하면 먼저 두 가지 간단한 질문을 던져야 한다. 첫째는 퀴 보노(Cui bono), 누구에게 이익인가? 둘째는 그것 때문에 삶이 더 행복해질 것인가? 이 질문들을 유전체학, 디지털헬스, 인식개선 운동에 던져보면 답은 명백하다.

기질적으로 나는 수도원이나 도서관이 더 어울리는 사람인데 운명이 나를 먼지 날리는 경기장으로 불러냈다. Aoibhinn beatha an scoláire!(학자의 삶은 얼마나 달콤한가?) 17세기 무명의 아일랜드 시인이 쓴 구절이다. 나는 때때로 내 마음이 가는 대로 살았더라면 어땠을까 생각해보지만, 그것은 나태한 생각이다. 그 대신에 나는 고통, 질병, 죽음이 있는 세상에 살고 있고, 그와 동시에 친밀감, 유머, 삶이 있는 세상에 살고 있다. 때로는 감당할 수 없는 책임감의 짐을 조만간 내려놓을 수 있기를 바란다. 나의 젊은 의사동료들은 내가 젊을 때 그랬던 것처럼 새로운 유행이나 오류에 쉽게 사로잡히곤 한다. 하지만 이런 것을 지적하면 시큰둥해하거나 불쾌해할 것이다. 나 역시 내 주위에서 어떤 일들이 벌어지고 있는지 판단하고, 의학(특히 임상의학)이 회의론자에게 얼마나 어려운 직업인지를 깨닫는 데 30년이 걸렸다. 그럼에도 불구하고 합리적 회의주의는 연민만큼이나 의료행위에 꼭 필요하다. 의사들은 인간적인 동시에 회의주의 철학자 흄과 같은 자세를 가질 필요가 있다. 의사 일을 마칠 때가 다가오는 시점에 이렇게 하는 것이 아주 쉽지는 않지만 그래도 예전보다는 덜 어렵다. 진료할 때 소송이나 프로토콜을 신경 쓰지 않고 친구나 친척 대하듯 환자를 대한다. 솔직히 의사는 그렇게 해야 한다. 나는 환자들이 이런 솔직한 태도를 알아보고서 그들이 정말로 중요하게 생각하는 것에 대해 터놓고 말하는 기회를 갖는 것이 놀랍고 즐겁다.

의사들과 환자들 모두 의산 복합체의 노예가 된 상황이지만, 이제는 모두가 반란을 일으킬 때가 되었다. 우리 사회는 노화와 죽음에 대해 새로운 화해를 할 필요가 있다. 의사들은 전문성과 임상적 판단이 여전히, 그리고 앞으로도 항상 그들이 하는 일의 핵심이라고 선언해야 한다. 프로토콜이나 정부의 지시나 처벌의 두려움 뒤에 숨어서는 안 되고, 오로지 인간 삶의 조건을 좀 더 견딜 만하게 만들도록 노력해야 한다. 과학과 진료의 정통학설은 늘 생겼다 사라지지만, 진료 행위의 본질은 변하지 않는다. 우리는 완치를 시키지 못할 수도 있지만 여전히 치유할 수는 있다.

나의 젊은 시절은 지금 나의 변절을 승인할 것이다. 이반 일리치,

그의 제자 존 브래드쇼, 체코의 비판론자 페트르 스크라바넥, 게으른 생각을 질타했던 리처드 애셔의 영혼이 다소라도 위안을 받았으면 좋겠다.

# 감사의 말

이 책의 편집자 닐 벨턴은 내게 한결같은 격려와 소중한 충고를 해주었다. 헤드오브제우스(Head of Zeus) 출판사의 플로렌스 헤어와 내 에이전트인 조너선 윌리엄스에게도 감사한다. 전에 이 책의 주제 일부를 『더블린리뷰오브북스』(DRB)와 『에든버러 왕립의사회지』(JRCPE)에 쓴 적이 있다. DRB의 모리스 얼스와 엔다 오도허티, 그리고 JRCPE의 로나 글로그, 앨런 베버리지, 마틴 브레이스웰에게 감사한다. 내게 '맥나마라 오류'에 대해 알려준 존 윌슨과 최근의 정신과 동향을 파악할 수 있는 대화를 나눴던 유진 캐시디에게도 감사한다. 리처드 스미스의 블로그, 트위터, 이메일, 그리고 그와 가졌던 대화는 지속적으로 내게 영감을 불어 넣어줬다. 나의 동료로 여러 면에 실질적인 도움을 주었던 올라 크로즈비, 사이드 아크바르 줄케르나인, 클리퍼드 키아트에게도 감사한다. 언제나처럼 캐런, 제임스, 헬레나에게도 감사의 마음을 전한다.

# 찾아보기